金融部门统计学

FINANCIAL SECTOR STATISTICS

主　编◎刘兴亚
副主编◎陶　诚

中国金融出版社

责任编辑：亓　霞
责任校对：张志文
责任印制：张也男

图书在版编目(CIP)数据

金融部门统计学（Jinrong Bumen Tongjixue）/ 刘兴亚主编. — 北京：中国金融出版社，2017.5

ISBN 978-7-5049-8958-1

Ⅰ. ①金… Ⅱ. ①刘… Ⅲ. ①金融统计 Ⅳ. ①F830.2

中国版本图书馆CIP数据核字（2017）第065938号

出版
发行　中国金融出版社

社址　北京市丰台区益泽路2号
市场开发部　(010) 63266347，63805472，63439533 (传真)
网 上 书 店　http://www.chinafph.com
(010) 63286832，63365686 (传真)
读者服务部　(010) 66070833，62568380
邮编　100071
经销　新华书店
印刷　保利达印务有限公司
尺寸　169毫米×239毫米
印张　18.25
字数　331千
版次　2017年5月第1版
印次　2017年5月第1次印刷
定价　42.00元
ISBN　978-7-5049-8958-1

本书编委会

主　　编：刘兴亚

副主编：陶　诚

编　　委：史小强　瞿凌云　刘子瑞　沈　祥　祝　军　徐　惬　黄　燕　魏光谱　任　亚　李钟帅　李松玲　杨振宁　袁秋辰

内容摘要

本书在政府统计框架下，详细论述了金融部门的统计理论和统计工作方法。按照财政部2014年12月提出的《权责发生制政府综合财务报告制度改革方案》的要求，我国将建立以权责发生制政府会计核算为基础，以编制和报告政府资产负债表、收入费用表等报表为核心的权责发生制政府综合财务报告制度。《金融部门统计学》依据统一、科学、规范的金融部门会计准则体系和金融业财务报告编制方法，全面、清晰地反映金融部门资产负债和财务预算执行信息，为开展金融部门资产负债管理、防范金融风险等提供支持。通过资产负债表的核算编制可形成金融部门资产负债表，辅助国家/地方编制资产负债表，规范而清晰地反映其金融资产负债分布状况。

本书从专业统计学的角度，构建了金融部门统计学这一学科，规范宏观金融统计资料的收集、整理和分析方法，这对提供国际标准框架下的通用信息、支持国家宏观管理政策的修订与出台、提高国际金融竞争力具有重要的理论和现实意义。

本学科以《货币与金融统计手册（2014版）》为理论基础，以我国金融业综合统计试点为实践和数据基础，结合国际践行的企业会计准则和货币统计制度，从全金融业的角度创新性地定义中国的金融部门统计。全书共十一章：背景和意义、概论、金融部门统计对象、金融部门统计的内容、金融部门统计的核算原则、金融资产负债表和概览、金融部门资金流量的核算、金融业增加值核算、金融稳健指标体系构建、金融部门数据质量评估与公布标准、金融业综合统计实践。

书中既详细介绍了货币与金融统计的理论方法与国际经验，又结合安徽省金融业综合统计践行过程中出现的问题，通过实践工作检验相关理论，从而形成规范意义上的金融部门统计学。

目 录

Chapter 1

第一章 | 背景和意义

随着市场经济的发展，金融部门在国民经济中居于十分重要的地位并发挥着至关重要的作用。金融部门的重要作用表现在为资金供需双方提供金融中介服务；为各市场主体分散和管理风险提供市场环境和条件；为整体经济配置资源，为国内和国际的商业运作提供必要的技术支持等。随着金融部门重要性的日益提升，客观上要求在现有的金融分行业统计基础上对金融部门的资产负债和产出价值进行准确核算，反映其资产负债状况以及投入产出情况，并为宏观经济分析和经济决策提供依据。

第一节 金融部门统计研究的背景

国际经验表明，随着市场经济的发展，金融部门在现代经济中发挥着越来越重要的作用。统计数据显示，2014年，美国金融业增加值占GDP的比重为7%。[①]在中国，金融业在国民经济中的比重也逐年提高，统计局公布的经济普查数据显示，20世纪90年代以来，金融业增加值占GDP比重基本保持在4.3%左右[②]，到2014年，金融业增加值占GDP比重达到7.32%[③]，2015年该比值升至8.5%

① 数据来源：Wind 数据库。

② 数据来源：2005 年，中国国家统计局根据第一次经济普查资料。

③ 数据来源：Wind 数据库。

左右[①]。目前，中国宏观管理中也亟须了解中国金融市场规模及其对国民经济总体的贡献、金融资产与负债结构的变动特点与趋势、资金流量及其运行轨迹、金融数据质量与可信性、金融安全与稳定状况等。

目前，我国金融业正在发生深刻的变化，新型金融机构、金融创新不断涌现，金融市场日趋复杂、高度关联，影响了货币供应量计量的准确性、完整性和科学性，对传统的金融统计分析框架及其有效性、准确性提出了挑战。金融统计对新金融业态的缺失主要表现在金融统计范围不全，创新型金融机构和私募股权基金等大量的新兴金融机构，以及结构性金融产品如CDO、CDS等，金融信息统计缺失。同时，信息共享基础薄弱，金融统计体系的标准、方法不同，导致缺乏良好的关联度，无法形成协调统计体系。尤其是2008年国际金融危机后，国际金融统计的发展趋势表现为弥补统计信息缺口，加快向“统一、全面、共享”的金融综合统计努力和迈进，最大化地满足社会对金融统计的多样化需求。

相对于欧美等经济发达国家和联合国、经合组织（OECD）等国际组织，中国金融部门核算工作起步较晚。2015年中国政府统计加入SDDS[②]后，作为国家宏观经济统计体系重要组成部分，由我国中央银行主持的货币当局金融统计，也在联合国发布的国民经济账户体系（SNA2008）和国际货币基金组织（IMF）制定的货币与金融统计原则框架内，加快实现了按国际标准加工和披露金融统计数据的进程。而在市场经济体制改革日益深化、金融改革与创新持续加快、经济全球化不断推进的背景下，中国在金融统计方面也存在一些问题，如在分业监管体制下，金融统计工作部门协调不畅，并在一定程度上影响了统计数据的质量。

综上所述，现有金融业统计体系不足，以及近年金融市场快速发展和演变，都对金融部门统计提出了更大的挑战，也更为迫切地要求进一步加强有关金融部门统计理论和方法的研究，以满足实践需要。

---

① 数据来源：国家统计局分行业增加值核算数据。

② SDDS是国际货币基金组织（IMF）的数据公布特殊标准，是IMF于1996年制定的关于各国经济金融统计数据公布的国际标准。

第二节　金融部门统计研究的意义

一、理论意义

从统计学科体系来看，部门统计学是统计学的一个重要分支。统计学科分为三大块，即统计理论；部门统计学，如人口统计学、工业统计学等；统计史。根据《国务院办公厅转发国家统计局关于加强和完善部门统计工作意见的通知》（国办发〔2014〕60号）的意见，构建部门统计对建立统一的基本单位名录库、健全规范统计标准、规范设立统计调查项目、科学组织统计调查、规范公布统计数据、推进部门间统计信息共享及夯实部门统计基础有积极的推动作用。部门统计学的总体方案是通过构建统一、科学、规范的政府会计准则体系，建立健全政府财务报告编制方法，全面、清晰反映政府部门资产负债和财务预算执行信息，为开展政府部门资产负债管理、防范政府风险等提供支持。

二、现实意义

（一）金融部门统计为国家资产负债表的编制提供基础数据支撑

2013年，《中共中央关于全面深化改革若干重大问题的决定》明确提出“加快建立国家统一的经济核算制度，编制全国和地方资产负债表”。所谓国家资产负债表，是将国家这一经济体中所有经济部门的资产以及负债分别加总，得到反映该经济体总量的报表。一国的经济部门通常分为实体部门、金融部门、政府部门和国外部门[①]。金融部门作为一国经济的重要组成部门，其资产负债状况是编制国家资产负债表的重要数据来源。但从现有的金融统计制度看，无论是人民银行的货币统计还是证券业、保险业的专项统计均侧重于对部门内部资金流量以及部门资产负债存量情况的统计，对于整个金融部门的资产负债流量变动以及资金跨部门间的流动则基本没有反映。因此，迫切需要建立一项以整个经济活动中提供金融中介服务的常住金融性公司及企业的金融资产

① 杜金富等.《政府资产负债表：基本原理及中国应用》[M]，北京：中国金融出版社，2015：4.

与负债的存量和流量情况为对象的统计制度，即金融部门统计。

（二）金融部门统计学为运用资产负债表分析法提供可行性

资产负债表分析法（Balance Sheet Approach，BSA）最早是由IMF的学者[①]根据亚洲金融危机和新兴市场国家货币危机提出的以考察一国宏观经济漏洞为目的的研究方法。其认为对国家单个经济部门资产负债表和合并资产负债表的分析有助于分析部门间联系，这将为金融机构是否妥当和金融体系是否稳定提供有用的信息，为部门资产负债表风险的缓冲和套期保值提供政策建议。金融部门统计学的建立有助于形成金融部门资产负债表，辅助国家/地方编制资产负债表，能够规范、清晰地反映一个国家/地方金融资产负债分布状况。通过分析资产负债表中可能存在的货币错配、期限错配和资本结构陷阱可以使监管部门和学术界能够全面评价一个国家/地方的金融稳定性，并为监管机制的设计提供新的手段和方法。

（三）金融部门统计学有助于指导金融业综合统计的实践工作

目前，我国金融业正在发生深刻的变化，新型金融机构、金融创新不断涌现，对传统的金融统计分析框架及其有效性、准确性提出了挑战。因此，需要完善金融统计框架，更好地支持金融宏观调控和系统性金融风险防范。2014年4月，安徽省成为全国唯一一个金融业综合统计试点工作试点省份。在遵循IMF的《货币与金融统计手册和编制指南》和《国际会计核算准则》的基础上，结合安徽省金融部门发展特点，于2015年第一季度开始，人民银行合肥中心支行成功编制了安徽省金融业资产负债表和资金流量表，为各级领导了解金融全貌、改善经济金融调控、实现科学决策提供了有效的数据支撑。将此项操作上升到理论层面，对指导部门统计工作有重要的实践意义。

第三节　金融部门统计学的地位

一、我国统计学科体系框架

从我国政府统计的构成来看，我国政府统计由国家统计、部门统计和地方

① Mark Allen，Christoph Rosenberg，Christian Keller，Brad Setser，and Nouriel Roubini，“A Balance Sheet to Financial Crisis”，IMF Working paper，2002.

统计构成（见图1–1）。政府部门统计是我国政府统计体系中的重要组成部分。政府部门统计机构调查、收集、加工的本部门统计资料，不仅为各部门实施管理、制定行业发展规划和有关政策提供了科学依据，也成为国家统计资料中不可或缺的重要内容，极大地丰富了国家统计信息资源，在国家宏观调控、科学决策中发挥了不可替代的作用。

从我国统计学科理论体系来看，统计学科分为三大块，即统计理论；经济统计学，如人口统计学，工业统计学，农业统计学，金融、运输、贸易、财政、文化、司法等部门统计学；统计史。金融部门统计学作为经济统计学的一个行业部门不可或缺。它所研究的客体是作为国民经济最重要的资金生产部门，包括对各项金融业务活动的情况和资料进行收集、整理和分析的活动。

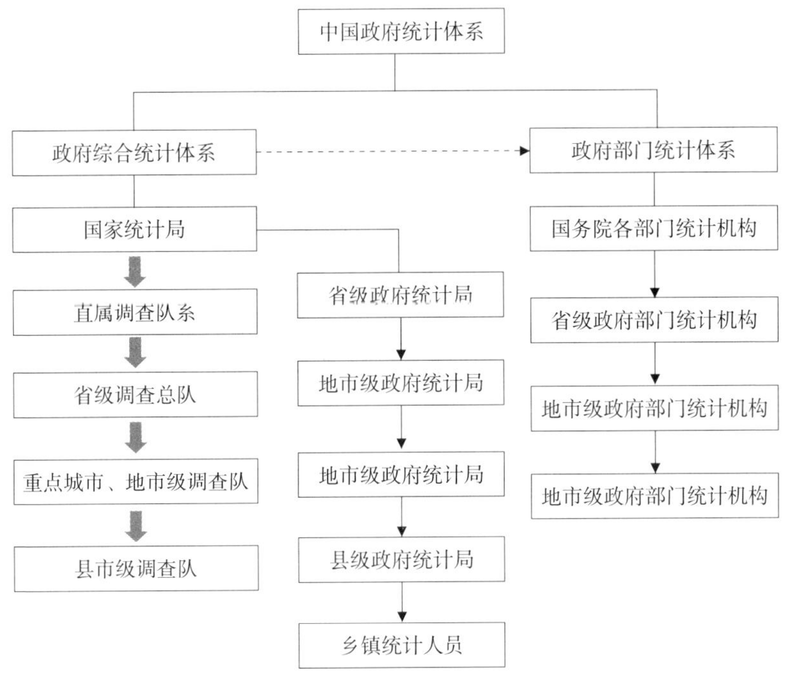

注：1. 省级调查总队包括 31 个省（自治区、直辖市）调查总队和新疆生产建设兵团调查总队。
2. ➡表示直接领导关系，——►表示业务领导关系，┈┈►表示业务指导关系。

图 1–1　中国政府统计体系组织机构简图

从我国国民经济核算统计体系来看，国民经济核算是宏观经济统计的核算，国民经济核算体系主要由基本核算表和国民经济账户两部分组成。基本核算表包括国内生产总值表、投入产出表、资金流量表、国际收支表和资产负债表。其中资金流量表是国民收入核算在分配领域的补充，着重说明由于储蓄和投资不一致而引起的资金在国民经济部门间的流动。而经济存量核算则是通过资产负债表来完成的，它反映产品和资金从流量到存量的转化情况。国民经济账户包括非金融性公司账户、金融性公司账户、政府账户、住户账户等。每个国内机构账户又包括生产账户、收入分配及支出账户、资本账户、金融账户和资产负债账户。与金融统计直接相关的是资本账户和金融账户等。资本账户和金融账户汇总起来涵盖了经济体中涉及非金融和金融资产及负债的获取和处置的所有交易。金融账户的交易数据涵盖了构成经济体系中的金融资产和负债的存量及每一时期变化的金融流量。

以上可以看出金融部门统计在整个统计学科体系中是不可或缺的，是构成统计实践体系、理论体系及核算体系的重要组成部分。

二、我国金融部门统计工作实践

从我国的统计体系看，现有的政府内部各经济主管部门的所谓部门统计体系，不能称为真正意义上的部门统计，其仅仅是经济活动相关领域内的专业统计，如工业、农业、基本建设、贸易合作、物资供应、交通运输、财政金融、文教卫生统计等。真正意义上的部门统计是反映从事经济活动的某一国民经济部门用数值、重量和尺度将经济现象量化的方法学科。部门统计学为构建统一、科学、规范的政府会计准则体系，建立健全政府财务报告编制方法，全面、清晰地反映政府部门资产负债和财务预算执行信息，以及开展政府部门资产负债管理、防范政府风险等提供支持。因此，如果能形成专业部门统计，其他部门可以参考“复制”形成本部门资产负债核算表，在此基础上，合并各部门专业资产负债表形成国家资产负债表，对我国建立权责发生制的政府会计核算体系有重要的现实意义。由此可见，真正意义上的政府部门统计学呼之欲出，需要其填补专业统计学科“空白”。

中国人民银行自2011年起正式按季统计和发布全国社会融资规模数据，但社会融资规模统计自身还有较大的拓展空间，主要的发展方向在于“两个结合”，即将改进社会融资规模统计与推进金融统计标准化结合起来，将改进社会融资规模统计与建立全金融业综合统计体系结合起来。

在标准制定方面，我国已经发布《金融机构编码规范》《金融工具统计分类及编码》《金融工具常用统计术语》《存款统计分类及编码标准》《贷款统计分类及编码标准》《理财、资金信托统计数据元标准》。其中，《金融机构编码规范》明确了金融统计范围，即根据国民经济核算理论和我国金融体系的现状及发展趋势，除包括银行业、证券业、保险业机构外，还包括企业年金、贷款公司、农村资金互助社、村镇银行等，将交易结算类金融机构、金融控股公司及小额贷款公司等也纳入统计标准范围。

在金融业综合统计方面，2012年初召开的全国金融工作会议明确提出要“加快建议统一、全面、共享的金融业综合统计体系”。2013年8月5日，国务院批复同意建立金融监督协调部际联席会议制度（国函〔2013〕91号）。该联席会议由人民银行牵头，成员单位包括银监会、证监会、保监会、外汇局，必要时可邀请发展改革委、财政部等有关部门参加，联席会议被赋予了五项明确的职责和任务，其中一项就是“金融信息共享和金融业综合统计体系的协调”。安徽省作为金融业综合统计试点工作试点省份，于2015年第一季度开始编制安徽省金融业资产负债表和资金流量表。安徽省的“十三五”规划明确指出：“建立金融业综合统计分析体系，科学设定金融业发展统计指标，科学评估金融业发展全貌及对全省经济发展的贡献。强化工作推进落实机制，将金融工作纳入政府工作目标管理绩效考核内容。”

Chapter 2

第二章 | 概论

本章主要阐明金融部门统计学的含义。在遵循中国货币统计方法原理的基础上，以 IMF 的《货币与金融统计手册（2014 版）》《政府财政统计手册 2014》（*Government Finance Statistics Manual 2014*，GFSM 2014）和《2008 年国民账户体系》（*System of National Accounts 2008*，SNA 2008）核算体系为主要参考依据，全面地从统计对象、统计内容、核算规则和数据来源四个方面介绍金融部门统计的基本框架。

第一节 金融部门统计的概念

SNA 2008中，将经济整体划分为六大部门，分别是非金融公司部门、金融公司部门、一般政府部门、为住户服务的非营利机构部门、住户部门和国外部门（见表2–1）。金融部门统计就是对这六大部门之一——金融公司部门的统计。所谓金融公司部门，就是从事向其他机构单位提供金融服务活动的实体和准实体。不仅包括金融主管部门和政府主管部门批准成立的金融机构和类金融机构，如银证保等常规金融机构、农村资金互助社、资产管理公司等，还包括未依托机构存在但提供金融服务活动的形式，如特殊目的载体（SPV）和住房公积金。

依据IMF 2014年对货币与金融统计的最新定义和SNA 2008对金融公司部门的定义，金融部门统计的含义是：对一国范围内能提供金融中介服务的常住金融性公司及企业的金融资产与负债的存量和流量情况。如上述金融部门定义所述，多数提供中介服务的常住性公司及企业都是以机构形式存在，受金融主管部门或政府主管部门批准成立，但极少数也是以金融服务活动形式存在，如特殊目的载体（SPV）和住房公积金。

表2-1　　　　SNA 1993和SNA 2008机构部门

SNA 1993	SNA 2008
非金融公司部门	**非金融公司部门**
公营非金融公司	公营非金融公司
本国私营非金融公司	本国私营非金融公司
国外控制的非金融公司	国外控制的非金融公司
金融公司部门	**金融公司部门**
中央银行	中央银行
其他存款公司	中央银行以外的其他存款公司
保险公司和养老基金以外的其他金融中介机构	货币市场基金（MMFs）
附属金融机构	非 MMFs 投资基金
保险公司和养老基金	保险公司和养老基金以外的其他金融中介机构
	金融辅助机构
	专属金融机构和贷款人
	保险公司
	养老基金
一般政府部门	**一般政府部门**
中央政府	中央政府
省级政府	省级政府
地方政府	地方政府
（社会保障基金）	（社会保障基金）
为住户服务的非营利机构部门	**为住户服务的非营利机构部门**
住户部门	**住户部门**
国外部门	**国外部门**

中国人民银行金融稳定局局长陆磊曾指出："互联网金融告诉我们，是否具有金融牌照已经不是是否从事金融业务的核心参照系……只有改变陈旧的机构监管理念，转向依托其操作行为所折射的功能与行为，通过对账户支付的有效追踪，真正实现对一切重要投融资行为风险无缝隙、全覆盖的功能监管。"当前，印度中央银行（RBI）已经要求所有金融机构通过标准化的自动数据报送方法提供监管报告，以保证报送数据100%的准确，并去除了报数过程人工参与，这被视为印度中央银行为运用大数据技术开展金融监管做准备。

国家资产负债表分析方法（Balance Sheet Approach，BSA）认为对国家单个经济部门资产负债表和合并的资产负债表的分析有助于分析部门间联系，为金融结构是否妥当和金融体系是否稳定提供有用的信息。因此通过金融部门统计，能为分析金融性公司部门和其他机构部门之间的关系提供一个良好的框架，包括广义货币、信贷总量和流动性水平等。

金融部门统计包括一整套金融资产流量和存量数据的统计，它以两个基本的数据框架为基础，即部门资产负债表和概览。

第一个也是最基本的数据框架是部门资产负债表（Sectoral Balance Sheets），它主要是金融性公司部门中一个次部门的资产和负债的分列存量和流量数据。部门资产负债表既可编制单个机构的资产负债表，也可用于编制一类金融机构的资产负债表。比如我国的存款货币银行是金融性公司部门中一个分部门，存款货币银行是由中国工商银行、中国农业银行、中国建设银行、中国银行和其他商业银行及城乡信用社等次部门金融机构所构成，加总这些次部门各个金融机构的资产负债表就是分部门资产负债表。

第二个数据框架是概览，即把一个或多个金融性公司次部门的资产负债表数据合并成加总的资产和负债，以反映整个金融部门的资产负债概览。它又分为三个层次：一是中央银行概览（Central Bank Survey，CBS），也就是中央银行资产负债表汇并；二是存款性公司概览，它是中央银行概览和其他存款性公司概览的合并（The Depository Corporations Survey，DCS）；三是金融性公司概览（The Financial Corporations Survey，FCS），它是存款性公司概览和其他金融性公司概览的合并。金融部门统计编制框架见图2–1。

有关部门资产负债表和概览的内容，将在本书第六章详细介绍。

第二节　金融部门统计的框架

在实际的金融统计中，由于金融运行中交易者众多，以及金融工具层出不穷，交易价格与核算在金融性公司之间千差万别，因此有必要对金融部门统计对象进行分类，理清核算内容，明确核算准则。

一、金融部门统计的对象

金融部门统计的对象是金融性公司。金融性公司是指主要从事金融中介或相关辅助性金融活动的常住金融公司或准公司。它包括金融中介机构、

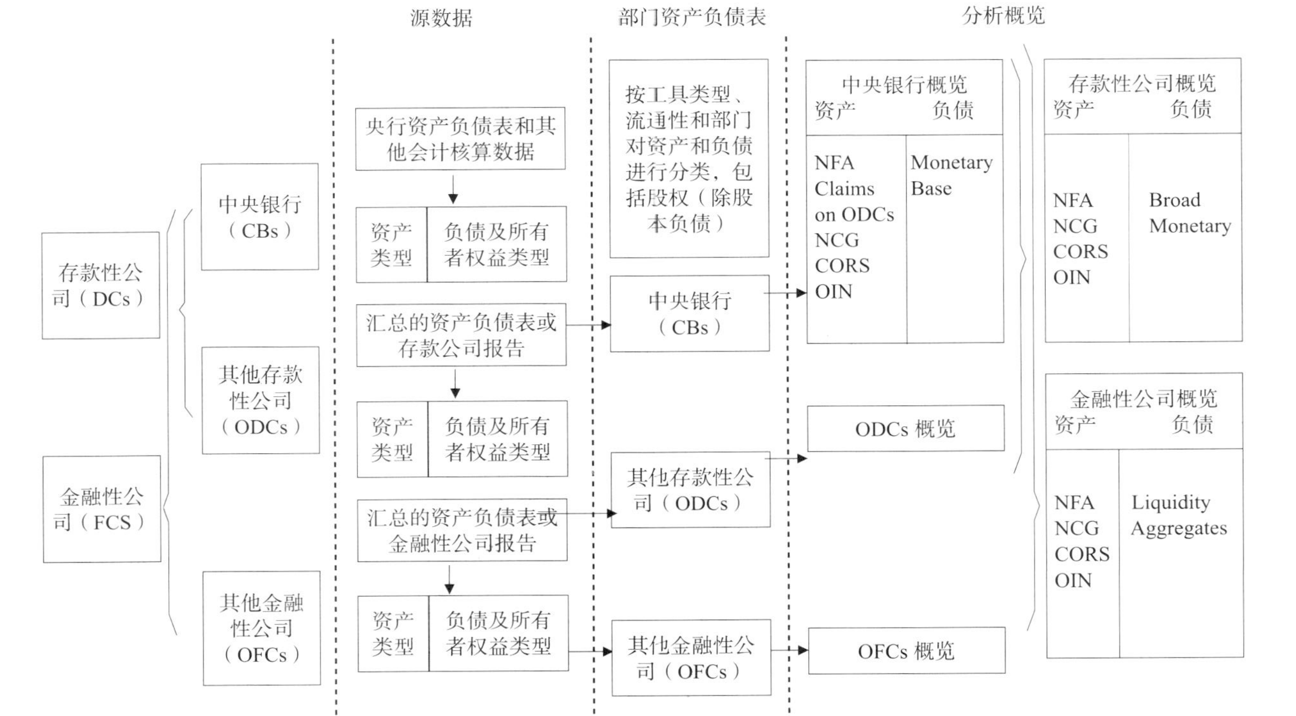

注明：DCs = Depository corporations（存款性公司）；CBs = Central bank（中央银行） NFA = Net foreign assets（净国外资产）；ODCs = Other depository corporations（其他存款性公司）；OFCs = Other financial corporations（其他金融性公司）；NCG = Net claims on central government（对中央政府的净债权）；CORS = Claims on other resident sectors（对住户部门的债权）；OIN = Other items net（其他项目净值）.

图 2–1　金融部门统计编制框架

金融辅助机构和其他金融公司。再进一步划分为九个次部门（SNA 2008）：（1）中央银行（central bank）；（2）中央银行以外的其他存款性公司；（3）货币市场基金（money market funds，MMFs）；（4）非货币市场基金（non-money market funds）；（5）除保险公司和养老基金以外的其他金融中介机构；（6）金融辅助机构；（7）专属金融机构和贷款人；（8）保险公司；（9）养老基金。在SNA 2008核算体系下，（2）至（3）为其他存款性公司（ODCs），二者和中央银行一起称为存款性公司（DCs），（4）至（9）称为其他金融性公司（OFCs），详见图2–2。

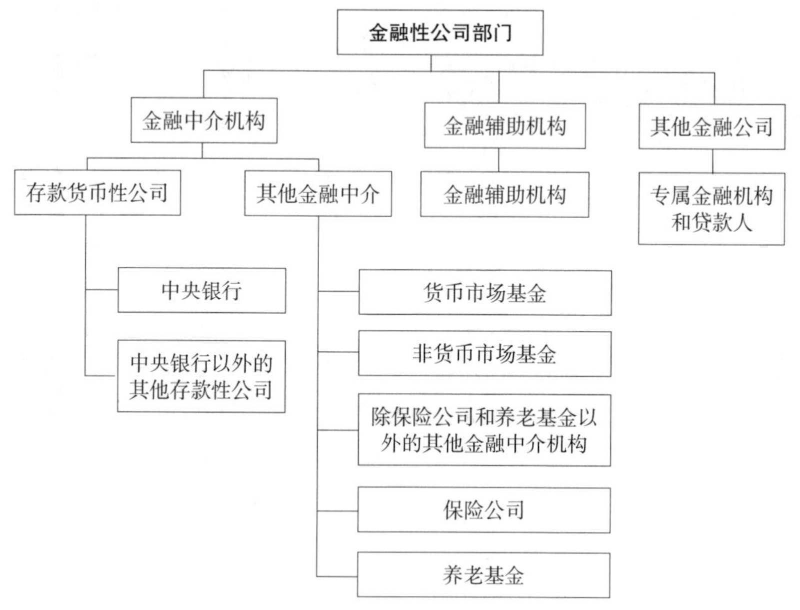

图 2–2　金融性公司部门的子部门分类

金融中介机构是通过自己负债筹集资金并以贷款或购置金融资产的形式将这些资金融通给其他机构单位的机构部门。金融中介机构的作用就是在借款人和放款人之间充当金融中介，他们通过吸收存款、发行票据、债券和其他证券的方式把资金转换为金融资产，转移给借款人。显然，金融中介机构为自身的资产和负债而承担风险，其主要职能是为整个国民经济融通资金，在国民经济的资金运行过程中起到中转枢纽的作用，这一特点是金融中介机构与辅助金融机构的主要区别。

金融辅助机构是指为金融市场提供服务，但不获得所经手的金融资产和负债的所有权活动的机构部门。例如，从事票据贴现、担保、汇兑、证券经纪、金融咨询、买卖外汇，以及从事金融衍生产品的交易活动的专业代理机构或经纪人。从事辅助金融活动无须获得金融资产，也不会在自己的账户上因发生负债而引致风险，因此不同于金融中介。

其他金融公司是指提供金融服务，但是大多数金融资产或负债并不在公开市场上交易的机构部门。此外，还包括一些非营利机构：（1）主要从事金融服务生产的非营利机构（如相互保险公司）；（2）由金融公司资助的、主要目标是服务于这些金融公司利益的非营利机构，如银行同业协会等。

有关金融性公司部门的分类内容，将在第三章第一节详细介绍。

二、金融部门统计的内容

因为金融交易的客体是金融工具，或金融负债，或金融资产。这三者只是从不同角度来定义金融交易对象，广义上这三者都可称作金融资产（Financial Assets/Liabilities），因此金融部门统计的内容是金融性公司部门中分部门、次部门的各种金融资产。金融资产是具有金融债权、货币黄金、IMF分配的特别提款权、公司股票和金融衍生产品等形式的资产。它依据其流动性及描述交易关系形式的法律特征等标准进行分类。

金融性公司的金融资产和负债通常分为以下八类：货币黄金和特别提款权（Monetary Gold and SDRs）；货币与存款（Currency and Deposits）；债务性证券（Debt Securities）；贷款（Loans）；股权和投资基金份额（Equity and Investment Fund Shares）；保险、养老金和标准化担保计划（Insurance Pension and Standardized Guarantee Schemes）；金融衍生品和雇员股票期权（Financial Derivatives and Employee Stock Options）；其他应收/应付款项（Other Accounts Receivable/Payable）（具体见表2–2）。

货币黄金指作为官方储备而持有的黄金，它包括金块（包括在分配黄金账户里持有的黄金）和非分配黄金账户。特别提款权（SDR）是IMF发行的金融资产。这两项金融资产的特点是没有相应的金融负债与之相对应。

货币与存款是金融性公司的负债。通货是指那些由中央银行或中央政府发行或授权的具有固定面值的纸币和硬币。存款包括可转让存款、银行间头寸和其他可转让存款。存款按发行债权的金融性公司凭证的不同、存款者的不同、存款流动性的不同等标准，可进一步细分。

债务性证券是可流通的债权凭证，包括国库券、公司债券、商业票据、大额可转让存单、证券化抵押贷款、信用卡应收款以及可流通的贷款等。

贷款是债权人将资金贷给债务人的一种金融资产。包括透支、分期付款贷款、分期付款购物信用和商业信用融资贷款。对IMF的贷款形式的债权或债务也包括在内。来自可转让存款账户透支便利的投资也列入贷款类。证券回购协议、黄金掉期和融资租赁也应列入贷款类。贷款按发放贷款的机构、借款者、贷款的形式、贷款的期限、贷款的担保等标准，可进一步细分。

表2-2　金融资产与金融负债分类

62	金融资产	63	金融负债
6201	货币黄金和特别提款权	6301	特别提款权
62011	货币黄金		
62012	特别提款权		
6202	货币与存款	6302	货币与存款
6203	债务证券	6303	债务证券
6204	贷款	6304	贷款
6205	股权和投资基金份额	6305	股权和投资基金份额
62051	股权	63051	股权
62052	投资基金份额或单位	63052	投资基金份额或单位
6206	保险、养老金、标准化担保计划	6306	保险、养老金、标准化担保计划
62061	非寿险技术储备	63061	非寿险技术储备
62062	寿险和年金应得权益	63062	寿险和年金应得权益
62063	养老金应得权益	63063	养老金应得权益
62064	养老基金对养老金管理者的权利要求	63064	养老基金对养老金管理者的权利要求
62065	对标准化担保计划下要求的准备金	63065	对标准化担保计划下要求的准备金
6207	金融衍生品和员工股票期权	6307	金融衍生品和员工股票期权
62071	金融衍生品	63071	金融衍生品
62072	员工股票期权	63072	员工股票期权
6208	其他账户应收	6308	其他账户应收
62081	贸易信贷和预付款	63081	贸易信贷和预付款
62082	杂项其他账户应收款	63082	杂项其他账户应收款

注：金融资产与金融负债名称相同，资金的来源方通常记为负债，资金的应用方通常记为资产。

资料来源：IMF《政府财政统计手册 2014》（*Government Finance Statistics Manual 2014*，GFSM2014）。

股权和投资基金份额是指持有者对公司剩余价值索取权的所有工具和记录。股权包括证明对清偿了债权人全部债权后的公司或准法人公司的剩余价值有索取权的所有票据和记录。投资基金是将投资者的资金集中起来投资于金融或非金融资产的集体投资。它可以进一步细分为：（1）所有者贡献的资金；（2）留存收益；（3）一般和特别提款权分配（适用于中央银行）；（4）定值调整。

保险、养老金和标准化担保计划是指住户在人寿保险准备金和养老基金中的净权益和针对未了解要求权而预先支付的保险费。包括非寿险专门准备金、寿险和年金权益、养老金权益、养老金发起人的养老基金债权和标准化担保代偿准备金。

金融衍生品和雇员股票期权中金融衍生工具是指与特定金融工具、指标或商品挂钩的金融工具。通过金融衍生工具，特定的金融风险本身就可以在金融市场上交易。它分为远期合约和期权合约两大类。在每一类里，均可按市场风险类别细分为外汇、单一货币利率、股票、商品、信用和其他。雇员股票期权是雇主与雇员在某日（授权日）签订的一种协议，根据协议，在未来约定时间（含权日）或紧接着的一段时间（行权期）内，雇员能以约定价格（执行价格）购买约定数量的雇主股票。

其他应收/应付款项包括商业信贷、预售款或预付款及其他应收应付款等。这些款项属于垫付或预付性质的过渡资金，不属于真正意义上的融资款项。主要包括提供公司、政府、为住户服务的非营利机构、住户和国外的货物和服务的商业信用、在建工程（如果将其列入存货类）或拟建工程的预付款、税、红利、证券买卖、租金、工资和薪金、社会保障缴款有关的应收和应付款和尚未支付的应计利息。

SNA 2008与上述金融资产分类略有不同，它将金融资产由八大类增加到九类，其中，通货和存款中的可转让新增了银行间头寸；债务性证券替代了股票以外的证券，但内容是相同的；股票和其他权益更名为权益和投资基金股份，其中投资基金股份是新增的；保险专门准备金扩充为保险、养老金和标准担保计划；新增了金融衍生工具；雇员股票期权作为并列于金融衍生品的一个类别单独纳入金融资产。

有关金融资产分类内容，将在第四章详细介绍。

三、金融部门核算准则

根据IMF于2014年3月正式发布的新版《政府财政统计手册2014》（*Government Finance Statistics Manual 2014*，GFSM 2014）规定，金融部门统计是对金融产品交易存量和流量的统计，统计的基础是会计核算。存量和流量的统计涉及如何根据期初的存量和期间的流量核算出期末的存量，涉及金融产品如何计价，涉及金融产品交易的记录时间，涉及如何加总、合并和轧差等统计核算准则。在金融部门统计中，需要遵循以下核算准则。

（一）金融存量和流量关系准则

金融存量和流量的关系为：期初存量±期间流量=期末存量。

期初、期末存量是某一统计期间开始或截止时的存量价值。而期间总流量则涉及交易活动、价格以及资产数量变化三个方面的因素。交易活动是指金融工具或资产所有权发生变更；价格的变化是指金融工具或资产价格变动而导致价值发生变化；资产数量的变化是指资产和负债的变化，如债权的冲销等。

（二）金融资产和负债的定价准则

金融资产和负债的定价应以市场价格或市场价格的等量价值为基础。外汇的价值以买卖汇率的中间汇率折算；贷款的本币价值应是债权人持有的债权余额（贷款本金加已盈得但未收的利息）；股票和股权应根据市场价格或市场价格的等量价值计算（见表2–3）。对债务重组、保值利息和本金以及金融衍生品的定价也有相应准则，将在第五章第一节详细介绍。

表2–3　　金融部门统计中金融资产的类型和定价准则

分类	定价准则
货币黄金（中央银行）	市场价格
特别提款权（中央银行）	市场价格
通货	面值（流通中的面值）
存款	名义值（流通中的面值）
债务性债券	市场或公允价值
贷款	名义值（流通中的面值）
股权和投资基金份额	市场或公允价值（投资基金份额负债）；账面价值（负债）
保险、养老金和保险担保计划	市场或公允价值
金融衍生工具和雇员认股权	市场或公允价值
其他应收 / 应付款项	名义值

（三）金融交易登录时间准则

所谓金融交易登录时间，是指金融资产的所有权发生改变，即解除所有权利、义务和风险后交易登录的时间。即按照权责发生制记录相应的经济价值。原则上，交易双方应该在交易日而不是结算日记录金融资产的变化。但如果交易双方不在同一地点，结算的拖延可能使双方登录的时间不一致，在这种情况下，可能需要调整登录时间。同样，不同的金融资产其交易方式不同，登录时间要采用不同的统计处理方法。特别是利息及其拖欠等，相关详细内容将在第五章第二节详细介绍。

（四）汇总、合并和轧差

由于金融部门统计对机构单位和金融资产划分了不同类别，因而需要对总量进行统计，必然涉及汇总、合并和轧差。

汇总是将某一部门或次部门中的所有机构单位的存量或流量进行加总，或将某一类别中的所有资产或负债进行加总。

合并是指冲销属于同一集团之内的机构单位之间发生的存量和流量。合并范围的大小决定冲销范围的大小。例如，合并农村信用社机构资产负债表，就要冲销各农村信用社之间的同业拆借、应收应付款等。合并存款货币银行的资产负债表，就要冲销各存款货币银行之间的业务往来而引起资产负债变动的流量和存量。

轧差则是反映净额。某个机构单位或部门可能从事同类交易，既有资金运用（资产），也有资金来源（负债），拥有同类金融工具，按全部价值记录所有基本项目的方法，称为总额登录。一方账目与另一方账目或符号相反相互抵消的方法，称为净额登录。抵消的过程称为轧差。比如某银行结算中既有汇出款项，又有汇入款项，将汇出款项与汇入款项轧差，可以反映银行净汇入或净汇出款项规模。有关详细内容将在第五章第三节详细介绍。

四、数据来源

社会经济数据一般通过统计调查获取，调查方式主要有抽样调查、普查、统计报表等，也可以基于已有宏微观数据库或是通过部门间信息共享获取数据。在实践中，使用较多的是将两种方法结合，在已有数据的基础上进行针对性调查，获取颗粒度更小的微观数据。以美国为例，美联储和统计局间通过签署备忘录进行信息共享，但又分别对金融机构和实体企业进行微观调查，补充完善数据体系。

统计调查指按照统计制度规定的统计调查对象、统计指标体系、统计分类标准和统计调查方法等，依法向统计调查对象搜集统计资料。根据调查范围不同，可以分为全面调查和非全面调查；根据调查登记时间的不同，可以分为经常性调查和一次性调查；根据调查组织实施主体不同，可以分为政府统计调查和民间统计调查，其中政府统计调查又分为国家统计调查、部门统计调查和地方统计调查。国家统计调查是指全国性基本情况的统计调查，包括国家统计局单独拟订的和国家统计局与国务院有关部门共同拟订的统计调查项目；部门统计调查是指各部门的专业性统计调查；地方统计调查是指地方人民政府根据需要批准实施的地方性的统计调查。

金融部门统计的内容主要是具有金融服务功能的实体或准实体资产、负债、所有者权益和经营状况。数据的统计调查根据调查范围属于全面调查，根据调查频度属于经常性调查，根据调查实施主体属于政府调查，根据调查方法属于统计报表调查。具体来看，金融部门统计的全面性一是体现在统计对象上，覆盖所有具有金融服务功能的主体，无论是传统金融性公司——银行业金融机构、证券业金融机构和保险业金融机构，还是新型融资型、支付型金融性公司，也包括具有资金融通的重要经济主体——住房公积金等；二是在统计内容上，统计机构资产、负债、经营和风险状况的数据，既包括总量数据，也包括结构数据。

从实施主体看，金融部门统计调查可以分为国家调查、部门调查和地方调查三个层次，如果以国家调查或部门调查形式开展金融部门统计，统计对象为本国境内所有从事金融服务的主体，包括本国法人机构和境外机构在本国的分支机构；如果以地方调查形式开展金融部门统计，统计对象为地方所有从事金融服务的主体，包括本辖法人机构、本国辖外法人机构在本辖的分支机构和境外机构在本辖的分支机构。

从调查方法看，需由统一部门制定统计调查中采用的指标含义、计算方法、分类目录、调查表式和统计编码等。为形成标准化数据，应以金融性公司的会计账务为来源、会计准则为基础，构建反映机构在某一时间资产、负债和所有者权益总量与结构的资产负债指标和反映机构在某一时间段内经营状况变化的损益指标，确保数据具有明确的经济含义，以及横向可比性。

第三节　国际金融部门统计的经验

一、美国的金融统计制度

（一）美国金融统计制度的分类体系

2008年国际金融危机后，美国金融统计工作主要分为货币统计、金融统计和监管统计三个方面。其中，货币统计和金融统计主要由美联储（FRB）承担，监管统计则由不同监管部门在各自职责范围内分别承担，但在应对系统重要性风险上，美联储与新成立的金融稳定监督委员会（FSOC）共同负责系统重要性风险监管统计，互相配合（见表2-4）。

表2-4　　美国金融统计职责分工情况

<table>
<tr><th rowspan="2">主要统计工作</th><th rowspan="2">统计对象</th><th colspan="3">金融统计机构（监管机构）</th></tr>
<tr><th>2008 年国际金融危机前</th><th colspan="2">2008 年国际金融危机后</th></tr>
<tr><td>货币统计、金融统计</td><td>所有吸收存款的金融机构</td><td>美联储</td><td colspan="2">美联储</td></tr>
<tr><td>银行业统计</td><td>商业银行（包括国民银行、州银行和外国银行）、储蓄机构、信用合作社、产业贷款公司、银行控股公司、金融控股公司等存款类金融机构</td><td>美联储、货币监理署（OCC）、联邦存款保险公司（FDIC）、储蓄机构监管局（OTS）、国家信用社管理局（NCUA）</td><td>货币监理署（OCC）、联邦存款保险公司（FDIC）、国家信用社管理局(NCUA）</td><td rowspan="3">美联储（对所有系统重要性银行金融机构和非银行金融机构实施监管统计）、金融稳定监督委员会</td></tr>
<tr><td>证券业统计</td><td>国债、市政债券、公司债、股票、衍生品市场以及证券机构</td><td>美国财政部、市政债券决策委员会（MSRB）、证券交易委员会（SEC）、全美证券交易商协会（NASD）以及商品期货交易委员会（CFTC）等</td><td>美国财政部、市政债券决策委员会（MSRB）、证券交易委员会（SEC）、全美证券交易商协会（NASD）以及商品期货交易委员会（CFTC）等</td></tr>
<tr><td>保险业统计</td><td>保险机构</td><td>全美保险监管协会(NAIC）</td><td>联邦保险办公室（FIO）、全美保险监管协会（NAIC）</td></tr>
</table>

（二）美国金融统计制度的核算原则

过去，美联储按季公布《美国资金流量账户报告》，随着所包含财务数据信息的增多，从2013年第一季度开始，美联储将其正式更名为《美国金融账户报告》，其网站上的“资金流量账户”也逐步过渡为统计范围更加宽泛的“金融账户”。《美国金融账户报告》由美联储负责发布，其他银行监管机构如货币监理署、联邦存款保险公司、国家信用社管理局和储蓄机构监管署配合统计。内容主要包括资金流量表、资产负债表、宏观经济账户，其中资产负债表中的资产与负债包括金融部分和非金融部分，部门则分为家庭及非营利组织、非金融公司类企业以及非农非公司类企业，统计非常细致。《美国金融账户报告》通过互联网和印刷方式每年公布4次，每次公布时间大约在季度末10周后。

美联储会在过去几年中不断推进金融账户适用于国民经济核算体系（SNA）的准则，但仍旧存在一些不同。尤其是：

（1）耐用消费品的购买被视作投资而非消费。

（2）非金融非法人组织（经常为小型商业）列示在单独部门，而非囊括在住户部门。

（3）大多数债务证券以账面价值而非市场价值计值。

（4）在大多数金融账户中，重估值与其他变化量没有分开计值。重估值和其他变化量能通过某些存量的季度变化来测算。在实际中，其他变化量是稀少的。重估值也仅仅指那些以市场价值计量的类目（如公司证券、共同基金股份等），因此对这类科目而言，存量变化等于流量。而在国民经济核算体系（SNA）中，二者是分开的。

此外，由于金融账户的数据来源多样，计量错误、信息缺失和信息来源的不相容性等使数据具有一定的限制性和不确定性。不确定的规模不可量化，但是客观存在，所以，被囊括在各部门和金融工具的“统计差异”中。一个特定部门的差异被定义成部门资金来源总计和资金运用总计的差。对于金融工具这个类目而言，差异被定义为通过金融工具筹集的资金价值和支付价值的差。统计差异的大小反映了数据来源的质量。值得注意的是，季度调整有时会导致统计差异，但是在一年中会部分或全部抵消。

（三）美国金融统计制度的核算方法、数据来源、账户结构

从2013年第一季度美联储发布的金融账户报告可以看出，目前，美国金融账户主要由以下几个部分组成。①

1. 资金流量表

资金流量表包括资金流量矩阵，合并了资本账户和金融账户的各部门资金流量，反映金融资产和负债的各部门金融账户资金流量等美联储需要的信息。主要包括以下四个方面：

（1）资金流量矩阵，具体包括：

①合并资本账户和金融账户的各部门资金流量矩阵；

②针对金融资产和负债的各部门金融账户资金流量矩阵。

（2）各部门信贷市场借款和未偿还贷款增长率、流量以及存量情况，具体分为：

①信贷市场各部门整体债务增长率、信贷市场各部门借款和未偿还贷款增长率；

②各部门信贷市场借款和未偿还贷款流量表，金融部门、非金融部门的信贷市场借款和未偿还贷款流量表，各部门按金融工具划分的信贷市场借款流量表；

① 李红玲，王真真．当前美国金融账户框架简介 [D]．金融业综合统计研究成果交流资料．南京：中国人民银行南京分行调查统计处金融业综合统计研究小组，2014-06-26.

③各部门信贷市场借款和未偿还贷款存量表，金融部门、非金融部门的信贷市场借款和未偿还贷款存量表，各部门按金融工具划分的信贷市场借款存量表。

（3）从生产账户、国民收入分配账户、国民收入使用账户介绍资金流量矩阵中资本的来源，包括国内生产总值流量表、国民收入分配流量表、储蓄和投资流量表、净资本转移流量表以及私人部门资产负债存量表（家庭、非营利机构和非金融非公司商业的合并报表），这部分数据主要来源于经济分析局的NIPA（国民收入和国民产值账户）（以上见表2-5）。

表2-5　　第一部分 资金流量表

<table>
<tr><th>名称</th><th>表格</th><th>页码</th><th>内容</th></tr>
<tr><td colspan="3">概要</td><td></td></tr>
<tr><td>资金流矩阵——流量</td><td></td><td>1</td><td rowspan="2">合并资本账户和金融账户的资金流量矩阵</td></tr>
<tr><td>资金流矩阵——资产和负债</td><td></td><td>2</td></tr>
<tr><td>各部门信贷市场债务增长</td><td>D.1</td><td>3</td><td rowspan="3">各部门信贷市场借款、未偿还贷款增长率</td></tr>
<tr><td>各部门信贷市场借款</td><td>D.2</td><td>4</td></tr>
<tr><td>各部门信贷市场未偿还贷款</td><td>D.3</td><td>5</td></tr>
<tr><td>信贷市场的借款和贷款合计</td><td>F.1</td><td>6</td><td rowspan="5">信贷市场借款和未偿还贷款的各部门、分部门（金融部门、非金融部门）、分金融工具流量表</td></tr>
<tr><td>非金融部门的信贷市场借款</td><td>F.2</td><td>7</td></tr>
<tr><td>金融部门的信贷市场借款</td><td>F.3</td><td>7</td></tr>
<tr><td>所有部门按金融工具划分的信贷市场借款</td><td>F.4</td><td>8</td></tr>
<tr><td>债务合计及其与金融资产的关系</td><td>F.5</td><td>8</td></tr>
<tr><td>信贷市场的未偿还贷款</td><td>L.1</td><td>9</td><td rowspan="5">信贷市场借款和未偿还贷款的各部门、分部门（金融部门、非金融部门）、分金融工具存量表</td></tr>
<tr><td>非金融部门的信贷市场贷款</td><td>L.2</td><td>10</td></tr>
<tr><td>金融部门的信贷市场贷款</td><td>L.3</td><td>10</td></tr>
<tr><td>所有部门按金融工具划分的信贷市场贷款</td><td>L.4</td><td>11</td></tr>
<tr><td>负债合计及其与金融资产总额的关系</td><td>L.5</td><td>11</td></tr>
<tr><td>GDP 分配</td><td>F.6</td><td>12</td><td rowspan="6">从生产账户、国民收入分配账户、国民收入使用账户介绍资金流量矩阵中资本的来源</td></tr>
<tr><td>国民收入分配</td><td>F.7</td><td>13</td></tr>
<tr><td>储蓄和投资</td><td>F.8</td><td>14</td></tr>
<tr><td>净资本转移</td><td>F.9</td><td>15</td></tr>
<tr><td>个人储蓄的派生统计法</td><td>F.10</td><td>16</td></tr>
<tr><td>私人部门的资产和负债</td><td>F.10</td><td>17</td></tr>
</table>

（4）从部门结构与金融工具分类角度对第一部分资金流量矩阵做进一步明细介绍，包括分部门的资金流量表、存量表以及分金融工具的资金流量表、存量表（见表2–6）。

表2–6　第一部分 分部门、分金融工具资金流量表、存量表

名称	流量		存量	
	表格	页码	表格	页码
部门				
家庭和非营利部门	F.100	18	L.100	66
非金融类企业	F.101	19	L.101	67
非金融类公司企业	F.102	20	L.102	68
非金融非公司企业	F.103	21	L.103	69
州和地方政府	F.104	22	L.104	70
联邦政府	F.105	23	L.105	71
国外部门	F.106	24	L.106	72
金融部门	F.107	25	L.107	73
货币当局	F.108	26	L.108	74
私人存款机构	F.109	27	L.109	75
在美国注册的存款机构，除信用社	F.110	28	L.110	76
在美的国外银行	F.111	29	L.111	77
从属地区的在美银行	F.112	30	L.112	78
信用社	F.113	30	L.113	78
财产保险公司	F.114	31	L.114	79
人寿保险公司	F.115	31	L.115	79
私人和公共养老基金	F.116	32	L.116	80
私人养老基金	F.117	33	L.117	81
地方政府雇员退休基金	F.118	34	L.118	82
联邦政府退休基金	F.119	34	L.119	82
货币市场共同基金	F.120	35	L.120	83
共同基金	F.121	35	L.121	83
封闭和交易所交易基金	F.122	35	L.122	83
政府扶持企业	F.123	36	L.123	84
机构和 GSE 支持的抵押资产组合	F.124	37	L.124	84
资产担保证券的发行商	F.125	37	L.125	85
财务公司	F.126	37	L.126	85
房地产投资信托	F.127	38	L.127	86
证券经纪商和交易商	F.128	39	L.128	87

续表

名称	流量		存量	
	表格	页码	表格	页码
控股公司	F.129	40	L.129	88
融资公司	F.130	41	l.130	89
工具				
美国官方储备资产和特别提款权分配额	F.200	42	L.200	90
特别提款权单证和国债通货	F.201	42	L.201	90
美国的外国存款	F.202	42	L.202	90
银行间净交易	F.203	43	L.203	91
支票存款和通货	F.204	44	L.204	92
定期和储蓄存款	F.205	45	L.205	93
货币市场共同基金份额	F.206	45	L.206	93
联邦基金和证券回购协议	F.207	46	L.207	94
公开市场票据	F.208	47	L.208	95
国债	F.209	48	L.209	96
机构和 GSE 支持的证券	F.210	49	L.210	97
市政证券和贷款	F.211	50	L.211	98
公司和外国债券	F.212	51	L.212	99
公司权益	F.213	52	L.213	100
共同基金份额	F.214	52	L.214	100
其他储蓄机构贷款	F.215	53	L.215	101
其他贷款和垫款	F.216	54	L.216	102
按揭合计	F.217	55	L.217	103
住房按揭	F.218	56	L.218	104
多户住宅抵押贷款	F.219	56	L.219	104
商业按揭	F.220	57	L.220	105
农牧按揭	F.221	57	L.221	105
消费贷款	F.222	58	L.222	106
交易贷款	F.223	59	L.223	107
证券贷款	F.224	59	L.224	107
人寿保险	F.225	60	L.225	108
养老金储备	F.226	60	L.226	108
企业缴税	F.227	60	L.227	108
非公司企业的所有者权益	F.228	60	L.228	108
其他金融债权合计	F.229	61	L.229	109

续表

名称	流量		存量	
	表格	页码	表格	页码
已识别的金融债权——第一部分	F.230	62	L.230	110
已识别的金融债权——第二部分	F.231	63	L.231	111
未识别的金融债权	F.232	64	L.232	112
部门差异	F.11	65		
金融工具差异	F.12	65		

2. 资产负债表

资产与负债包括金融部分和非金融部分，部门则分为家庭及非营利组织、非金融公司类企业以及非农非公司类企业（见表2–7）。

表2–7　　　　第二部分 分部门资产负债表

名称	资产负债表		对账	
	表格	页码	表格	页码
资产负债表及净资产变化				
家庭及非营利部门	B.100	113	R.100	116
非金融公司类企业	B.102	114	R.102	117
非农非公司类企业	B.103	115	R.103	118

3. 宏观经济账户

宏观经济账户（IMA）将来自国民收入和生产账户（NIPA）的产量、收入、储蓄、资本信息与金融账户中基于部门的净值变化联系起来，形成分部门的大的资金流量表，主要由联邦储备局、经济分析署联合发布（见表2–8）。

表2–8　　　　第三部分 宏观经济账户

名称	表格	页码
美国宏观经济账户		
全部经济的经常账户	S.1.a	128
经济总量和产业的选择性集聚	S.2.a	129
家庭和服务于家庭的非营利机构	S.3.a	131
非金融非公司类企业	S.4.a	134
非金融类公司	S.5.a	137
金融部门	S.6.a	140
联邦政府	S.7.a	143

续表

名称	表格	页码
州和地方政府	S.8.a	146
国外部门	S.9.a	149

4. 补充用表

对于在报表中没有体现的重要信息，美国金融账户也用补充用表进行说明，提供特定部门额外的细致情况。随着经济金融的发展和创新，美联储也在不断地改革更新统计原则的指引，以更好地反映现实并提供更科学的金融业资产负债信息（见表2–9）。

表2–9　　第四部分 补充用表

名称	流量		存量	
	表格	页码	表格	页码
补充表				
家庭部门权益明晰的资产负债表			B.100.e	119
非营利组织	F.100.a	120	L.100.a	121
联邦、州和地方政府的合并报表	F.105.c	122	L.105.c	123
私人养老金：待遇确定型	F.117.b	124	L.117.b	125
私人养老金：缴费确定型	F.117.c	124	L.117.c	125
个人退休账户	F.226.i	124	L.226.i	125
权益类房地产投资信托基金	F.127.e	126	L.127.e	127
按揭类房地产投资信托基金	F.127.m	126	L.127.m	127

（四）美国金融统计制度对我国的借鉴意义

1. 美国金融统计制度的不足和改革

由于特有的政治、经济和文化背景，美国金融业一直实行联邦和州、不同监管机构共同参与的“双重多头”的竞争监管格局。在此监管格局下，美国金融业统计工作在一定协调机制下采取的也是分散型数据采集和汇总模式。

2008年国际金融危机以后，针对此轮国际金融危机中暴露出来的宏观审慎监管薄弱、统计信息缺口等问题，美国金融监管体系进行了一系列的改革和调整。受此影响，美国金融业统计工作在总体延续前期模式的同时，也发生了许多重要的变化。美联储作为美国主要的金融统计机构，加强了与其他部门的数据共享。2008年7月，美联储与美国证券交易委员会（SEC）就信息共享正式达成协议，根据协议，SEC将向美联储提供关于公司财务状况、风险管理体系、内控和资本以及流动性和融资来源的信息及分析；美联储则将提供关于金融市场的信息，包括其对可能影响到银行经营或财务状况的市场情况所做的评估。2010年7月，美国出台了对金融监管改革影响深远的《多德—弗兰克华尔街改革和消费者保护法案》，美联储的金融监管和统计职能被显著扩大和加强，被赋予了更为广泛的直接信息采集权；全面强化了对以往缺乏监管的各类创新型金融机构和金融创新产品的监管，进一步扩大统计监测范围，明确地将投资银行、对冲基金、私募基金及其他影子银行机构和业务纳入到监管视野，力求体现在其资产负债表中或特殊目的的统计上报中。美国金融改革法案还督促在美联储和具体的监管机构之间建立监管信息共享机制，并逐一签署备忘录，以此保证制度的执行。根据该法案，2012年6月，美联储与联邦存款保险公司等5家联邦监管机构签署了协调监管职责、共享监管信息的备忘录。①

2. 美国金融统计制度对我国的借鉴意义

在美国引发的国际金融危机之后，全世界都在不断地总结经验、教训，对于国际金融危机的反思中有一项就是金融统计，由于新金融的发展，整个金融统计和金融信息对新金融存在缺失，没有反映新金融发展的状态。中国人民银行副行长潘功胜表示，“金融危机之前，金融统计数字未能发现危机的迹象，金融危机之后，也没有通过金融统计信息能够反映的指标”。他认为，金融统计对于新金融业态的缺失主要在于，一是金融统计的覆盖范围不全，创新型金融机构和私募股权基金等大量的新兴金融机构，以及结构性金融产品如CDO、CDS等金融信息统计缺失。当前金融统计是以机构而非产品统计为核心，缺乏跨境交易横向检测。二是信息共享的基础薄弱，金融统计体系的标准、方法不同，导致缺乏良好的关联度，无法形成协调统计信息体系。因此金融信息共享有限，无法为风险评估判断、决策提供系统性的支持。

目前，中国人民银行正在启动金融业综合统计体系的建设，希望通过金融基础设施的建设，编写出中国金融业的概况、金融业的整体资产负债表。潘功胜表示，“在国际金融危机以后，国际金融组织和主要的经济体都在不断地总结经验、教训，修订的货币政策和法律框架拓宽了金融统计的覆盖范围和数字的获取渠道，构建了银行、证券、保险等相互协调的金融业综合统计体系。对一些国际上在金融信息的统计缺失方面反映出来的问题，在中国同样存在，构建统一的统计体系，也是接下来我们很重要的目标”。潘功胜（2012）指出“金融业综合统计的目标是在良好法律环境的基础上，协调整合现有的各类金

① 张浩．美国金融统计工作概况 [J]. 金融纵横，2007（13）：51-54.

融统计体系，大力推进金融统计标准化，建立统一、全面、共享的金融业综合统计体系，促进金融统计向综合化、统一化、动态化、开放化、标准化和信息化发展”。

二、澳大利亚的金融统计制度

（一）澳大利亚金融统计制度的分类体系

自1998年第二季度起，澳大利亚金融账户开始参照联合国发布的《1993年国民账户体系》（SNA 1993）的核算标准进行编制，2009年第三季度起，开始参照《2008年国民账户体系》（SNA 2008）。此外，相关概念和要素还参照了IMF第六版的《国际收支手册》（BPM6）、2001年版的《政府财政统计手册》和2001年版的《货币与金融统计手册》。

澳大利亚对国民经济部门的划分也是编制金融账户、各部门金融资产负债表的基础。根据SNA 2008，澳大利亚制定了《2008年经济部门分类标准》（SESCA 2008）。[①]

澳大利亚国民经济部门分类明细见表2–10。

表2–10 澳大利亚国民经济部门分类明细

<table>
<tr><th>一级分类</th><th>二级分类</th><th>三级分类</th><th>四级分类</th><th>备注</th></tr>
<tr><td rowspan="2">非金融公司</td><td rowspan="2">非金融公司</td><td>非金融投资基金</td><td>私人非金融投资基金</td><td>非金融投资基金指在《2008 年国民账户体系》（SNA 2008）中非货币市场投资基金未被列入金融部门而进入非金融部门的部分，是由信托或其他公司发起的集体投资计划，该计划主要投资于非金融资产</td></tr>
<tr><td>其他非金融公司</td><td>其他私人非金融公司、国家公共非金融公司、州及地方政府非金融公司</td><td></td></tr>
<tr><td rowspan="2">金融公司</td><td rowspan="2">金融中介机构</td><td>澳大利亚储备银行</td><td>澳大利亚储备银行</td><td></td></tr>
<tr><td>存款性公司</td><td>银行、其他存款性公司</td><td>银行包括商业银行（万能银行）、储蓄银行、转账银行、农村信用银行、专营银行等；其他存款性公司指银行外的所有授权存款或存款替代品的机构，包括信用合作社、财务公司、货币市场经销商、专项服务公司等</td></tr>
</table>

① 冯黎黎，赵俐佳，陈成，雷飞，谢小丽．澳大利亚金融账户统计对我国的启示 [D]. 金融业综合统计研究成果交流资料．北京：中国人民银行调查统计司主办，2014（13）：1-15.

续表

一级分类	二级分类	三级分类	四级分类	备注
金融公司	金融中介机构	养老基金和保险公司	养老基金、人寿保险公司、非人寿保险公司	
		金融投资基金	货币市场基金、非货币市场投资基金	非货币市场投资基金指投资于非货币市场金融资产的集体投资计划，包括海外房地产或基础设施投资基金、上市及非上市股权信托(国内和国际)、上市及非上市抵押贷款信托（单位信托）、上市基础设施信托、上市投资公司、非现金共同基金等
		证券公司及其他金融中介	证券公司、其他金融中介	其他金融中介主要是政府成立的住户融资计划及宗教组织设立的发展基金等
	金融辅助机构	金融辅助机构	金融辅助机构	提供金融辅助服务的机构，包括商品期货经纪商、衍生品经纪商、证券交易所、保险代理等
	专属金融机构和放债机构	专属金融机构和放债机构	中央借贷局、放债机构和其他专属金融机构	专属金融机构是指附属于其他公司的拥有金融资产的法人实体，因为特殊目的而设立，放债机构的资产和负债在非公开市场交易，并为客户提供金融服务，中央借贷局由州和地方政府设立，主要通过发行债券为公共企业和事业单位提供融资服务
广义政府	广义政府	广义政府	联邦政府、州及地方政府	
住户	住户	住户	住户	住户部门包括住户和由住户持有的非公司组织企业，以及非营利性机构，包括住户、合伙企业、个人独资企业、慈善机构、学术团体、社交俱乐部、工会等
境外	境外	境外	境外	

（二）澳大利亚金融统计制度的核算原则

1．权责发生制

2008年国民账户体系（SNA 2008）明确规定国民经济核算应以权责发生制为记账原则。权责发生制按交易发生的时间记录交易，而不是按现金转移的时点记录交易。

2．市场估值原则

SNA 2008的一项关键原则是以实际交换价值记录交易，以可变现价值而不是成本记录存量。在实践中，这意味着持续的市场估值。可交易的资产按照市场价格估值；不可交易的资产没有可观察的市场价格，可以使用类似资产的可交易资产价格，或使用生命期内的未来现金流通过适当的利率折现估值。对未上市的股票或其他股权，市场价值可用相似实体的市场资产价值减去应偿还债务的市场价值后的净资产价值代替。

对股票来说，金融账户中，交易按实际交换价值记录，任何未分配收益在金融账户中显示为收益再投资；而再投资收益以外的价值变化作为持有损益处理，记录在重估账户，正如对不含存储成分的存货或贵重物品的处理一样。对债券来说，由利息自然产生而造成的价值增加，应记录在金融账户中；利率变化时，债券的市场价值会发生变化，这一价值变化应记录为重估价；如利率提高给债券发行人产生名义持有收益，而给债券持有人产生等量的名义持有损失，如果利率下降，情况正好相反。股票和债券的价值可能随时间变化，不同于因交易和价格而引起的价值变化，这些变化的价值被归类为其他变化，对金融资产和金融负债来说，最显著的其他变化来源于坏账减值损失或企业倒闭。

3. 四式记账法

SNA基于商业会计准则，但存在重要差异。商业会计准则采用复式记账法，而SNA 2008采用四式记账法。这是由于SNA要使参与处理交易和现金流的各方保持平衡。出售商品取得现金在SNA账户中对应条目：对于卖方是销售增加（收入账户），现金增加（金融账户）；对于买方是购买增加（支出账户），现金减少（金融账户）。交易后的结果是收入等于支出和金融交易净额为零，并且所有事项都发生在同一时期。

4. 合并原则

财务数据的简单加总会产生重复计算问题。例如，州政府国库发行债券，再将债券筹集的资金借给其他政府机构，加总所有政府机构和州政府国库的债务会产生重复计算债务的问题。两种解决方法：一是计算州政府的净资产和净负债，二是通过消除州政府、政府机构之间的资产负债关系合并资产和负债。合并域由法律和会计准则中的关联性标准决定。正式部门的金融账户显示的所有交易都已消除重复计算。澳大利亚金融账户采用的合并实践远远高于SNA 2008的建议。

（三）澳大利亚金融统计制度的核算方法

1. 先行确定存量数据

存量表的编制基于从多种渠道采集资产负债表信息和选择最佳估计值。数据经常面临选择，因为同一个项目由于数据源不同采取的可能是相对或相反的测量方法。例如，国有非金融公司的借款在国库及中央借贷局计为资产，但在国有非金融公司计为负债。由于统计局并未调查所有的国有非金融公司，负债合计数与资产数据并不相等。在这种情况下，国库及中央借贷局需要估计这些借款涉及的资产和负债双方数据。

2. 计算或直接获取流量数据

存量数据确定后，金融交易量通过资产负债表项目期末值减去期初值进行计算，并在可能的情况下，通过其他信息排除非交易流量数据，即重估或其他变化值，如持有收益损失和核销。在某些情况下，直接获得的交易量数据可以替代通过资产负债表“求差”计算的流量数据。

3. 存量与流量的计算关系

存量和流量存在以下计算关系：期初资产负债值+狭义资本或金融账户+重估账户+其他变化账户=期末资产负债值。交易流量记录在资本或金融账户中；一切与持有收益有关的变化记录在重估账户中，持有收益产生于价格水平及结构随时间而发生的变化中；所有其他资产价值的变化都应当作为由于质量变化（而不是价格变化）引起的物量变化，记录在其他变化账户中，如巨灾损失和无偿没收等。

（四）澳大利亚金融统计制度的数据来源

澳大利亚金融账户编制主要以资产负债表信息为数据基础，信息来源于行政数据、统计调查数据和其他数据。行政数据来源于澳大利亚审慎监管局（APRA），按照《澳大利亚金融部门数据采集法（2001）》规定，采集注册金融性公司（RFCS）财务数据的职能于2003年4月由澳大利亚中央银行转移到澳大利亚审慎监管局。统计调查数据来源于澳大利亚统计局按季开展的财务信息调查（SFI）和国际投资调查（SII）。其中，SFI主要涵盖行政数据不能提供的数据单元，还用于提供金融市场细分领域信息，如管理基金和证券市场。其他数据用于补充，如从澳大利亚证券交易所获取的分部门和子部门发行股票的市值信息、从政府财政统计账簿获取的联邦政府信息、从私人金融市场分析师获得的债券价格指数等。

金融账户编制的数据源分为部门或子部门资产负债表数据源（见表2–11）和金融工具数据源两大类（见表2–12）。

表2–11 澳大利亚部门及子部门资产负债表数据源

部门或子部门	资产负债表数据源
非金融投资基金	主要来自 SFI——非金融投资基金；交易对手和市值信息来源于澳大利亚证券交易所（ASX）、银行、SII
其他私人非金融公司	主要来自 SFI——大型非金融贸易公司；交易对手和市值信息来源于 ASX、银行、SII
国家公共非金融公司	主要来自 SFI——政府及其他实体；交易对手信息来源于银行、SII
州及地方政府公共非金融公司	主要来自 SFI——政府及其他实体；交易对手信息来源于州及地区住房管理局年报、中央借贷局（CBAs）
中央银行	主要来自 SFI——澳大利亚储备银行（RBA）；交易对手信息来源于 SII
银行	主要来自 APRA 发布的月度财务状况报告中数据来源为银行的部分；交易对手信息来源于 SII
其他存款性公司	主要来自 APRA 月度财务状况报告中数据来源为其他存款性公司的部分（总资产超过 5000 万美元的公司按月向 APRA 提交数据，资产较小的按季提交），包括注册性金融公司（RFCs）、建筑协会和信用合作社；交易对手信息来源于 SII
养老基金	（1）来自 APRA 季度财务状况报告（总资产超过 5000 万美元的养老基金按月向 APRA 提交数据，资产较小的按年提交）；（2）来自澳大利亚税务办公室（ATO）根据自律管理型养老基金提交的年度数据估算的季度数据；（3）来自 SFI——投资经理，提供关于养老基金的信息
人寿保险公司	主要来自 SFI——人寿保险公司和友好协会；总资产信息来自 APRA 季度财务状况报告
非人寿保险公司	（1）私人一般保险公司数据来源于 APRA 季度财务状况报告；（2）政府和其他实体性公共保险公司信息来源于 SFI；（3）其他信息来源于私人医疗保险管理委员会（PHIAC）年报，季度数据由年度数据推算
货币市场投资基金	来自 SFI——货币市场投资基金
非货币市场投资基金	主要来自 SFI——非货币市场投资基金；交易对手和市值信息来源于 ASX、SII
中央借贷局	主要来自 SFI——政府及其他实体；交易对手信息来源于银行、SII
证券公司	主要来自 SFI——证券公司；交易对手信息来源于 SII
其他金融性公司	其他金融性公司包括其他金融中介、金融辅助机构、放债机构及其他专属金融机构。（1）金融辅助机构数据来自 SFI——投资经理；（2）公共性质的机构数据来自 SFI——政府及其他实体；（3）交易对手和市值信息来源于 ASX、银行、其他存款性公司、证券公司、悉尼期货交易所（SFE）、SII
联邦政府	（1）SFI——政府及其他实体，政府财政统计（GFS）报告中的联邦政府账；（2）澳大利亚财政管理办公室（AOFM）；（3）交易对手信息来源于澳大利亚中央银行、银行、其他存款性公司、SII
州及地方政府	主要来自 SFI——政府及其他实体；交易对手信息来源于中央借贷局（CBAs）、联邦政府、银行、其他存款性公司
住户部门	（1）交易对手信息来源于澳大利亚中央银行、银行、其他存款性公司、证券公司、联邦政府以及 SII；（2）交易和持有证券的剩余分配；（3）编制模型下的保险技术资金分配
境外部门	主要来自 SII；交易对手信息来源于养老基金、人寿保险公司、非货币市场投资基金

表2-12　　澳大利亚金融工具数据源

金融工具	数据源	备注
货币黄金和特别提款权（SDR）	基于澳大利亚中央银行的估算，反映在SII中。	
通货	（1）澳大利亚中央银行纸币发行量数据来源于SFI；（2）纸币持有量（不包括其他私人非金融公司和住户）数据来源于SFI和APRA发布的财务状况报告；（3）剩余纸币持有量由澳大利亚中央银行纸币发行量减去纸币持有量（不包括其他私人非金融公司和住户），再平分到其他私人非金融公司和住户；（4）澳大利亚联邦政府硬币发行量数据来源于财政部的联邦政府资产负债表；（5）被境外部门持有的通货数据主要来源于SII。	在澳大利亚，通货仅指国内货币，国外货币流通很少。
可转让存款及其他存款	（1）澳大利亚中央银行接受存款总量及交易对手资产持有人信息来自SFI；（2）银行及其他存款性公司接受存款数据来源于APRA发布的财务状况报告；（3）境外部门数据主要来源于SII。	可转让存款包括如下种类的存款：没有违约金或限制，按面值即期兑现的存款；以支票、汇票、直接转账单、直接借贷或其他直接支付方式等直接进行支付的存款。
短期债务性证券	（1）银行承兑汇票的数据来自于APRA的月度银行票据承兑和背书表；（2）交易对手持有汇票数据来自SFI的资产负债表、APRA财务状况报告以及SII；（3）单名票据数据来源于APRA的银行与注册性金融公司债务性证券发行统计表以及SFI的资产负债表，补充数据来自澳大利亚中央银行和澳大利亚财务管理办公室；（4）交易对手持有单名票据数据来自SFI的资产负债表、APRA财务状况报告和债务性证券持有表、SII；（5）境外部门发行单名票据数据主要来自SII。	指原始期限为一年或小于一年的债务性证券。APRA提出的短期债务性证券包括汇票和单名票据两类。银行承兑汇票（SNA 2008）在澳大利亚被称为汇票（a bill of exchange）。单名票据由单一发行人承担债务责任，包括承兑票据、国库券、银行发行的存款可转让凭证等。
长期债务性证券	（1）国内发行债券数据来APRA的银行与注册性金融公司债务性证券发行表以及SFI的资产负债表，补充数据来自澳大利亚中央银行和澳大利亚财务管理办公室；（2）交易对手持有债券数据来自于SFI的资产负债表、APRA财务状况报告、APRA证券回购、转售、借贷统计表和债务性证券持有统计表、澳大利亚中央银行回购协议方案以及SII；（3）境外部门发行债券及其交易对手持有债券数据主要来自于SII。	指原始期限大于一年的债务性证券。包括：（1）联邦政府国债；（2）中央借贷局及其国有企业发行的记名债券，也称为“半政府”债券；（3）公司债券、存款可转让凭证、无抵押票据，可统称为公司债或中期票据；（4）包括抵押贷款支持债券在内的资产担保债券；（5）由授权存款机构发行的担保债券；（6）袋鼠债券，即在澳大利亚市场上发行的外国债券；（7）转换前的可转股债券。

续表

金融工具	数据源	备注
金融衍生工具	（1）金融衍生工具市场头寸和交易数据来自 SII，该调查提供了每个居民部门与其他国家之间的金融衍生工具资产和负债交易情况，具体包括期初头寸、期末头寸、转让收付、估值及其他变化（市场价格、汇率 和其他的变化）、非居民债权人或债务人的国家和剩余期限；（2）国内经济部门金融衍生工具头寸来自 SFI 的资产负债表和 APRA 财务状况报告。	金融衍生工具是与某种特定金融工具或特定指标或特定商品挂钩的金融工具，包括互换、远期合约、期货合约和期权。
贷款与拆放	（1）银行和其他存款性公司发放贷款及其交易对手数据来源于 APRA 财务状况报告，覆盖银行、建筑协会、信用合作社和注册性金融公司；（2）证券公司和中央借贷局发放贷款及其交易对手数据源于 SFI 的证券公司、政府及其他实体资产负债表；（3）其他金融机构和联邦政府发放的贷款和拆放及其交易对手数据来源于 SFI 的资产负债表、APRA 财务状况报告、财政部的联邦政府资产负债表；（4）境外部门发放贷款及其交易对手数据主要源于 SII。	拆放是指与非存款机构发生的客户账户余额。如州与地方企业在中央借贷局发生的账户余额，公共部门养老金在国库发生的账户余额。
股票和其他股权	（1）部门及子部门发行的上市股票和其他股权数据来源于 ASX 的市值文件；（2）上市交易对手持有股票数据来源于 SFI 的资产负债表、APRA 财务状况报告与股票持有表以及 SII；（3）上市股票和其他股权交易数据来源于 ASX 交易数据源；（4）非上市股票和其他股权数据来源于 SFI——货币市场基金和非货币市场基金、APRA 财务状况报告、SII；（5）交易对手持有未上市股票数据来源于 SFI 的资产负债表。	分为上市和非上市。
保险技术准备金	（1）净权益储备金主要来自 APRA 财务状况报告中的养老基金和人寿保险部分；（2）未备养老金索赔款主要来自财政部的联邦政府账和 APRA 财务状况报告中的养老基金部分，州及地方政府交易对手信息主要来自政府财务统计；（3）预付保费和未结索赔准备金来自 APRA 财务状况报告中的一般保险公司、政府和其他实体公共保险公司部分，以及私人医疗保险管理委员会。	包括净权益储备金、未备养老金索赔款、预付保费和未结索赔准备金。净权益储备是指持有人对寿险业务和养老基金索赔净权益。未备养老金索赔款指政府部门对公共部门员工退休福利的债务。
其他应收、应付款	联邦政府的应收应付款数据及交易对手信息主要来源于财政部的联邦政府账目。国内所有其他部门应收应付款数据主要来源于 APRA 财务状况报告、SFI、自主管理养老基金每季上报澳大利亚税务局的数据。境外部门应收应付款数据来源于 SII。	除归为贷款的贸易融资外的贸易信贷。

（五）澳大利亚金融统计制度的账户结构

澳大利亚金融账户的前身是澳大利亚中央银行——澳大利亚储备银行编制的1953—1954年和1988—1989年年度资金流量账户。1989年，澳大利亚统计局实验性地估测了第一、第二季度部门间金融交易量数据，此后开始按季发布估测数。1998年以来，澳大利亚金融账户的编制日趋完善，目前，澳大利亚统计局每季度公布一次金融账户公报，自数据时间3个月后公布。

当前澳大利亚金融账户囊括了经济体中不同子部门和所有传统金融工具所在市场的金融概览，还包括反映部门间金融交易量的系列表格。以澳大利亚统计局公布的2013年第四季度金融账户公报为例，其金融账户包括金融资产与负债情况、资金流量矩阵、金融市场情况三个部分。

1．金融资产与负债情况

此部分又分为信贷市场情况表和金融资产负债表两方面的内容。

（1）信贷市场情况表包括信贷市场头寸表和信贷需求净交易量表（见表2–13），反映不同类别的国内非金融部门通过不同金融工具融入资金的存量及流量时间序列，以及不同非金融部门和金融工具下国民经济子部门融出资金的存量和流量时间序列。其中，信贷需求净交易量统计相当于我国的社会融资规模统计，但在金融工具划分上有所不同，且对金融工具按照资金融出方和融入方进行了细分。这里的国民经济子部门共划分为19个，包括私人非金融投资基金、其他私人非金融公司、国家公共非金融公司、州及地方政府公共非金融公司、中央银行、商业银行、其他存款性公司、养老基金、人寿保险公司、非人寿保险公司、货币市场金融投资基金、非货币市场金融投资基金、中央借贷局、证券公司、其他金融性公司、联邦政府、州和地方政府、住户部门、境外部门。其中，私人非金融投资基金、其他私人非金融公司、国家公共非金融公司、州及地方政府公共非金融公司、联邦政府、州和地方政府和住户部门为国内非金融部门。信贷市场金融工具为传统的金融工具，包括单名票据、债券、贷款、股票及其他股权、汇票。

表2–13　季度信贷需求净交易量表

	2011 年	2012 年第一季度	……	2013 年第四季度
国内非金融部门融入资金总量				
第 m 个国内非金融部门负债:				
第 n 个金融工具（被持有）:				
第 i 个国民经济子部门				
……				

（2）金融资产负债表反映国民经济子部门持有金融资产和承担金融负债的流量和存量时间序列，以及各金融资产提供方的流量和存量时间序列，按国民经济子部门的划分共计19张表。也可理解为分部门的狭义金融资产负债表（存

量表）和狭义金融账户（流量表）在同一表格中反映。不同部门持有的金融资产和承担的负债有所不同，以其他私人非金融公司为例（见表2-14），其持有的金融资产包括：通货、存款、汇票、单名票据、债券、金融衍生工具、贷款、预付保费和未结索赔准备金、其他应收款。

表2-14　　　　其他私人非金融公司金融资产负债表

	2013 年第一季度		……	2013 年第四季度	
	期间净交易量	期末余额		期间净交易量	期末余额
财务状况变化（资产与负债差值）					
总金融资产					
通货（承兑方：）					
中央银行					
联邦政府					
境外					
存款（承兑方：）					
中央银行					
其他存款性公司					
境外					
第 n 种金融资产（发行或承兑方：）					
第 m 个金融部门					
……					
总金融负债					
汇票					
澳大利亚境内发行的单名票据					
离岸发行的单名票据					
澳大利亚境内发行的债券					
离岸发行的债券					
金融衍生工具					
短期贷款及拆放					
长期贷款及拆放					
上市股票及其他股权					
非上市股票及其他股权					
其他应付款					

2. 资金流量矩阵（资本和金融账户）

反映资金流量情况的资金流量表包括资本账户表和金融账户表（见表

2–15）两个部分。这里的金融账户是狭义概念，即只反映流量情况，包括国民经济五大部门季度金融资产、负债流量和部门合计总流量情况。狭义金融账户既反映了赤字部门（或资金净拆入部门）如何通过增加负债或减少资产获取必要的金融资源，以及资金净拆出部门如何通过增加资产或减少负债分配其盈余；也反映了金融资产和负债下的各种金融工具对交易量的相对贡献。

表2–15　　金融账户表

	非金融公司	金融公司	广义政府	住户	境外	总量
财务状况净变量						
金融资产净发生额						
货币性黄金与特别提款权						
通货与存款						
短期非股票证券						
长期非股票证券						
金融衍生工具						
贷款						
股票及其他股权						
保险技术准备金						
其他应收款						
金融负债净发生额						
货币性黄金与特别提款权						
通货与存款						
短期非股票证券						
长期非股票证券						
金融衍生工具						
贷款						
股票及其他股权						
保险技术准备金						
其他应收款						

3. 金融市场情况

金融市场情况表反映了不同金融市场下金融工具的流量和存量时间序列，且从金融工具的发行方和持有方两方面进行反映。金融市场包括通货市场、可转换存单市场、其他存款市场、汇票市场、单名票据市场、债券市场、金融衍生工具和雇员股票期权市场、短期贷款及拆放市场（见表2–16）、长期贷款及拆放市场、上市股票和其他股权市场、非上市股票和其他股权市场，按金融市场划分共计11张表。不同金融工具所在市场的发行方和持有方有所不同。

表2-16 短期贷款及拆放市场情况

	2013 年第一季度		……	2013 年第四季度	
	期间净交易量	期末余额		期间净交易量	期末余额
短期贷款及拆放总量					
私人非金融投资基金（来自：）					
银行					
其他私人非金融公司（来自：）					
银行					
证券公司					
境外					
第 n 个借款方（来自：）					
第 m 个贷款方					
……					

（六）澳大利亚金融统计制度对我国的借鉴意义

与其他发达国家相比，澳大利亚在2008年国际金融危机中表现良好，未出现大的金融动荡。危机后，澳大利亚金融监管委员会（又称Wallis委员会）启动了对金融体系的调查，认为澳大利亚金融业之所以能够经受危机的冲击，主要得益于相对稳定的宏观经济环境、金融机构自身的审慎经营以及较为传统的、低风险的盈利模式，同时，适应现代金融业发展需要的“双峰监管”体制[①]也为风险防范提供了良好的制度保障，金融监管委员会建议应在维持现有“双峰监管”架构的基础上，采取措施进一步完善金融监管。

与澳大利亚相比，近年来，我国金融业发展明显加快，形成了多样化的金融机构体系、复杂的产品结构体系、信息化的交易体系、更加开放的金融市场，特别是综合经营趋势明显，这对现行的分业监管体制带来重大挑战。中国

① 澳大利亚的“双峰监管”体制：1997 年 3 月，澳大利亚金融监管委员会提出对金融监管体制进行全面改革，成立两个监管机构——澳大利亚审慎监管局（APRA）和澳大利亚证券和投资委员会（ASIC），APRA 负责制定并实施审慎监管标准，对银行和其他存款吸收机构、保险公司和绝大多数养老金进行审慎监管，资金主要来自向金融机构征收的监管费。ASIC 负责监管市场行为和金融消费者保护，确保澳大利亚金融市场公正透明，维护投资者与消费者信心，监管对象包括企业、市场和所有金融服务的提供者，资金主要来自议会的年度预算拨款。“双峰监管”体制框架就此形成。在此框架下，财政部主要负责协调各监管机构的行为，必要时可对 APRA 的政策制定和运作进行指导。澳大利亚储备银行作为中央银行，负责制定并实施货币政策，维护支付体系的安全和稳定，确保金融体系稳定。其下设有两个理事会——联邦银行理事会（RBB）和支付体系理事会（PSB），分别负责货币政策和金融稳定以及支付体系的安全有效运行。

现行的“一行三会”分业监管模式，开始于1997年亚洲金融危机过后，在此后相当长的一段时间内，发挥了重要的作用。但是随着中国金融业的快速发展，分业监管在当下的金融业运行中，一方面监管效率低下，另一方面，在应对一些金融创新和国际化程度不断提高的问题时，显得力不从心。中国银行业协会首席经济学家巴曙松表示：“近年来，特别是2008年国际金融危机爆发后，中国的金融结构发生了巨大的变化，银行贷款在社会融资总额中的比重大幅降低，‘影子银行’体系快速发展，金融机构的功能边界逐渐模糊，金融微观效率不断提升，但宏观脆弱性不断增加。在这样的背景下，如果继续坚持分业监管的模式，将中央银行排斥在金融监管体系之外，金融监管的有效性势必会大幅降低，极有可能在中国出现类似于欧美等发达市场爆发的金融危机隐患。”习近平总书记在《国民经济和社会发展第十三个五年规划纲要》中也提到“改革并完善适应现代金融市场发展的金融监管框架”，意味着中国金融监管体系改革已经正式提上议事日程。

习总书记在《中共中央关于制定国民经济和社会发展第十三个五年规划的建议》中指出：“国际金融危机发生以来，主要经济体都对其金融监管体制进行了重大改革。主要做法是统筹监管系统重要金融机构和金融控股公司，尤其是负责对这些金融机构的审慎管理；统筹监管重要金融基础设施，包括重要的支付系统、清算机构、金融资产登记托管机构等，维护金融基础设施稳健高效运行；统筹负责金融业综合统计，通过金融业全覆盖的数据收集，加强和改善金融宏观调控，维护金融稳定。这些做法都值得我们研究和借鉴。”实际上，中国人民银行已经积极着手研究、拟定适应现阶段金融发展的金融业综合统计制度。

三、欧盟的金融统计制度

（一）欧盟金融统计制度的分类体系

自欧洲中央银行成立和欧元发行以来，欧洲中央银行一直担负着欧元区内货币金融统计信息的整理、编制和发布等工作。当然，由于特殊的组织关系，决定了欧洲中央银行不可能具体实施数据收集，该工作主要是由欧元区内的各国中央银行汇总加工后交由欧洲中央银行。因此，欧洲中央银行必须制定明确的工作标准、统一的统计口径和强有力的法律支持，才能确保统计工作的有序开展。

根据不完全统计，截至目前有20多项专项的法律法规在约束着欧洲中央银行和各成员国的金融统计工作，形成了一套行之有效的金融综合统计法律框架。2011年泛欧金融监管体系的正式启动，覆盖银行、证券和保险等领域的泛欧层面的监管机构将逐步确立，此举必将进一步强化欧洲中央银行与各国中央银行、各金融机构之间及跨境间的金融统计和共享。具体欧洲中央银行统计体系如图2-3所示[①]。

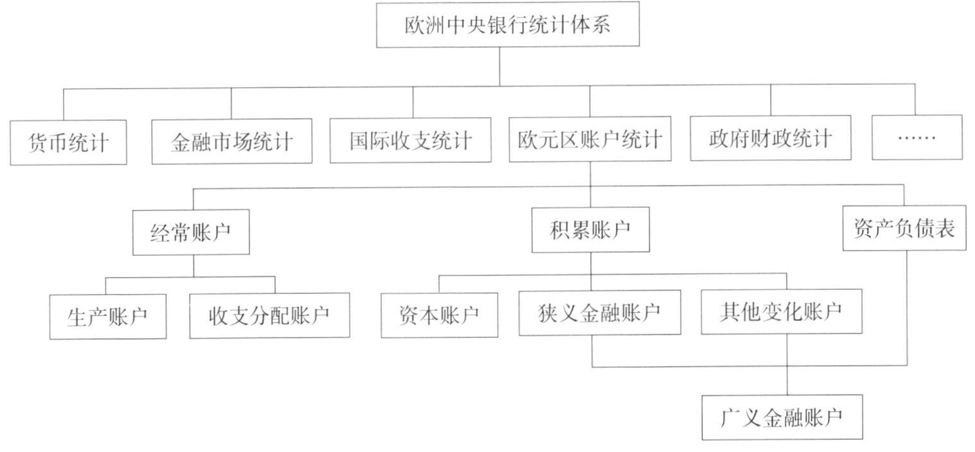

图 2-3　欧洲中央银行统计体系

（二）欧盟金融统计制度的核算原则

1. 数据质量保证指导总则

（1）对欧洲中央银行系统统计数据的开发、收集、汇编和发布的法律基础是欧洲中央银行、欧洲中央银行系统的规约和规定。

（2）数据统计专注于欧元区。这意味着，所有欧元区的国家统计数据，必须基于一组通用的定义和分类，使得数据之间具有足够的可比性，以编制、集合成一个有意义的集合体。

（3）在确保满足统计要求的基础上，欧洲中央银行力求减少对信贷机构和其他报告统计报表的地方与机构的负担，应尽可能利用现有的统计数据。

（4）欧洲中央银行与欧盟相关机构保持密切合作关系。在欧洲范围内，负责将统计数据在欧洲中央银行和欧盟委员会之间共享，并在《经济和金融统计谅解备忘录（2003 年3 月）》中明确地划分了工作内容。

① 史小强，王贤扬，任亚，徐惬，姜阳. 国外金融业综合统计监测的经验与借鉴 [J]. 金融纵横，2015（5）：40-45.

（5）在统计事项上，欧洲中央银行还维持着与其他国际组织的密切关系，尽可能地使统计数据符合国际标准。在欧洲中央银行金融统计数据质量保证指导总则的基础上，欧洲中央银行系统内部还规定了一系列制度环境、统计过程和公布原则，在这些约束下完成对金融数据的统计。基于法律授权，欧洲中央银行系统有权收集所有必要和相关数据进行金融统计，在欧洲中央银行负责的领域内编制和发布公正、可靠、适当、及时、一致和可访问的统计信息。通常情况下，这些数据符合欧洲和国际公认的标准、准则。①

2．金融数据收集、统计、编制和公布原则

在欧洲中央银行金融统计数据质量保证指导总则的基础上，欧洲中央银行系统内部还规定了一系列制度环境、统计过程和公布原则，在这些约束下完成对金融数据的统计。基于法律授权，欧洲中央银行系统有权收集所有必要和相关数据进行金融统计，在欧洲中央银行负责的领域内编制和发布公正、可靠、适当、及时、一致和可访问的统计信息。通常情况下，这些数据符合欧洲和国际公认的标准、准则。

（1）独立性。欧洲中央银行系统统计职责中的独立性有两层含义。首先，欧洲中央银行系统的独立性是由《欧洲联盟运作方式条约》（以下简称《条约》）的第130 条和《关于欧洲中央银行体系与欧洲中央银行章程的议定书》（以下简称《议定书》）第7 条保证的。按照章程，欧洲中央银行体系在数据编制和发布数据时，不得“从欧盟机构或任何一个会员国的任何政府、机构、办事处寻求或采取指令”。此条款适用于由欧洲中央银行系统执行的所有任务，这也表明，欧洲中央银行在统计资料汇编和公开过程中没有受到其他外界政治干扰。其次，欧洲中央银行系统编制、发布的统计数据必须符合科学独立性的标准。这意味着，与欧洲中央银行系统统计数据的产生和发布有关的任何数据来源、定义、统计方法和技术的选取、发布时间以及形式和内容，必须完全以统计方面的考虑为指导。

（2）法律授权的数据收集。意思是欧洲中央银行系统必须有明确的法律授权来收集金融数据信息并将其用于欧洲统计用途。此外，这一原则还保证欧洲中央银行有权对不履行数据收集、公布义务行为的制裁。

（3）资源充足。是指欧洲中央银行在进行金融统计时，应保证人力和财力资源、设施和IT 基础设施的使用应尽可能有效，并与金融统计工作计划相称。

① 幸泽林．欧央行中央证券数据库（CSDB）建设经验及对我国金融统计标准化的启示 [J]. 海南金融，2013（5）．

（4）质量承诺。质量承诺的意思是欧洲中央银行系统应不断提高统计数据的质量。欧洲中央银行通过定期、系统地评估，明确统计数据的优点和不足，以更好地提高统计环节和统计数据的质量。在编制统计数据过程中，欧洲中央银行将很多国际公认的数据质量标准作为执行准则，如国际货币基金组织的《数据公布特殊标准》和《数据质量评估框架》。在与欧洲中央银行系统《条约》和《议定书》不相冲突的基础上，欧洲中央银行在编制和发布统计数据时，还考虑到欧洲统计系统、国家统计机构和其他国家统计部门以及欧洲统计守则所规定的国家和社区统计部门的原则。

（5）统计保密。统计保密是指直接来自欧洲统计系统相关部门的报告或欧洲中央银行系统成员间接收集的其他国家或国际机构代理的统计资料中，涉及的任何一个统计数据，其保密性都将受到欧洲中央银行系统的保护。按照《条约》和《议定书》的规定，欧洲统计系统和欧洲中央银行系统成员之间传递的机密的统计信息将仅用于统计，不能用于非统计目的，如行政或税务目的，法律程序或验证、制裁等。此类信息的访问权限应该只能由信息涉及的特定领域内执行统计任务的人员所有。此外，欧洲中央银行系统必须采取一切必要的管理、行政、技术和组织措施，以防止非法披露或使用机密统计资料。

（6）公正性。指的是欧洲中央银行系统的统计数据，必须以中立的方式开发、编制和公布。此外，为了维持公众对政策决定完整性的信任，欧洲中央银行系统规定，金融统计数据必须以同样的方式提供给所有的用户。

（7）客观性。是指欧洲中央银行系统的统计数据必须以可靠、客观的方式进行开发、编制和公开。这意味着，对于使用者来说，以统计数据为基础而制定的政策和操作是透明的，是符合专业与道德双重标准的。

（8）方法合理。是指在产生和编制统计资料的过程中，欧洲中央银行系统采用的方法应基于欧洲中央银行体系及欧盟的法规和标准的统计方法，或者符合国际公认的标准、准则和其他最佳操作方式。

（9）适当的统计方法。是指在欧洲中央银行编制统计数据的过程中，应将有效和高效的统计程序应用于整个统计数据产生的各个环节。

（10）报告负担最小化。指的是欧洲中央银行系统必须建立适当的程序，在满足用户的使用需求以及对统计数据质量无损害的前提下，最大限度地减少数据编制和发布机构的负担。欧洲中央银行系统致力于有效地发挥其统计功能，在统计、收集、编制和公布统计数据等环节有效地利用资源，其目的是在保证必要的统计信息质量基础上，使受访者的报告负担降到最低，同时保证受访者的隐私，保护他们提供的非公开信息的保密性。在使用数据时，欧洲中央银行统计系统要求数据应尽可能的重复利用，避免数据的二次收集，以达到最小储备的目的。

（11）成本效益。是指在产生欧洲中央银行系统统计数据的过程中，统计数据的成本应与数据的有用性相匹配，并且在使用时，使成本得到最有效的利用。在一般情况下，需要收集的统计数据必须来自现有的记录或资料中。

（12）相关性。指的是欧洲中央银行系统的统计数据必须满足明确的或隐含的用户需求。用户需求可能会随着经济环境的变化而随时间改变，因此欧洲中央银行的统计数据应及时更新，使数据的内容与用户的需求相适应。

（13）准确度和可靠性（包括稳定性）。指的是欧洲中央银行系统统计对其度量的现象，必须提供准确、可靠的信息。“准确度”可以被欧洲中央银行定义为所述统计的数据与被测量的变量的（未知）真值的接近度，而“可靠性”是指针对特定的统计量，其估计值与初始值的接近度。

（14）时效性（包括准时性）。指的是欧洲中央银行系统的统计数据必须及时、准时。“及时”衡量的是数据信息的可用性和事件或现象之间的时间滞后，“准时性”衡量的是数据发布的时间与数据应该发布的时间之间的时间滞后。

（15）一致性和可比性。是指欧洲中央银行体系统计信息在以下几方面必须是一致的：一是随着时间的推移；二是在发表的单个版本的数据集内；三是在整个数据集内；四是在周期相同的不同数据集内；五是在适当情况下，数据必须是与其他地区和国家的统计是可比的。在这种情况下，统计信息的可比性是指，在一段时间内，数据可以被成功地结合在一个更大范围分析框架进行比较的程度。一致的统计数据也有利于国际间的比较。确认标准概念、分类和目标人群可以促进一致性的产生。

（16）易得性和清晰度。是指欧洲中央银行系统必须以清晰易懂的形式，将数据上的信息随时提供给所有的用户，方便用户使用。

（三）欧盟金融统计制度的核算方法

欧洲中央银行编制的统计资料，主要是在欧元区各个国家中央银行或其他类似机构的协助下完成的。该过程主要分为两个部分：首先，欧元体系各个成员国的中央银行或其他国家机构收集国内信贷机构或其他机构的金融数据，通过计算将统计数据发送给欧洲中央银行；其次，欧洲中央银行汇总数据，编制整个欧元区的统计数据并将其发布。欧洲中央银行进行金融统计，其统计数据主要用于支持欧洲中央银行的货币政策、宏观审慎监管以及承担欧元体系和欧洲中央银行系统的其他任务，包括向欧洲系统性风险委员会提供数据支持，向其他公共当局、金融市场参与者、媒体和公众提供数据及有关服务。

（四）欧盟金融统计制度的数据来源

1．大范围内对金融统计数据监管进行改进

2008年7月，在欧洲中央银行制定的“2009—2012 统计工作中期工作计划”中，概述了欧元区金融统计的以下主要目标：

（1）在欧元区和那些坚持独立监管机制欧盟成员国家，统计数据要支持欧洲中央银行的独立监管职责。欧洲中央银行收集的银行业监管数据基于欧洲银行业监督管理局统一的实施技术标准和特定的数据集。数据从国家监管当局直接传送，这个国家监管当局隶是属于国家中央银行的一个独立机构。

（2）建立一个统一的粒状数据库。信贷和信贷风险数据来自于信贷注册登记中心或者相近似的可视化个体层面的数据集，满足各种统计、分析和决策需要。

（3）通过收集覆盖无担保、有担保和衍生品市场的日常数据，发展欧元区货币市场统计。

（4）扩大对欧盟所有金融机构的登记注册，包括大型银行和保险集团。

（5）强化欧元区账户统计，包括加强机构部门之间新信息的互联性，特别是证券机构，提高信息的及时性。

（6）强化保险公司和养老基金统计。

（7）加强国际收支统计。

（8）对信贷机构的分析和监管需求进行整合。

2．加强欧洲中央银行与其他机构间交流合作，强化信息共享

为进一步满足合作用户需求，欧洲中央银行加强与其他机构合作，尤其是国际清算银行（BIS），欧洲系统风险委员会（ESRB）和三个欧洲监管当局之间的合作，三个监管当局包括欧洲银行管理局（EBA）、欧洲保险和职业养老金管理局（EIOPA）和欧洲证券与市场管理局（ESMA）。至于总体经济统计数据，主要由欧盟统计局负责全面实施“欧洲经济主要指标”统计，该主要指标体系是2003 年欧盟经济财政理事会提出的（2007 年修订）一系列欧元区和欧盟主要统计数据列表，在质量和及时性方面仍然保持最高的优先级。

欧洲中央银行通过参与跨部门经济金融机构的数据统计工作，特别是向国际清算银行（BIS）、欧盟统计局、IMF、经济合作与发展组织（OECD）、联合国和世界银行这些组织，为改善全球层面金融数据统计作出贡献。这些跨部门机构正逐渐加强“主要全球性指标”网站建设， 重点关注G20 经济体，目的是协助监测具有系统重要性的国家的经济与金融发展变化。IMF和金融稳定理事会（FSB）向2009 年11 月G20财政部长和中央银行行长峰会（主题是“金融危机

和信息缺口”）提交了研究报告，欧洲中央银行为研究报告有关准备工作提供支持，并提出弥补统计信息系缺口的政策建议。欧洲中央银行还与BIS、IMF共同发布包括三部分内容的《证券统计手册》。

（五）欧盟金融统计制度的账户结构

金融账户（Financial Accounts）是欧元区账户（Euro Area Accounts）的重要组成部分，详细记录了一国国内或者本国同国外经济体之间金融资产（负债）存量和流量变动的信息，包括部门信息（Sectors）和金融工具信息（Instruments），目的是反映金融体系运行状况和结构特征，以及金融资金来源和运用的渠道。通过金融资产（负债）总量和结构的变化，中央银行可以分析货币政策的传导机制，监测一国金融体系的稳定程度；同时，金融账户还可以为一般公众的日常投资决策提供支持，可以用于建立金融模型、模拟金融运行（如短期通胀模型）和危机下的金融资产流动、监测市场泡沫等。[①]

1. 货币统计、金融机构和金融市场统计

每个月，欧洲中央银行编制和发布大量的金融统计数据和指标，主要有广义的货币供应量指标M_3，M_3组成部分（纸币和硬币、活期存款、货币金融机构发行的短期市场化工具）及M_3相对部分（特别是货币金融机构发放的信贷和长期负债信息）。欧洲中央银行对月度数据进行季节性调整，使其更容易分析长期趋势。

货币总量和其对应部分是通过微型金融机构按月发布的资产负债表收集起来的。微型金融机构和银行、货币市场基金类似，吸收存款、发行证券、发放贷款或投资证券。微型金融机构资产负债表的统计数据也被用来计算信贷机构必须履行货币政策要求的最低准备金。

为了提供金融业范围内的综合统计信息，进而加强对货币市场和金融稳定的分析，欧洲中央银行也公布除货币金融机构以外的其他金融机构，如投资基金、金融中介公司信息。欧洲中央银行和欧盟各成员国国家中央银行公布这三组机构的名单。欧洲中央银行还编制由货币金融机构出具的欧元区家庭和企业申请贷款和存款的利率。从这些统计数据中可以得出借贷成本的指标。

欧洲中央银行编制的金融市场详细统计信息，主要包括债券和上市股票的月度数据、金融工具的价格信息，并每天发布欧元区政府债券收益曲线。欧洲中央银行增强了对持有证券的统计，并不断开发新的方法，以期为欧元区的金融机构和市场计算具有代表性的可比统计指标，有助于监管欧元区金融稳定和

① 王思亮.MFS和SNA金融主体的统计分类[J].时代金融，2012（12）.

金融一体化。

2．国际收支和其他外部数据

欧洲中央银行每月公布欧元区对外收支情况，也就是欧元区居民与欧元区以外国家居民之间的主要交易情况。每月的国际收支情况通过更详细的季报统计数据进行补充。通过对金融统计与国际收支使用一致的方法框架，欧洲中央银行保证了对金融和国际收支的综合分析。国际收支在按月查询的基础上，将欧元区非货币金融机构的对外交易与欧元区的货币供应量连接起来。

此外，欧洲中央银行公布每月欧洲中央银行和欧元体系的国际储备和外汇流动。欧洲中央银行还公布欧洲地区国际投资头寸的季度数据，这将欧元区对外债务、债权的整体情况明确地展现出来。在每季发布的基础上，国际投资数据可以转化为国际收支数据或者其他按季公布的数据。

一个国家的国际收支和投资头寸包含着该国家与境外所有国家的交易和投资，也包括与欧元区内部其他国家的交易。而欧洲地区的国际收支包含的是欧元区与欧元区以外其他国家的交易和投资情况。

欧洲中央银行还利用各种平减指数，分别从名义统计数据和实际统计数据两方面，编制欧元实际汇率指数，以此分析欧元在国际上的地位。

3．欧洲地区账户

自2007年6月开始，欧洲中央银行和欧盟统计局每季度定期发布欧元地区账户。这些季度性的统计数据是欧元区统计数据最重要的部分，这些数据以国家和区域账户制定的原则为依据，将欧元区经济和金融发展的综合概况呈现出来。

欧洲地区账户涵盖所有经济和金融交易与居民、非金融企业、金融企业和政府的财务资产负债表，以及与世界其他地区的经济和金融关系，保证了对非金融交易（如固定资产总额）和金融交易（如债券发行）的综合分析。这一综合性宏观经济核算框架对于交叉核对货币与金融统计高频数据的一致性、资本市场数据、政府财政统计数据也有很大用处。

4．政府财政统计数据

为了开展货币政策的需求分析，欧洲中央银行和欧洲中央银行体系需要提供全面和可靠的政府财政统计，因此每季度政府财政统计（包括收入和支出数据）是欧元区非金融账户和金融账户的重要组成部分。欧洲中央银行还接收必要的年度数据以评估欧元覆盖度、与政府赤字相关的经济增长。每年的政府财政数据涵盖了收入和支出、政府债务以及政府赤字和政府债务之间的变动关系。为了汇编这些欧元区的集合数据，还需要会员国和欧盟机构之间的交易信息。欧洲中央银行还发布了每个欧元区国家的政府赤字和债务数据。

5. 一般经济数据

在欧洲中央银行履行货币政策和金融稳定的职责中，价格、成本、产量、需求、劳动力市场数据是至关重要的。欧洲中央银行用欧元区的消费价格调和指数衡量物价稳定这个主要目标。欧洲中央银行也经常使用和公布范围广泛的其他经济统计数据，这些类型数据统计是欧盟统计局的主要职责。

欧洲中央银行与欧盟统计局密切配合，通过制定统一的统计概念来实现高质量的整体经济统计数据，为欧元区及其成员国提供必要的、及时的统计数据。欧洲中央银行选择季节性的数据计算指标，并为欧元区编制和发布各种派生指标（如住宅和商品价格衡量指标，就业指标和产出指标）。

6. 调查数据

自2009年9月，欧洲中央银行与欧盟委员会合作开展对欧洲小型和中小型企业融资情况的调查。本次调查旨在收集这些企业的融资需求、融资结构和融资的可得性，并对结果按公司的规模，经济活动的类型，所在国家和企业经营时间等不同类别进行科学分类。

欧洲中央银行还分别与欧元体系和国家统计机构密切合作，对欧元区家庭的理财和消费开展为期三年的调查。本次调查的第一期结果于2013年4月发布，调查结果提供了欧元区家庭的房地产、金融资产、负债、消费和储蓄、收入和就业以及今后的养老金待遇等微观层面的数据。

（六）欧盟金融统计制度对我国的借鉴意义

欧洲中央银行金融账户作为欧元区最具权威的宏观金融数据，不仅为宏观经济决策和宏观金融稳定提供了大量信息支持，而且为各种经营主体进行投资提供参考。对金融投资者来说，金融账户能够较全面地展示资金在不同金融工具之间的流量及存量变动，帮助其准确掌握资金动向，建立金融投资分析模型，以更加量化的方式进行投资。对于信贷机构的从业人员来讲，金融账户提供了较全面的分机构资金流量和存量信息，能够为信贷政策的导向起到辅助分析作用。一般来讲，投资决策者们往往会将整个欧元区（各国）经济和金融账户进行整体分析，这样才能对整个市场的热点和动向有一个更为清晰的把握。

Chapter 3

第三章 | 金融部门统计对象

根据 IMF 的《货币与金融统计手册（2014 版）》，本章主要介绍金融部门统计的对象——金融性公司范围及分类原则的国际定义和标准，同时以我国《金融业企业划型标准规定》（银发〔2015〕309 号）为依据，详细阐述了我国金融业企业的结构，新型金融业企业和金融服务活动的发展，并对国内外金融性公司分类标准进行了深入比较。

第一节　国际通行统计对象

IMF的《货币与金融统计手册（2014版）》规范了金融性公司的性质、范围和分类原则，并详述了各个子部门所属的金融性公司的类别及定义，展现了关于金融部门统计对象国际最新的标准划分和定义解释。

一、金融性公司

金融性公司包括所有从事金融中介或相关辅助性金融活动的常住居民公司或准公司。本质上是区别于其他类型的生产活动，通常提供金融服务并不生产其他商品和服务，也不会再次加工生产。其中，金融中介可以定义为机构单位通过自己负债筹措资金，并以贷款或购置金融资产形式从事金融市场交易。

确定一个实体是否为金融性公司的关键因素包括三个方面，即存在信用和金融风险；金融中介活动存在一套单独的账户；为货物和服务机构单位的生产性活动提供优质的金融服务。金融性公司不包括两种类型，一是某些公司或准公司主要从事销售货物或非金融服务，只在有限的范围内从事金融服务，如某些生产商或零售商直接向客户提供消费信贷。这类单位依照其主要从事非金融商品和服务活动归为非金融性公司部门。二是个人和住户可能从事货币借贷或买卖外币的金融活动，除非具备区别于所有者个人账户的一整套账户，否则应归入住户部门。

根据IMF的《货币与金融统计手册（2014版）》规定，金融性公司共有九个子部门（见图3-1）。按照货币创造过程中地位和作用不同，金融性公司可以分为两大类型，即存款性公司和其他金融性公司，前者负债构成广义货币，后者介入金融资产或从事与金融中介密切相关的活动，但其负债并不构成广义货币。存款性公司包括中央银行、除中央银行外的存款性公司和货币市场基金，其中中央银行构成一个单独的分部门，除中央银行外的存款性公司和货币市场基金构成其他存款性公司。

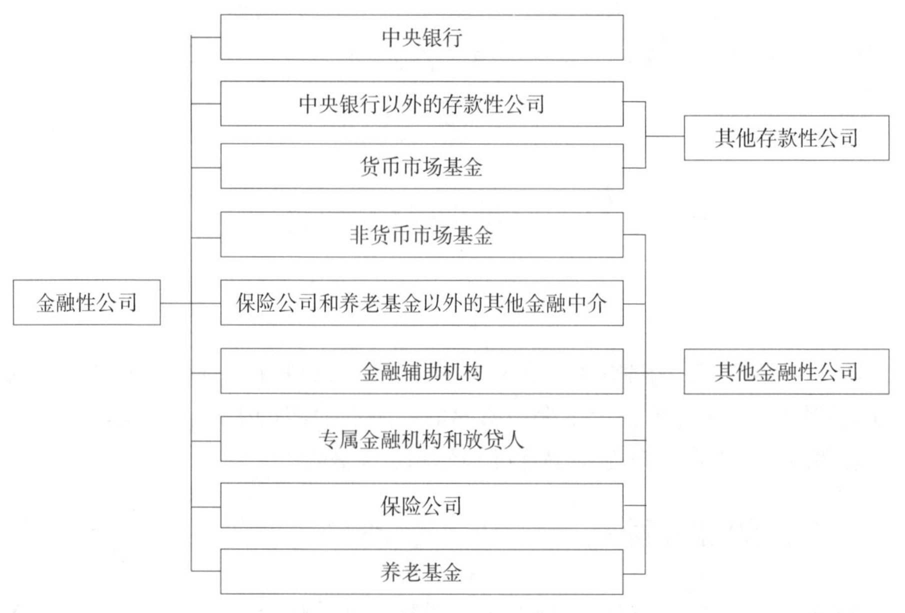

图 3-1　金融性公司分类及子部门

二、中央银行

（一）中央银行的定义及职能

中央银行是全国性金融机构，对金融体系的关键重要方面实施控制，执行货币发行、调节货币供应、国际储备管理、与IMF交易、向其他存款性公司提供信贷等活动。有时也持有中央政府存款，并以透支、预付和购买债券的形式提供信贷。有些国家的中央银行还接受非金融性公司存款，或向非金融性公司提供信贷。

（二）中央银行的界定范围

多数中央银行作为中央政府财政代理人或政府附属单位。当交易和财务归属于中央银行自身时，其是实际的债务人或债权人；当中央银行仅作为代理人时，交易和财务应归属于实际债务人或债权人单位。中央银行同时也监管其他存款性公司和其他金融性公司。如果监管是在中央银行内部部门实施，应包含在中央银行界别；但是如果监管当局是一个独立的机构单位，则这些机构应列入金融辅助机构，而非中央银行界别。

中央银行在一个国家各个地区有分支机构。在编译中央银行资产负债表时，所有分行的账目必须与总行相统一。位于其他经济体的中央银行代表处则不必，应归属于所在地的常住金融辅助机构；但如果海外代表处具有外交豁免权则除外，应属于总行所在地经济领土的一部分。

在许多国家，中央银行执行以上所列的所有中央银行职能。但是在某些国家，中央银行全部或部分职能由中央政府执行。在这样的情况下，考虑扩大的一组账户，简称为货币当局账户。其遵循功能性方法，根据中央政府所服务的职能或统计目标，由中央政府执行有关中央银行职能的所有数据应与中央银行的数据共同列入货币当局账户内。特别是，中央政府持有部分国际储备，则与中央银行持有的外汇储备一起被列入货币当局账户。

（三）中央银行的机构单位

1. 中央银行

多数国家的中央银行是独立的机构，因国家不同受到不同程度的政府控制，名称也各不相同（如中央银行、储备银行、国民银行或国家银行）。

2. 货币委员会

货币委员会是独立的货币当局，可以发行完全由外汇储备充分支持的本国货币，并在固定汇率水平上交换主要国际货币。虽然其并不执行全部中央银行职能，但仍被列入中央银行界别。

3. 政府附属机构

政府附属机构是独立的机构单位，主要执行中央银行职能，如发行通货，持有国际储备，用于稳定外汇的资金操作，或与国际货币基金组织发生财务关系。当此机构独立于中央政府机构单位执行货币当局职能时，应被列入中央银行界别，但专门监管金融体系的机构除外。如果该单位没有独立的财务，并由政府直接控制和监管，则不能视为独立的机构单位，应列入一般政府部门。

4. 货币联盟和货币联盟中央银行

共同的货币区或货币联盟，由一个以上的经济体组成，并具有一个区域中央决策机构，通常是货币联盟中央银行，拥有管理单一货币政策和发行该地区法定货币的权力。其主要有两种形式，分别为集中式和分散式。

在集中模式下，各成员国政府组成地区性中央银行（充当货币联盟成员国的共同中央银行的金融机构），能够发行通用货币，各经济体中央银行功能由其代表成员国执行。出于统计的目的，地区性中央银行视为独立于其总部的机构单位。以地区性中央银行账户进行的交易和持有的头寸不能分配给各成员国（特别是国际储备），而是保留在其总部。只有货币统计在货币联盟层面编制时，才会连同已分配的交易和头寸一并考虑划归给各成员国。

分散模式是欧元区通过建立欧洲中央银行发展而来的。在此模式下，货币联盟由一个地区性中央银行、各成员国的国家中央银行构成。各国中央银行的首要责任是保证地区性中央银行的决策主体制定货币政策，同时也要协调实施决策。每个成员国的货币活动由国家中央银行执行，这些活动都记录在国家数据中。

三、其他存款性公司

除了中央银行以外，负债包括在广义货币的所有金融性公司都被分类为其他存款性公司。主要有除中央银行外的存款性公司、货币市场基金。

除中央银行外的存款性公司其主要从事金融中介活动，通过接受存款或其他金融工具（如短期存款证书，类似于存款）获得资金，也可以发行票据、债券、证券或其他金融工具。具体来看，主要有以下其他存款性公司：

1. 商业银行

商业银行是最常见的指定接受存款公司。商业银行可以参加活动的范围取决于各个国家银行法规及金融体系的成熟度，不同国家之间范围差别较大。商业银行提供的服务最常见的是接受存款和发放贷款。在多数国家，商业银行必须要按照一定比例提取存款准备金放置在中央银行。

2．商人银行

商人银行专门从事促进贸易和商业的金融活动，通常处理国际融资、长期贷款和证券承销。其与跨国公司和大型企业也发生银行业务，但通常并不为普通民众提供银行服务。

3．储蓄与贷款协会、房屋互助协会和抵押银行

这类机构提供专门用于购买不动产的长期贷款。传统上，储蓄与贷款协会、房屋互助协会两者相互关联，即提供资金或借款的个人是机构成员之一。目前许多国家随着法律和监管的变化，放松了管理此类机构的规则。如房屋互助协会可在商业货币市场上募集资金，储蓄与贷款协会承担了类似商业银行的功能。

4．信用社和信用合作社

信用社和信用合作社由其成员拥有和控制，通过在信用社开办存款账户，个人可以成为信用社成员或部分业主参与其股权。信用社接受存款（可被指定作为股份），并对成员发放多种类型的贷款。

5．市级信贷机构

市级信贷机构是独立的本地化管理的储蓄银行。通常集中为某一区域的客户提供金融服务。一般来说，其不以利润为导向，股东通常位于一个城市或同一行政区域的多个城市。

6．村镇银行和农业银行

村镇银行和农业银行是在农村地区提供金融服务的社区银行。由于客户的经济特征，其往往专注于农村和农业活动的小额贷款。但目前收集此类银行数据往往比较困难，主要原因在于：一是缺乏中央银行的监管和报告数据的法律义务；二是在偏远地区通信基础设施不足，可能阻碍定期报告（尽管改善通信技术能减少问题发生）；三是缺乏足够的人力资源，以便及时准确地提供符合要求的报告。

7．旅行支票公司

旅行支票公司出售可在第三方支付中直接使用的转让工具。如果旅行支票大部分是用于国内市场交易，且同时具备通货和流动性存款特征，应被纳入广义货币；如果是用于国外支付，则被排除在外。一家旅行支票公司必须是金融

性公司且旅行支票被包含在广义货币内，才能被列入其他存款性公司。

8．邮局转账机构

某些国家的邮局，既能以自己的账户，也可代表第三方（如国库或另一家金融公司）接受转让或储蓄存款。账户持有人可以第三方付款或在国内其他邮局从自己的储蓄中提取资金。如果邮局的金融活动有一套独立的账户，应被列入其他存款性公司，由邮局转让和储蓄的存款应被纳入广义货币。如果吸收存款和中间服务都没有与非金融业务账目分离，应被列入非金融性公司。

9．电子货币机构

电子货币机构是合法发行电子货币的实体，其支付工具是将货币价值电子存储在物理设备或远程服务器，并不代表电子货币本身。电子货币通常可以用于第三方支付，是可转让存款的紧密替代品。

10．离岸银行

离岸银行通常成立于提供法律和财政优势的司法管辖区内，享受低税或不征税的优惠，较少受准备金管制或外汇条款限制。当离岸银行与常住居民发生交易且其负债是纳入广义货币内的，离岸银行才列入其他存款性公司，否则应列入其他金融性公司。鉴于离岸银行受到不太严格的监管，其数据采集有时会困难。如果中央银行不规范离岸银行的活动，将需要协商境外单位提供数据，或请求专门的法律部门合规获得报告。

11．清算银行

清算银行是指因财政困难在控制或监督下运营的银行，直到正式破产或重组才会结束运营。在此期间，银行的存款会被冻结。清算银行或被重组、出售、合并，其全部或部分资金将会为储户和其他债权人所有。为避免重组过程中货币统计失真，清算或重组银行只要仍拥有金融资产和负债，就仍被包括在其他存款性公司，但其负债要从广义货币中排除，作为不能得到满足的储户提款要求。账户上其他数据单独作为备忘项在其他存款公司部门资产负债表列示。但在实践中，很难在清算银行定期报告中获得账户数据。

12．货币市场基金

货币市场基金是一种共同投资计划，通过发行股份或权益单位向公众募集资金，投资对象是货币市场金融工具。某些货币市场基金可从股东账户收回资金，通过支票支付给第三方或以其他方式直接支付给第三方，但可能会被限制最小或最大金额。货币市场基金的股票和权益单位，无论是否具有第三方支付特点，都具有高流动性，可替代可转让存款和其他存款。因此，货币市场基金的股票和权益单位被包含在广义货币内，所有的货币市场基金被列为其他存款性公司。货币市场基金应具备两个条件，即有一定程度的资本确定性和能够立即或短期内撤回资金。否则，应是非货币市场投资基金。

四、其他金融性公司

其他金融性公司包含非货币市场投资基金，除保险公司和养老基金之外的其他金融中介机构，金融辅助机构，专属金融机构和放贷人，保险公司和养老基金。这些金融性公司由州或国家层面的机构监督管理，而非中央银行。

（一）非货币市场投资基金

与货币市场基金类似，非货币市场投资基金也是一种共同投资计划，通过发行股票或权益单位向公众筹集资金。但其投资对象主要是长期的金融资产，如股票、债券、抵押贷款，非金融资产（如房地产）。非货币市场投资基金也会将一小部分资产投资于高流动性的短期金融工具，确保能及时满足请求赎回的股份或权益单位，运营如共同基金、投资信托基金、单位信托基金或机构集体投资。由于非货币市场投资基金发行的股票或权益单位不可通过支票或其他方式的第三方支付转让，且其价格会根据市场情况波动，因此非货币市场投资基金发行的股票或权益单位不符合广义货币的定义，不包括在其中。

根据认购是否开放，非货币市场投资基金可以确定为两类，即开放式和封闭式。前者是由一个投资者创建新的股票或权益单位；当股票赎回时，投资必须匹配卖出作为偿还；后者只在特定时期内开放认购，此后投资者只有在二级市场购买才可以获得股票。

根据不同的投资策略，非货币市场投资基金主要包括以下：（1）股权投资基金；（2）证券投资基金；（3）房地产投资基金，投资于购买房地产公司的债务和股本证券；（4）抵押的房地产投资信托基金（按揭房地产投资信托基金），通过投资房地产抵押贷款或抵押贷款支持证券，提供分红给股东；（5）指数基金，是指数追踪型基金，反映一组特定股票的性能；（6）交易所交易基金，是指数基金的一个子集，价格持续在整个交易日，如股票一样交易；（7）组合型基金，持有的投资组合或其他投资基金股票，而不是直接投资；（8）对冲基金，涉及高标准的最低投资和宽松的监管，投资金融衍生品，采取证券多头和空头头寸，可能销售场外衍生品合约；（9）私募股权基金投资于非上市股票的集体投资计划，通常构成了封闭式投资基金或有限合伙。其投资者主要是机构投资者，如保险公司及养老基金和大型的金融集团。

（二）除保险公司和养老基金的其他金融中介机构

为达到获取金融资产的目的，从事提供金融服务的金融性公司。其主要特征是资产负债表的双方交易在公开市场进行。其他金融中介机构一般从金融市场筹集资金，用于发放贷款和购买其他金融资产，主要给在特定经济领域的借款人贷款，并作出专业的财务安排。

1. 判断金融中介的各项标准

特别注意的是，如果一个实体是被政府控制的，判断它在何种程度上是否为金融中介，取决于它是否被归类为广义政府部门或金融性公司。确定某个实体是否为一个政府部门或金融性公司应考虑以下标准：

一个实体更可能被包含在一般政府部门，必须满足三个条件，即（1）只提供政府服务或主要是政府服务；按非市场价值买卖金融资产；具有强大的公共财政支持代表政府行为，承担低风险。（2）如果一个实体应列在金融性公司部门，必须是一个真正的控股公司，控制和管理集团子公司，并积极管理以其自身的风险获取市场金融和非金融资产。（3）如果政府控制的实体被认为是一个金融性公司，按其业务性质作为金融性公司的一个子部门，通常划分为除保险公司和养老基金的其他金融中介。否则，应将其列为一般的政府单位，其交易、资产和负债要与政府部门合并。

2. 机构单位

（1）财务公司。主要提供信贷给非金融性公司和住户，相较其他存款性公司受到较少的监管和报告要求。财务公司提供多种形式的金融服务，如消费贷款、信用卡、小企业贷款、抵押贷款、经济开发贷款、购买银行承兑汇票和应收账款。如果财务公司接受包括广义货币在内的存款，则应划分入其他存款性公司。

（2）金融租赁公司。通过融资购买有形资产，是资产的法定所有者（飞机、汽车、机床、大型计算机等）。但经济所有权已转移到承租人，其承担与资产所有权有关的收益、成本和风险。

（3）中央对手方结算机构。提供证券和衍生产品的清算和结算交易，可以包括三方回购协议。为了降低交易对方风险，其本身也参与到交易中，以自己的账户承担金融风险。

（4）投资银行。协助企业在股票和债券市场筹集资金，并提供兼并收购和其他类型的金融交易战略咨询服务。除了为企业客户协助筹集资金，投资银行也进行投资，如出售证券、投资对冲基金等。其通常没有符合广义货币定义的存款负债。

（5）承销商和交易商。通过在场外交易市场公开交易或私下协商交易，专门从事证券市场活动。主要是协助公司通过承销和市场配售发行新证券，并以自己的账户交易证券。证券经纪人和其他安排证券买卖交易等不以自己的账户购买和持有证券的单位被分类为金融辅助机构。

（6）资产证券化工具。证券化是将一项资产或现金流产生的资金池转换成有价证券，通过出售证券筹集资金。例如，一个发起抵押贷款贷方可以出售一个投资组合贷款作为特殊工具，发行证券给投资者。发起人可以继续提供管理服务，但该工具才是资产组合的法定拥有者。因此，如果一个实体是资产组合的合法所有者，销售一种代表资产组合的金融资产，并拥有全套账户，那么应被列入除保险基金和养老基金外的其他金融中介机构。

（7）专业化的金融中介机构。该类金融中介机构是高度专业化、多元化的中介机构。例如，出口/进口金融公司，提供广泛的有关国际贸易金融和文件服务；保理公司，从商业企业获取应收账款，通过再贴现应收账款发放贷款，并为逾期或拖欠支付提供担保；风险投资基金，为第三方投资者创业公司资金池设立；基金公司，为企业兼并和收购提供短期融资。

（8）资产治理公司和银行重组机构。通常是在金融危机的背景下创建，用以处理不良贷款和其他减值金融资产。此类机构能兼具多种功能，可作为销售贷款和其他减值金融资产的快速处置单位、企业重组机构、控制长期不良贷款的仓库和执行多种功能的混合单位。大多数银行重组机构一直由政府作为公共机构建立，但资产管理公司是作为金融性公司创建，方便管理自有的不良贷款组合。除非资产管理公司符合一个机构单位的所有标准，否则一般情况下，其作为其他性存款公司的子公司，要与母公司常住在同一经济体内，资产负债表也应与母公司合并。

（三）金融辅助机构

主要从事金融资产和负债交易相关的活动，或提供这些交易的规范文件，但不涉及辅助获得金融资产和负债所有权的交易。金融辅助不充当中间人。具体包括以下机构：

1. 公开交易所、证券市场、票据交换所

这类机构为债务、股权证券和金融衍生品交易提供便利。一个交易所通常负责确保其成员的资格，保证交易的完成，提供结算、安排付款、解决纠纷

和防范欺诈等服务，但不作为交易的主要参与者。交易所需满足以下条件：（1）依法由监管机构或法院确定交易；（2）持有保险或资本公积；（3）控制交易所会员的交易；（4）操作保证金系统或收集抵押。主要包括交易所和一些实体，如证券登记公司，会计结算处、其他专业证券交易服务提供商，管理或监管交易所或证券市场的实体（私人和政府管制）。

2．经纪人和代理人

一般是个人或公司，代客户安排或执行金融资产交易。包括为客户处理买卖证券或其他金融合同的经纪人和代理人，以及提供金融咨询服务的经纪人。经纪公司区别于承销商和交易商，被列为除保险公司和养老基金的其他金融中介机构。只有经纪人和代理人明确从事经纪代理相关活动，不涉及自有金融资产，才被列入金融辅助机构。

3．外汇交易公司或货币兑换处

外汇交易公司或货币兑换处是在零售或批发市场买卖外汇的独立单位。其主要功能是在外汇交易中获取买入卖出价差。在许多国家，外汇公司被授权和监管，并收集高质量数据。

4．保险公司和养老基金的辅助机构

这类机构是相对独立的、专门为保险人和投保人达成保险契约提供居间服务并收取相应费用的单位，包括代理人、调停者、救助人员等。

5．金融衍生工具公司

金融衍生工具公司主要提供金融衍生工具合约服务，区别于发行或拥有金融衍生品头寸的金融衍生中介机构。虽然可能拥有金融资产，但因不收购金融资产承担责任，不属于除保险公司和养老基金的其他金融中介机构。

6．外资银行代表处

外资银行代表处不接受存款、发放贷款，主要是推动和促进非居民的母公司交易。

7．主要从事电子支付工具运作的企业

这类机构主要从事本专业化的活动，不对电子支付工具承担责任。如果可以单独确定为机构单位，则被分类为金融辅助机构，如果对电子货币发行承担责任，它们应被分类为其他性存款公司（如果电子货币纳入广义货币）。

8．第三方支付处理器

第三方支付处理器是为银行提供支付平台，被归类为金融辅助机构，如在线支付公司、预付卡公司和金融支付公司。

9．监管机构

监管机构主要从事规范或监督金融性公司。如果其是独立的事业单位，即使隶属于政府机构，也应作为金融辅助机构。中央银行部门发起的监管活动应纳入中央银行范围。监管机构可能会参与提供紧急贷款，或收购破产、重组的金融性公司的资产和负债。当持有实质性的金融资产和负债，并从事金融中介服务，监管机构才会被重新归类为除保险公司和养老基金的其他金融中介机构。

10．养老基金和共同基金的经理

养老基金和共同基金的经理负责实施基金的投资策略和管理投资组合交易。服务费用通常是根据管理基金平均资产的百分比支付。管理的基金主要有货币市场基金、非货币市场投资基金，或养老基金。

11．金融性公司总部

金融性公司总部主要控制金融性公司或金融性公司的子部门，但其本身不进行资金融通。只有控制的所有或大部分子公司是金融性公司，其才被列入金融辅助机构，否则应被认为是非金融性公司部门。

12．律师代理人公司

律师代理人公司从私人来源的财产担保贷款收取资金。公司以其名义持有资产，但代表投资者，即贷款的利益所有者。

13．同行对同行的贷款公司

同行对同行的贷款公司避开传统的金融中介机构，从个人和其他贷款机构借款给个人或小企业（“同行”），贷款数额较小，主要为个人消费或信贷融资，从借款人和贷款人收取费用作为收入来源。同行对同行的贷款公司在线经营，匹配个人投资者和其他贷款人。通过使用多个信用检查工具，为潜在的借款人分配差异化风险等级，设定定制的利率。因为间接成本较低，利率低于银行提供的类似贷款，贷款人的收益率明显高于存款，但此类贷款一般无担保，贷款人承担违约风险。同行对同行的贷款公司通常承担没有责任或风险的贷款，但有时也利用自有资金进行贷款。如果是后一种情况，其应列为除保险公司和养老基金的其他金融中介机构。

（四）专属金融机构和放贷人

提供保险以外的金融服务，绝大多数的资产或负债不在开放的金融市场上交易。包括仅在由一组相同控股公司的单位或子公司组成的集团内部交易的实体，或者仅由一个赞助商以自有资金提供贷款的实体。具体包括以下机构：

1. 专属金融机构

专属金融机构作为其母公司财务贷款公司，募集资金借贷给母公司，或购买母公司的应收账款。有时作为存款性公司经营，从事专业活动或是为符合监管的需要。如果其被视为独立的机构单位，则被列为其他金融性公司；反之，则要归入母公司的资产负债表，除非常住在不同于母公司的经济体内。专属的保险公司和养老基金不包括在这一部门，分别被列为保险公司或养老基金。

2. 控股公司

控股公司是持有一批子公司资产为其主要活动的单位，不为被控股持有的企业提供任何其他服务（不管理其他单位）。控股公司是金融性公司，即使所有的子公司是非金融性公司，也视为专属金融机构。

3. 信托公司

信托公司可控制金融资产和负债，通过投资组合产生收入。信托公司并不视为独立的机构单位，只有在满足准公司的条件下才会被视为独立的机构。例如，信托设立为一些金融中介的类型（如资产证券化、抵押证券发行、投资联营），可能会被认为是独立的机构，同时没有其他单位可以合理地被认为能控制投资组合。与母公司位于同一经济体内的存款性公司管理信托公司，数据应与母公司账户一起报告。

4. 放贷人

放贷人完全用自有资金或是赞助商提供的资金为客户提供金融服务，承担债务人违约的风险。包括提供高贷款利率小额贷款的个人或团体；从某个赞助商，如政府单位或非营利性机构，获得资金发放贷款的机构（如学生贷款、进出口贷款）；以个人财产作为抵押物，发放贷款给个人使用的当铺或典当行。

5. 特殊目的实体

特殊目的实体在公开市场上筹集资金用于其母公司，有资格作为独立的机构单位，被视为专属的金融机构。被确定的关键因素在于这个特殊目的载体是否有一套完整的账户，并作为一个金融中介能够独自承担金融风险。如果其不作为一个独立的机构且与母公司常住在同一经济体内，账户则要与母公司合并。不同经济体内的特殊目的实体是独立的机构，在它所注册成立的经济体内被划分为除保险公司和养老基金的其他金融中介。

6. 主权财富基金

主权财富基金由政府建立和拥有，通过管理支配资金实现财务目标。主要采用了一系列的投资策略，其中包括投资外国金融资产。该基金通常是由国际收支盈余、官方外币业务、私有化收益、财政盈余、自然资源或商品出口的收入建立。判断主权财富基金是其他金融性公司类别下独立的机构或是政府的一个部门，取决于其是否积极管理投资组合，并在市场基础上向政府提供金融服务，或者只是简单充当政府资产的被动持有者。有时，主权财富基金作为中央银行代理人，处理国外资产交易，但保留了所有的投资决策和与之相关的风险和报酬。在这种情况下，中央银行资产负债表保存主权财富基金的账户；其他情况下，主权财富基金代表基金的价值，构成中央银行存款，与中央银行承担管理这些资产的所有风险和回报。因此，主权财富基金的存款由中央银行记录在资产负债表，作为主权财富基金的负债，相应的资产被记录为中央银行一部分资产。如果主权财富基金是国外注册的一个实体或国外准公司，它被视为在该实体合法成立或注册经济体内的其他金融性公司部门的单独机构。

（五）保险公司

保险公司主要功能是向个人机构单位提供人寿保险、意外保险、疾病保险、火险或其他保险，既可经营退休金计划，也包括对其他保险公司的再保险服务。具体包括以下机构：

1. 人寿保险公司

人寿保险公司通过建立金融资产组合，满足未来投保人的索赔，随时间推移分散投保人的风险。非人寿保险公司在发生事故、火灾，财产损失、与健康相关的费用等情况下，为投保人提供经济补偿。个别保险公司既有人寿保险，也有非人寿保险，在这种情况下，它们被称为复合保险公司。

2. 专属保险子公司

一些公司创造此类公司来处理他们的保险需求。专属保险子公司独立于母公司，收取母公司保费，然后再保险或投资建立准备金，应对未来母公司的索赔。

3. 再保险公司

再保险公司承保其他保险公司的保险单来获取保险费。保险公司购买再保险以弥补政策风险，在被保险事件发生的情况下，限制净损失发生。

4．金融担保企业

金融担保企业承担国家存款担保计划和类似的存款保护安排，确保客户免受特定证券或其他合约的财务损失，或金融机构倒闭的损失。存款保险、存款担保发行人、其他标准化担保发行人都是独立的机构单位，功能如保险公司一般，根据所提供的服务成本，提取一定比例构成储备金和收取保费。通常银行、有价证券经纪人和其他金融中介提供对金融工具的担保，作为子公司的活动，因此被视为金融担保企业的一个整体组成部分。

5．金融保护方案

根据实体的划分原则，金融保护方案可分为一般政府部门、公共部门和私人部门。居民金融保护方案可能满足或不满足一个机构单位的标准。如果它不是一个机构单位，将视作控制它的机构单位的一个组成部分。如果政府对此类金融保护方案收费，或者政府或公用企业通过其他方式控制保护方案，该方案将被视为一个公共财政（保险）公司，是独立的机构单位。如果保护方案同时满足了三个条件，即需要强制性交付给政府费用，受益人不能选择退出该计划；费用与提供的服务不成比例（收费不是在相关风险的基础上确定的）；支付给政府的费用不预留资金，或可以用于其他用途，该方案就是一般政府的子部门。

（六）养老基金

养老基金为特定群体提供个人退休福利，具有独立的养老基金资产与负债，对它的贡献者负有特定义务。养老金计划建立在自愿的基础上，或者可以强制规定雇员、雇主或两者捐款。养老金计划可以由单独建立的养老基金管理，或者由雇主经营基金。政府有时为员工组织退休金计划，作为独立的社会保障制度。具体可划分为以下机构类型：

1．按照养老基金是否为独立机构，分为自主型和非自主型

自主型养老基金，是独立的基金（独立的机构单位），为特定组织的员工、私人或公共雇主、联名用人单位及员工提供退休收入；非自主型养老基金不是独立的机构单位，因此不能与管理它的实体分开，其资产和负债反映在该实体账户上。需要特别注意的是，由雇主管理的非自主型养老基金排除在养老基金界别分组之外。其由非政府的雇主组织安排，只包括在雇主的自有资源或投资于由雇主发行的证券组成的储备金。该基金涉及的所有资产、负债、交易和其他流动都应与运行该计划的雇主账户合并。

2. 按照养老金计划可否资助，分为资助和不可资助

资助的退休金计划拥有独立的资产或储备金的资金池，用于支付效益，其主要有三种类型，即保险公司经营的养老基金、作为自主的养老基金，以及作为非自主的养老基金。这三类养老基金都将持有储备，专用于支付给投保人或其他受益人退休金和其他退休福利。无资助的养老金计划由雇主或政府管理，并不创建用于支付福利的养老基金储备。根据定义，无资助的养老金计划没有独立的资产池，并不是独立于计划管理人单位的一个单独的机构。

3. 按照如何确定利益，可以分为固定福利计划和固定缴款计划

在固定福利计划下，未来的退休福利是由一个精确的公式确定的，涉及参与者服务长度、工资、预期退休年龄，死亡率等。在固定缴款计划下，参与者所获得的利益是基于参与者对养老基金的贡献和基金的投资表现。

第二节　国内践行的统计对象

为适应当前我国金融业深刻的发展变化，满足新型金融机构、金融创新不断涌现的统计需要，2015年《金融业企业划型标准规定》出台。新标准以金融业企业金融服务功能为原则，将我国金融业企业分为货币金融服务、资本市场服务、保险业和其他金融业四大类，这与《货币与金融统计手册（2014版）》金融性公司划分理念统一，高度体现了金融统计与国际接轨。同时根据我国金融业发展现状，现实中包括大量其他金融服务活动，如养老金、住房公积金、金融服务社等。本书一并归为金融业企业范畴。

需要特别提出的是，在我国批准设立金融业企业的机构主要有三类。一是独立的金融监管部门，如国务院银行业监督管理机构批准设立银行业存款类金融机构，证券业监督管理机构批准设立证券业金融机构，保险业监督管理机构批准设立保险业金融机构；二是中央政府主管部门，如商务部批准设立典当行、融资租赁公司；三是地方政府及其下属主管单位，如地方政府组织推动建立地方金融控股集团，地方政府金融服务办公室批准设立小额贷款公司。这些机构同时肩负着对金融业企业的监管职能，以规范各类金融业企业健康发展。

表3–1　　　　　　　　我国金融业企业划型标准[①]

行业		类别	类型	资产总额
货币金融服务	货币银行服务	银行业存款类金融机构	中型	5000 亿元（含）至 40000 亿元
			小型	50 亿元（含）至 5000 亿元
			微型	50 亿元以下
	非货币银行服务	非银行业存款类金融机构	中型	200 亿元（含）至 1000 亿元
			小型	50 亿元（含）至 200 亿元
			微型	50 亿元以下
		贷款公司、小额贷款公司及典当行	中型	200 亿元（含）至 1000 亿元
			小型	50 亿元（含）至 200 亿元
			微型	50 亿元以下
资本市场服务		证券业金融机构	中型	100 亿元（含）至 1000 亿元
			小型	10 亿元（含）至 100 亿元
			微型	10 亿元以下
保险业		保险业金融机构	中型	400 亿元（含）至 5000 亿元
			小型	20 亿元（含）至 400 亿元
			微型	20 亿元以下
其他金融业	金融信托与管理服务	信托公司	中型	400 亿元（含）至 1000 亿元
			小型	20 亿元（含）至 400 亿元
			微型	20 亿元以下
	控股公司服务	金融控股公司	中型	5000 亿元（含）至 40000 亿元
			小型	50 亿元（含）至 5000 亿元
			微型	50 亿元以下
	其他未包括的金融业	除贷款公司、小额贷款公司及典当行	中型	200 亿元（含）至 1000 亿元
			小型	50 亿元（含）至 200 亿元
			微型	50 亿元以下

一、货币金融服务

（一）货币银行服务

我国银行业存款类金融机构主要是指以吸收公众存款并发放贷款为主要业务的银行业金融机构。

商业银行是银行业存款类金融机构的主体。传统意义上的商业银行专指以存款为主要负债、以贷款为主要资产，以支付结算为主要中间业务，并直接参

① 参见《金融业企业划型标准规定》（银发〔2015〕309 号）。

与存款货币创造的金融机构。现代商业银行是全面经营货币信用商品和提供金融服务的特殊企业。目前，我国的商业银行主要有大型国有商业银行、中小型股份制商业银行、城市商业银行、中国邮政储蓄银行和农村商业银行。

表3-2　　我国商业银行分类

类别	性质	机构
大型国有商业银行	由国家（财政部、中央汇金公司）直接控股的商业银行	中国工商银行、中国农业银行、中国银行、中国建设银行、交通银行
中小型股份制商业银行	由企业法人持股的商业银行，既可以是国有法人控股，也可是民营企业控股	招商银行、浦发银行、中信银行、光大银行、华夏银行、民生银行、广发银行、兴业银行、平安银行、恒丰银行、浙商银行、渤海银行
城市商业银行	我国银行业的特殊群体，前身是城市信用社，后逐步转变为城市商业银行，为地方经济及地方居民提供金融服务	北京银行、上海银行、江苏银行、南京银行、宁波银行、盛京银行、徽商银行、天津银行、杭州银行等 134 家
中国邮政储蓄银行	改革邮政储蓄管理体制的基础上组建的商业银行	中国邮政储蓄银行总行及各地分支行
农村商业银行	由辖内农民、农村工商户、企业法人和其他经济组织共同发起成立的股份制地方性金融机构	北京农商银行、上海农村商业银行、重庆农村商业银行、合肥科技农村商业银行、安徽肥东农村商业银行等 459 家

数据说明：数据截至 2015 年底。

政策性银行是由政府发起或出资建立，按照国家宏观政策要求，在限定领域内从事银行业务的政策性金融机构。其主要特征是不以盈利为经营目标，专为贯彻、配合政府社会经济政策或意图，在特定的业务领域内，直接或间接地从事政策性融资活动，为补充和完善市场融资机制，提供专业性的金融服务。1994年我国相继成立了国家开发银行、进出口银行和农业发展银行三大政策性银行，分别承担国内开发型政策性金融业务、大型机电设备进出口融资业务和农业政策性扶植业务。2008年，国家开发银行转型为商业银行，进出口银行和农业发展银行进一步明确政策性银行定位。因政策性银行吸收单位存款，中国人民银行货币统计制度规定将政策性银行纳入银行业存款类金融机构，并将国家开发银行与政策性银行并列统计。

财务公司是以加强企业集团资金集中管理和提高企业集团资金使用效率为目的，为企业集团成员单位提供财务管理服务的金融机构①。我国的财务公

① 以下涉及各类金融机构的概念定义，除特别标示外，均参考张涛、阮健弘. 金融统计指标释义 [M]，北京：中国金融出版社，2011。

司是企业体制改革和金融体制改革的产物，主要是大型企业集团组建成立，为盘活企业集团内部资金，增强企业集团融资能力，支持企业集团的发展。银监会数据显示，截至2015年末，企业集团财务公司已增至224家，全行业发放贷款余额15698.48亿元，同比增长20.79%，表内外资产规模6.5万亿元，同比增长21.13%。

（二）非货币银行服务

1. 银行业非存款类金融机构

银行业非存款类金融机构最显著的特点是不吸收公众存款，但仍发放贷款并提供金融服务。我国银行业非存款类金融机构主要有金融资产管理公司、金融租赁公司和汽车金融公司三大类。

金融资产管理公司是由国务院决定设立的，收购、管理和处置金融机构、公司及其他企业（集团）不良资产，兼营金融租赁、投资银行等业务的金融机构。目前，我国有四大资产管理公司，即华融资产管理公司、长城资产管理公司、东方资产管理公司、信达资产管理公司。2009年之前，其主要职能是专项接收工商银行、农业银行、中国银行和建设银行剥离出来的不良资产；2009年之后，四大资产管理公司先后加强了商业化进程。为缓解银行业金融机构不良资产压力，2014年以来国务院银行业监督管理机构相继批准设立江苏、浙江、安徽、广东等省（市）地方资产管理公司。据不完全统计数据显示，截至2015年底，我国地方资产管理公司已达20余家。

金融租赁公司是经国务院银行业监督管理机构批准，以经营融资租赁业务为主的金融机构。主要是以融资租赁为主营业务，同时可以吸收股东1年期以上定期存款，接受承租人的租赁保证金，向商业银行转让应收租赁款等。银监会数据显示，截至2015年末，我国金融租赁公司已发展有44家，行业资产总额达到1.63万亿元，资本充足率12.66%，全面实现净利润177亿元。

汽车金融公司是经国务院银行业监督管理机构批准设立的，为我国境内的汽车购买者及销售者提供金融服务的金融机构，其主要资金来源于银行的资金拆借。2003年10月3日《汽车金融公司管理办法》正式实施，标志我国汽车金融公司起步发展；2008年1月24日，银监会再次颁布实施新的《汽车金融公司管理办法》，进一步加强对汽车金融公司的监督管理，促进汽车金融业健康发展。截至2015年末，我国汽车金融公司22家，汽车金融的渗透率有待大幅提高。

2. 其他非货币银行服务金融机构

贷款公司是指经国务院银行业监督管理机构依据有关法律、法规批准，由境内商业银行或农村合作银行在农村地区设立的专为县域农民、农业和农村经济发展提供贷款服务的金融机构。其不得吸收公众存款，信贷额度较高，贷款方式灵活。

小额贷款公司是由自然人、企业法人或其他社会组织依法设立，不吸收公众存款，经营小额贷款业务的有限责任公司或股份有限公司。作为企业法人，小额贷款公司享有法人财产权，以全部财产对其债务承担民事责任。小额贷款公司的股东依法享有资产收益、参与重大决策和选择管理者等权利，以其认缴的出资额或认购的股份为限对公司承担责任。中国人民银行数据显示，截至2015年末，我国共有小额贷款公司8910家，贷款余额9412亿元。

典当行是由商务部批准设立的，主要是以财物作为质押进行有偿有期借贷融资的非银行业金融机构。以物换钱是典当的本质特征和运作模式。全国典当行业监管信息系统显示，截至2015年12月底，全国共有典当行8050家，分支机构928家，注册资本1610.2亿元，全年共发放当金3671.9亿元，典当余额1025.2亿元，动产典当业务、房地产典当业务和财产权利典当业务分别占全部业务的30.5%、53%和16.5%。

第三方支付[①]是指具备实力和信誉保障的第三方企业与国内外的各大银行签约，为买方和卖方提供的信用增强。具体来看，第三方是买卖双方在缺乏信用保障或法律支持的情况下的资金支付“中间平台”，买方将货款付给买卖双方之外的第三方，第三方提供安全交易服务，其运作实质是在收付款人之间设立中间过渡账户，使汇转款项实现可控性停顿，只有双方意见达成一致才能决定资金去向。第三方担当中介保管及监督的职能，通过支付托管实现支付保证。随着我国互联网金融的迅猛发展，第三方支付已成为居民日常生活主要支付方式。中国人民银行《2015年支付体系运行总体情况》报告显示，我国电子支付业务保持增长态势，移动支付业务快速增长。2015年，银行业金融机构共发生电子支付业务1052.34亿笔，金额2506.23万亿元。其中，网上支付业务363.71亿笔，金额2018.20万亿元，同比分别增长27.29%和46.67%；移动支付业务138.37亿笔，金额108.22 万亿元，同比分别增长205.86%和379.06%。

由于长期以来第三方支付从事的业务介于网络运营和金融服务之间，其法律地位尚不明确。虽然多数第三方支付试图确立自己是为用户提供网络代收代付的中介地位，但是从所有这些第三方支付实际业务运行来看，支付中介服务实质上类似于结算业务。此外，在为买方和卖方提供第三方担保的同时，平台上积聚了大量在途资金，表现出类似银行吸收存款的功能。按照《中华人民

① 参考第三方支付百度百科内容编辑整理，http：//baike.baidu.com。

共和国商业银行法》规定，吸收存款，发放贷款，办理结算是银行的专有业务。第三方支付平台经营的业务已突破了现有的一些特许经营的限制。自2010年起我国就相继颁发了《非金融机构支付服务管理办法》《非金融机构支付服务管理办法实施细则》《支付机构客户备付金存管办法》等一系列法律法规，规范第三方支付发展，其中，2015年7月中国人民银行发布的《非银行支付机构网络支付业务管理办法（征求意见稿）》最为严格，明确规定第三方支付公司回归支付通道，不允许第三方支付实现体系内的转账，摒去日益形成的清算功能。

二、资本市场服务

经过多年的发展，证券市场在改善融资结构、优化资源配置、促进经济发展等方面发挥了十分重要的作用，已成为我国市场经济体系的重要组成部分。各类证券业金融机构作为市场主体，是由国务院证券监督管理机构监督管理的，具备从事证券业合法资格的一类金融机构，主要涵盖了证券公司、证券投资基金管理公司、期货公司和投资咨询公司。

（一）证券公司

证券公司是依照《中华人民共和国公司法》和《中华人民共和国证券法》规定，并经国务院证券监督管理机构审查批准而成立的专门经营证券业务，具有独立法人地位的金融机构。我国证券公司的经营范围广泛，主要包括证券经纪、证券投资咨询、与证券交易证券投资活动有关的财务顾问、证券承销与保荐、证券自营、证券资产管理和其他证券业务。中国证券业协会统计数据显示，截至2015年底，全国125家证券公司总资产为6.42万亿元，净资产为1.45万亿元，净资本为1.25万亿元，客户交易结算资金余额（含信用交易资金）2.06万亿元，托管证券市值33.63万亿元，受托管理资金本金总额11.88万亿元；全年实现营业收入5751.55亿元；利息净收入591.25亿元，全年实现净利润2447.63亿元，124家公司实现盈利。

（二）证券投资基金管理公司

证券投资基金管理公司是指经国务院证券监督管理机构批准，在我国境内设立，从事证券投资基金管理业务的企业法人。我国证券投资基金管理公司经营范围主要包括接受其他股权投资基金委托，从事非证券类的股权投资管理、咨询，不得从事其他经营活动。中国证券投资基金业协会统计数据显示，截至

2015年底，我国境内共有基金管理公司100家，其中中外合资公司45家，内资公司55家；取得公募基金管理资格的证券公司9家，保险资管公司1家。以上机构管理的公募基金资产合计8.4万亿元。

（三）期货公司

期货公司是指依照《中华人民共和国公司法》和《期货交易管理条例》规定设立的经营期货业务的金融机构。其主要职能是根据客户指令代理买卖期货合约、办理结算和交割手续；对客户账户进行管理，控制客户交易风险；为客户提供期货市场信息，进行期货交易咨询，充当客户的交易顾问等。其种类多样，有经纪商、佣金商、交易顾问、合资经理、介绍经纪、代理经纪和场内经纪等。随着期货公司的迅速发展，全国期货市场成交量庞大。中国期货业协会统计数据显示，2015年全国期货市场累计成交量为35.78亿手，累计成交额为554.23万亿元，同比分别增长42.78%和89.81%，均超过2014年全年水平。其中商品期货市场累计成交量为32.37亿手，累计成交额为136.47万亿元，同比分别增长41.46%和6.64%；金融期货市场累计成交量为3.40亿手，累计成交额为417.7万亿元，同比分别增长56.66%和154.7%。

（四）投资咨询公司

投资咨询公司是经国务院证券监督管理机构许可设立，为证券、期货投资人或客户提供证券、期货投资分析、预测或者建议等直接或间接有偿咨询服务的金融机构。目前我国投资咨询公司主要是指证券投资咨询公司，一类是专门从事证券咨询业务的专营咨询机构，另一类是兼作证券投资咨询业务的兼营咨询机构。中国证监会统计数据显示，截至2015年底，我国证券投资咨询公司共有6家。

三、保险业

目前，我国保险业随着保险资产总额增速稳步发展，保险业资金运用已自成体系，投资渠道逐步放开走向多元化。保监会数据显示，截至2015年底，保险行业资产总额已达12.36万亿元，相比年初增长21.66%。在大资管市场上，保险资产规模仅次于银行和信托，保险业金融机构也随之日益多样化。

（一）保险公司

保险公司是指在我国是经国务院保险监督管理机构批准设立，并依法登记注册经营保险业务的公司，是保险业金融机构的主体。根据保险业务范围的不同，主要分为财产保险公司、人身保险公司和再保险公司。

财产保险公司是经国务院保险监督管理机构批准设立，依法登记注册，从事经营财产损失保险、责任保险、信用保险、短期健康保险和意外伤害保险等保险业务的保险公司。人身保险公司是经国务院保险监督管理机构批准设立，依法登记注册，从事人寿保险、健康保险和意外伤害保险等人身保险业务的保险公司。再保险公司是经国务院保险监督管理机构批准设立，依法登记注册，以再保险业务为主要经营业务的保险公司。

（二）保险资产管理公司

保险资产管理公司是经国务院保险监督管理机构会同有关部门批准，依法登记注册，受托管理保险资金的金融机构。随着中国保险市场的快速发展壮大，保险资产管理业逐渐走向成熟并成为中国金融市场上的重要力量。2003年，中国首家保险资产管理公司设立，标志着保险资产管理市场化、专业化改革进程的开启。当前，保险资产管理业在服务保险主业的同时，加快业务创新，积极拓展市场，大力发展第三方受托业务，已成为大资管市场上具有重要竞争力和影响力的主体之一。中国保险资产管理业协会统计数据显示，截至2015年底，保险资产管理业市场主体主要包括21家综合性保险资产管理公司、10多家专业性保险资产管理机构、11家保险资产管理公司香港子公司、6家养老基金管理（或养老保险）公司、2家私募股权投资管理（GP）公司、1家财富管理公司。此外，还有173家保险公司设立了保险资产管理中心或保险资产管理部门。这些专业管理机构或部门管理资产规模超过14万亿元（含2.43万多亿元业外资产）。

（三）保险业中介机构

保险业中介机构主要包括保险经纪公司、保险代理公司和保险公估公司三大类。保险经纪公司是经国务院保险监督管理机构批准设立，基于投保人的权益，为投保人与保险人订立保险合同提供中介服务，并依法收取佣金的金融机构；保险代理公司是经国务院保险监督管理机构批准设立，根据保险公司的委托，向保险公司收取代理佣金，并在保险公司授权的范围内代为办理保险业务的金融机构；保险公估公司是经国务院保险监督管理机构批准设立，接受保险当事人委托，专门从事保险标的的评估、鉴定、勘验、估损或理算等业务的单位。为规范保险业中介机构的发展，2015年10月19日中国保险监督管理委员会连续发文修订保险经纪机构、保险专业代理机构和保险公估机构监管规定，促进保险业中介机构健康发展。

四、其他金融业

（一）金融信托与管理服务

我国的信托公司是依法设立的主要经营信托业务的金融机构。根据国务院关于进一步清理整顿金融性公司要求，信托公司的业务范围主要限于信托、投资和其他代理业务，少数确属需要的经中国人民银行批准可以兼营租赁、证券业务和发行一年内的专项信托受益债券，用于进行有特定对象的贷款和投资，但不准办理银行存款业务。当前我国信托公司发展迅速。银监会数据显示，截至2015年末，获得银监会批准，通过重新登记获发新的金融牌照的信托公司已有68家，在助力实体经济转型发展发面发挥了巨大作用。

（二）控股公司服务

1. 金融控股公司[①]

目前，我国尚未有专门针对金融控股公司的立法，金融控股公司的概念、运营、风险管理等要素并无明确界定。借鉴国内学者研究结论，金融控股公司可以概括为依法设立的，通过控股银行、证券、保险子公司，至少从事一种以上金融业务[②]的金融性公司。依据金融综合经营主体组织架构的不同，金融控股公司主要有以下三种模式：一是全能银行模式，是以商业银行为主体，允许在商业银行内部设立不同的职能部门经营银行、证券、保险以及信托、基金、租赁、金融衍生品及其他新兴金融业务的金融综合经营组织模式。二是银行控股公司模式，主要是以大型商业银行为母公司，其下设立证券、保险、信托等独立法人机构，分别经营非银行金融业务的一种组织形式。以交通银行为例，与施罗德集团合资设立交银施罗德基金管理公司，并购重组湖北国际信托投资有限公司，设立交银国际信托；发起设立交银金融租赁有限公司；在中国香港成立交银国际控股有限公司及其子公司交银国际亚洲有限公司、交银国际证券有限公司、交银国际资产管理有限公司；经国务院批准，发起设立交银康联保险公司。交通银行的金融业务涵盖了银行、证券、保险、基金、信托等主要金融领域，成为具有金融全牌照的典型的银行系金融控股公司。三是纯粹型控股公司模式，是由居于控制地位的母公司，通过设立子公司分别经营各类金融业务的综合经营模式。这类模式下，主要由大型企业组建金融控股公司。较为典型的是2010年12月，国家电网设立英大国际控股集团公司，统一控股管理旗下

---

① 林建军，我国金融控股公司发展模式选择研究 [J]，技术经济与管理研究 . 2016（6）.

② 陈蕾、张爱群、惠勤 . 我国金融控股公司的发展现状与模式选择 [J]. 合肥学院学报（社会科学版）. 2006（3）.

的金融机构，并将参股的广发银行、华夏银行的股权，划转至英大控股集团管理，通过控股公司实现对金融机构的专业化管理，并将金融风险与国家电网公司的产业资产隔离开来。

2. 地方金融控股集团

近年来，我国各地相继出现了地方政府整合金融资源，主导组建金融控股集团的热潮，比较有代表性的是上海国际集团、广东粤财控股、天津泰达国际等地方金融控股集团[①]。在这一过程中，地方政府是最重要的主导力量，由其选择何种类型的金融业企业作为建设金融控股集团的平台。通过将银行、证券、保险、信托等各类金融业企业进行整合，充分发挥其协同效应，提高地方金融机构的综合竞争力，增强服务地方的经济能力。以合肥兴泰控股集团有限公司为例，该公司是2002年由合肥市委、市政府主导组建的，以金融资本为特征的地方金融控股集团，承担建立和完善合肥市地方金融服务体系的重任。目前已涉及银行、证券、保险、担保、资产管理、股权交易、信托等多个领域。目前，地方金融控股集团有三种主要经营模式，即纯粹型、经营型和产融结合型。三者最大的区别在于母公司的经营性质，纯粹型和经营型的母公司一般是金融业企业，但前者的母公司不从事任何具体的金融业务，仅行使股东权利；后者的母公司从事金融业务，并对各子公司进行投资战略管理；而产融结合型的母公司是具有较强财务实力的实业企业。三种模式各具有优劣势。

三种金融控股集团模式比较见表3–3。

表3–3　　三种金融控股集团模式比较[②]

		纯粹型	经营型	产融结合型
母公司是否经营具体金融业务		否	是	否
法人层次		多个	多个	多个
金融许可证		多个	多个	母公司没有
效益	规模经济、协同效应	显著	显著	显著
	战略管理、专业化程度	较高	一般	一般
	产品互补性	一般	高	一般
	资本运作效率	高	一般	高

① 邵靖，杜彦坤 . 地方金融控股集团发展模式 [J]. 中国金融 . 2014（4）.

② 邵靖，杜彦坤 . 地方金融控股集团发展模式 [J]. 中国金融 . 2014（4）.

续表

		纯粹型	经营型	产融结合型
风险	利益冲突及内部交易	低	一般	高
	风险传递	低	较高	非常高
	透明度	较高	一般	较低
监管	监管难度	较小	一般	较大

（三）其他未包括的金融业

1. 融资性担保公司

按照2010年《融资性担保公司管理暂行办法》规定，融资性担保公司是指依法设立，经营融资性担保业务的有限责任公司和股份有限公司。其中，融资性担保是指担保人与银行业金融机构等债权人约定，当被担保人不履行对债权人负有的融资性债务时，由担保人依法承担合同约定的担保责任的行为。

融资性担保公司经监管部门批准，业务范围广泛：（1）主要经营融资性担保业务，包括贷款担保、票据承兑担保、贸易融资担保、项目融资担保、信用证担保和其他融资性担保业务；（2）兼营部分或全部业务，包括诉讼保全担保、投标担保、预付款担保、工程履约担保、尾付款如约偿付担保等履约担保业务，与担保业务有关的融资咨询、财务顾问等中介服务，以自有资金进行投资和监管部门规定的其他业务；（3）为其他融资性担保公司的担保责任提供再担保和办理债券发行担保业务，但应当同时符合近两年无违法、违规不良记录和监管部门规定的其他审慎性条件，并且注册资本应当不低于人民币1亿元，并连续营业两年以上。值得注意的是融资性担保公司不得从事吸收存款、发放贷款、受托发放贷款、受托投资和监管部门规定不得从事的其他活动，尤其禁止从事非法集资活动。

我国对融资性担保公司监管严格，2009年国务院办公厅发文《关于进一步明确融资性担保业务监管职责的通知》，明确建立融资性担保业务监管部际联席会议（以下简称联席会议），负责研究制定促进融资性担保业务发展的政策措施，拟订融资性担保业务监督管理制度，协调相关部门共同解决融资性担保业务监管中的重大问题，指导地方人民政府对融资性担保业务进行监管和风险处置等。2010年为加强对融资性担保公司的监督管理，规范融资性担保行为，依据《中华人民共和国公司法》《中华人民共和国担保法》《中华人民共和国合同法》等法律规定，银监会、发改委、工信部等七部门制定了《融资性担保公司管理暂行办法》，明确规定了融资性担保公司的定义性质、业务范围、经营规则和风险控制、监督管理、法律责任等重要内容。但由于我国融资性担保行业基础薄弱，长期以来缺乏有效监管，存在机构规模小、资本不实、抵御风险能力不强等问题，一些担保机构从事非法吸收存款、非法集资和高利贷等活动，严重扰乱了市场秩序，为此2011年银监会、发改委、工信部等八部门联合发文《关于促进融资性担保行业规范发展意见的通知》，进一步采取措施予以规范融资性担保行业发展，明确要求地方监管部门建立完善审慎有效的监管体制机制，加快建设融资性担保机构监管信息系统，完善监管手段，提高监管有效性，防范系统性和区域性风险。[①]

2. 融资租赁公司

我国融资租赁公司是由商务部批准设立的，专门从事融资租赁业务，不涉及吸取存款等其他金融业务的公司。主要有内资和外资两类融资租赁公司。前者是国内独资的融资租赁公司，如三一重工、厦工股份和中联重科纷纷成立或作为融资租赁公司的控股股东[②]。后者是以国外资本为背景的融资租赁公司，可以向其他国家借入资金。在2007年到2012年期间，我国租赁市场发展势头强劲，业务量实现了30倍的增长，2013年达到889亿美元，位居世界第二位。中国社会科学院金融研究所发布的数据[③]表明，截至2015年底，我国内资租赁公司190家，外资租赁公司4271家，合同余额分别达1.3万亿元和1.4万亿元。在国家深化供给侧改革和“一带一路”“中国制造”等国家发展战略的带动下，产业结构调整推动制造业升级换代，大量基础设施建设项目启动，势必极大促进固定资产投资活动，未来融资租赁行业市场发展前景广阔。

五、其他金融服务活动

（一）养老金[④]

养老金也称退休金、退休费，是一种最主要的社会养老保险待遇。在劳动者年老或丧失劳动能力后，根据他们对社会所作的贡献和所具备的享受养老保险资格或退休条件，按月或一次性以货币形式支付的保险待遇，主要用于保障职工退休后的基本生活需要。我国养老金由国家、集体和个人按照不同比例分别缴存，主要分为机关事业单位人员退休养老金和企业人员退休养老金两类，

① 参考融资性担保公司百度百科内容编辑整理，http：//baike.baidu.com。

② 颉艳云．论我国融资租赁公司的现状与未来发展趋势[D]. 辽宁师范大学，2013.

③ 中国社会科学院．融资租赁蓝皮书：中国融资租赁业发展报告（2015—2016）[R]. 中国社会科学院金融研究所，2016.

④ 除报告数据外，主要参考养老金百度百科内容编辑整理，http：//baike.baidu.com。

因二者实行不同制度，被广泛称为养老“双轨制”。从2005年开始至2016年，我国通过颁布一系列的法律条文调整退休人员养老金，并连续提高企业退休人员养老金水平。随着养老改革的扎实推进，参保人数持续增加，基金规模不断扩大，养老基金投资管理办法应时出台。2015年8月17日，国务院正式颁布实施《基本养老保险基金投资管理办法》，标志着我国数以万亿元计的基本养老保险基金进入资本市场，不仅可以提高基本养老保险基金收益水平，实现基金保值增值，还能推进基金市场化、多元化投资运营，促进养老保险制度健康持续发展。人力资源和社会保障部发布的《2015年度人力资源和社会保障事业发展统计公报》数据显示，2015年基本养老保险基金收入32195亿元，养老保险基金支出27929亿元，年末基本养老保险基金累计结存39937亿元。

（二）住房公积金①

住房公积金，是指国家机关、国有企业、城镇集体企业、外商投资企业、城镇私营企业及其他城镇企业、事业单位、民办非企业单位、社会团体及其在职职工缴存的长期住房储金。一般由两部分组成，一部分由职工所在单位缴存，另一部分由职工个人缴存，职工个人缴存部分由单位代扣后，连同单位缴存部分一并缴存到住房公积金个人账户内。住建部、财政部、人民银行联合印发《全国住房公积金2015年年度报告》数据显示，“十二五”期间，住房公积金缴存额56970.51亿元，年均增长15.74%；住房公积金提取额34059.53亿元，年均增长29.32%。“十二五”期间，发放个人住房贷款1158.04万笔，34761.04亿元，年均分别增长18.01%、30.40%。期末个人住房贷款余额比“十一五”期末增长201.52%。个贷率从“十一五”期末的61.53%提高到80.80%。

（三）金融服务社

金融服务社是我国近年新兴的一类金融业企业。主要经营集体组织和个体工商户的存款、贷款、结算以及代办个人储蓄，充分发挥深入社区、经营灵活、方便居民的作用。目前，农村金融服务社发展迅速，以实现惠农服务全覆盖为目标，已深入农村地区千家万户，全面改善了农村金融服务，充分发挥金融支持扶贫攻坚作用；城市金融服务社处于起步阶段，除由商业银行直接组建外，创新发展了银企商会合作方式，如上海浦东新区工商联与民生银行上海分行共同建立的基层商会金融服务社，旨在借助工商联平台优势，结合商业银行成熟的金融服务力量，进一步解决小微企业融资难瓶颈。

---

① 除报告数据外，主要参考住房公积金百度百科内容编辑整理，http://baike.baidu.com。

第三节 国内外金融部门分类的比较

经过三十多年的改革发展，中国的金融服务业已经从“大一统”的金融格局，演化为以中央银行为领导、商业银行为主体，包括政策性金融机构、股份制商业银行、合作金融组织、非银行金融机构、外资金融机构并存的金融体系格局。伴随着金融组织体系的演变和创新，中国金融公司的统计分类也经历了相应的变革过程。金融部门的范围由小到大，形成了富有中国特色的金融公司部门分类体系。

1984年，国家统计局首次发布实施《国民经济行业分类和代码》，在其中对金融行业进行了系统分类。此后国家统计局于1994年、2002年和2010年先后对行业分类进行了三次修订。修订后的分类标准内容上更加丰富，而且在层次结构上也更加鲜明细致，突出了各种金融活动的特点。

表3–4　国民经济行业分类（GB/T4754—2011）中金融与保险业分类

门类	大类	中类	小类及说明
金融与保险业	货币金融服务	中央银行服务	指代表政府管理金融活动，并制定和执行货币政策，维护金融稳定，管理金融市场的特殊金融机构的活动
		货币银行服务	指除中央银行以外的各类银行所从事存款、贷款和信用卡等货币媒介活动，还包括在中国开展货币业务的外资银行及分支机构的活动
		非货币银行服务	指主要与非货币媒介机构以各种方式发放贷款有关的金融服务，包括：金融租赁服务、财务公司、典当和其他非货币金融服务
		银行监管服务	指代表政府管理银行业活动，制定并发布对银行业金融机构及其业务活动监督管理的规章、规则
	资本市场服务	证券市场服务	包括证券市场管理服务、证券经纪交易服务和基金管理服务
		期货市场服务	包括期货市场管理服务和其他期货市场服务
		证券期货监管服务	指由政府或行业自律组织进行的对证券期货市场的监管活动
		资本投资服务	指经批准的证券投资机构的自营投资、直接投资活动，以及风险投资和其他投资活动
		其他资本市场服务	指投资咨询服务、财务咨询服务、资信评级服务，以及其他未列明的资本市场的服务

续表

门类	大类	中类	小类及说明
金融与保险业	保险业	人身保险	指以人的寿命和身体为保险标的的保险活动，包括人寿保险、健康保险和意外伤害保险
		财产保险	指除人身保险外的保险活动，包括财产损失保险、责任保险、信用保险、保证保险等
		再保险	指承担与其他保险公司承保的现有保单相关的所有或部分风险的活动
		养老金	指专为单位雇员或成员提供退休金补贴而设立的法定实体的活动（如基金、计划和 / 或项目等），包括养老金定额补贴计划以及完全根据成员贡献确定补贴数额的个人养老金计划等
		保险经纪与代理服务	指保险代理人和经纪人进行的年金、保单和分保单的销售、谈判或促合活动
		保险监管服务	指根据国务院授权及相关法律、法规规定所履行的对保险市场的监督、管理活动
		其他保险活动	包括风险和损失评估、其他未列明保险活动
	其他金融活动	金融信托与管理服务	指根据委托书、遗嘱或代理协议代表受益人管理的信托基金、房地产账户或代理账户等活动，还包括单位投资信托管理
		控股公司服务	指通过一定比例股份，控制某个公司或多个公司的集团，控股公司仅控制股权，不直接参与经营管理，以及其他类似的活动
		非金融机构支付服务	指非金融机构在收付款人之间作为中介机构提供下列部分或全部货币资金转移服务，包括网络支付、预付卡的发行与受理、银行卡收单及中国人民银行确定的其他支付等服务
		金融信息服务	指向从事金融分析、金融交易、金融决策或者其他金融活动的用户提供可能影响金融市场的信息（或者金融数据）的服务
		其他未列明金融业	指主要与除提供贷款以外的资金分配有关的其他金融媒介活动，包括保理活动、掉期、期权和其他套期保值安排、保单贴现公司的活动、金融资产的管理、金融交易处理与结算等活动，还包括信用卡交易的处理与结算、外币兑换等活动

资料来源：依据国家统计局网站资料整理。

目前我国的金融行业依据所提供金融服务类别的不同划分为货币金融服务、资本市场服务、保险业和其他金融业四大类，共计21个子类。涵盖的机构范围与国际标准基本一致，其中，中央银行服务对应于国际标准中的中央银行，货币银行服务与非货币银行服务对应于国际标准中的其他存款性公司，资本市场服务、保险业和其他金融活动则对应于国际标准中的其他金融性公司。

不过，中国现行分类与国际标准在金融机构部门以及子部门细分上还存在一定差异。

一、机构分类标准的差异

在《货币与金融统计手册（2014版）》中为满足货币与金融统计的需要，根据一般市场经济国家的普遍情况采用按照各类机构货币创造过程中地位和作用不同进行分类。其中存款性公司的负债构成广义货币，其他金融性公司虽拥有金融资产或从事金融中介活动，但其负债并不构成广义货币。在我国金融业“分业经营、分业监管”的模式下，各类金融机构的经营和监管活动是彼此相互独立的，为计算分层次货币供应量以便进一步考察货币政策中介目标，对金融公司是按照其从事的业务活动性质和数据的可获得性进行的分类，即将金融公司分为货币银行服务、资本市场服务、保险业和其他金融服务四大类。

二、子部门细分的差异

在监管机构方面，依据国际标准对金融市场的监管，划归中央银行或者金融辅助机构。而在我国由于分业监管的模式，对不同金融市场的监管分别划归到相应的金融行业中。例如，中央银行业务和商业银行监管划归货币金融服务大类下，对保险业和资本市场的监管分别划归到保险业和资本市场服务大类下。此外，按照国际标准，我国的上海证券交易所和深圳证券交易所等金融交易机构应当属于金融辅助机构，但是在我国确实按照其提供服务的类别分为资本市场服务业。

在存款货币银行方面，按照国际标准，除中央银行外，负债包括在广义货币的所有金融性公司都被归为其他存款性公司。包括商业银行、商人银行、信用社、旅行支票公司、货币市场基金等所有可以进行信用创造的机构。而在我国分业经营的模式下，只有商业银行可以依法吸收存款，所以存款货币银行就是指商业银行。

在保险服务业方面，按照国际标准，提供保险服务的金融机构划归其他金融性公司。在我国，按照提供保险的种类分为人身保险机构、财产保险机构和养老金，统一划归为保险业机构。

对典当、小贷公司和金融租赁公司等提供以各种方式发放贷款相关金融服务的非货币媒介机构划归为非货币银行服务业。而在国际标准下则按照提供服务的不同划归为不同的子类。比如，典当和小额信贷公司等完全用自有资金或是赞助商提供的资金为客户提供金融服务，并承担债务人违约风险的机构划归为专属金融机构和放贷人；金融租赁公司则划归为除保险公司和养老基金的其他金融中介机构。

对提供与除贷款以外的资金分配有关的其他金融媒介活动的公司，包括保理、掉期、期权和其他套期保值安排、保单贴现金融资产管理、金融交易处理与结算、信用卡交易处理与结算、外币兑换等业务在我国统归为其他未列明金融业。而按照国际标准，上述业务与金融资产和负债交易相关的活动，但不获得金融资产和负债所有权。因此提供上述业务的公司划归为金融辅助机构。

此外，对于当前快速发展的互联网金融、金融服务社等新兴金融业态由于其提供金融中介活动，但自身负债计入广义货币，所以按照国际标准应该归入金融辅助机构比较合适。但由于这些新兴业态游离于我国目前的监管体系之外，且其提供的金融服务可能是跨市场跨部门的业务，因此按照我国的现行分类标准则应归入其他未列明金融业。至于到底哪一种分类更为合理，也是在今后的金融业发展和金融部门统计实践中需要深入研究的问题。

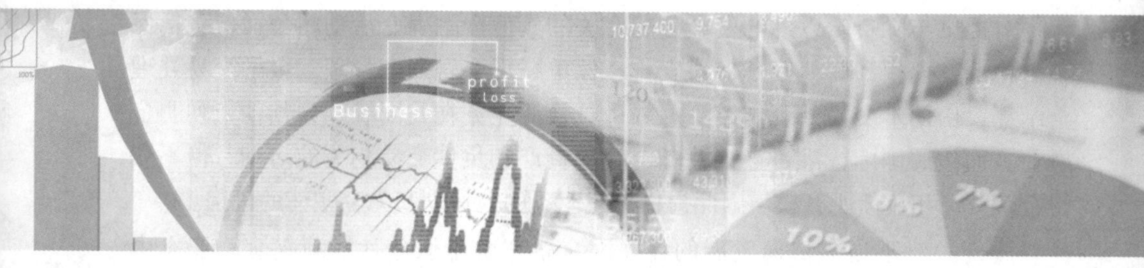

Chapter 4

第四章 | 金融部门统计的内容

IMF 的《货币与金融统计手册（2014 版）》和 SNA2008 核算体系为主要参考依据，首先介绍货币与金融统计中金融资产和其他金融工具的主要特征及其分类；其次详述了金融标准技术委员会出的金融工具标准化内容。

第一节　金融资产和负债

金融资产是金融交易的对象，是金融统计的基本内容。本节主要介绍金融资产和负债的概念、分类。它依据其流动性及描述交易关系形式的法律特征等标准进行分类。

一、金融资产和负债的概念

资产是指在一定时期内持有或者使用会给所有者带来经济利益的储藏价值媒介。经济资产包括各种金融工具[①]，金融资产是经济资产的一部分。多数金融资产是金融债权，是一个单位向另一个单位提供资金或其他资源时通过契约关系引起的。这些契约以债权债务关系为基础，资产所有者通过契约而无条件地

① 金融工具包括机构单位之间签订的各种金融契约。金融工具包括金融资产和其他金融工具。其他金融工具如金融担保、信用额度、贷款承诺等有赖于未来不确定事件的发生，具有偶然性和条件性的，不属于金融资产范畴，因此不纳入货币与金融统计。

获得对其他单位经济资源的要求权。

负债是指一个单位（债务人）在特定的条件下必须向另一个单位（债权人）提供资金或其他资源。通常负债是通过具有法律约束力的合同设立的，明确了付款时间和付款条件。一般来说，金融负债是与金融资产对应的。

金融工具对于资金融入者来说，是金融负债的证明；对资金融出者来说，是金融资产的凭证，也就是金融资产。但也存在只有金融资产而无对应的金融负债的情况，主要有特别提款权、货币黄金等。

二、金融资产和金融负债的分类

在国民经济金融活动异常复杂的背景下，要对金融部门的活动进行统计，必须对金融资产和金融负债进行必要的分类。对金融资产和金融负债进行分类有利于分析交易及机构单位的定位，可以作为评估资产、融资使用和流动性程度的框架。

目前联合国、IMF等国际金融机构制定的SNA2008、《货币与金融统计手册（2014版）》等对金融资产的分类最具有代表性。本文中金融资产和金融负债的分类标准主要参照《货币与金融统计手册（2014版）》的分类方法。这一分类体系主要基于两个标准：一是资产的流动性，二是描述债权债务关系形式的法律特征。流动性具体包括流通性、可转让性、适销性、可兑换性和可分性等特征。本部分介绍金融资产的主要类型。

金融资产的分类见表4-1。

表4-1　　金融资产的分类

一、货币黄金和特别提款权
二、通货和存款
三、债务证券
四、贷款
五、股票和投资基金份额
六、保险、养老金和标准化担保计划
七、金融衍生品和雇员股权激励
八、其他应收 / 应付款

（一）货币黄金和特别提款权

货币黄金和特别提款权是通常仅由货币当局持有的金融资产，是没有对应金融负债的金融资产。

1. 货币黄金

货币黄金仅指货币当局或者其他受货币当局有效控制的其他机构所拥有的、作为储备资产持有的黄金。只有作为储备资产的黄金才是货币黄金。所有的货币黄金要么属于储备资产，要么被国际金融组织持有。因此，除少数体制外，黄金仅由中央银行或中央政府持有。货币黄金通常是纯度在99.5%以上的金币、金锭或金条。

值得注意的是，不被作为储备资产的金块属于非金融资产，如工业用、科研用、制作装饰品用的黄金等。

2. 特别提款权

特别提款权（Special Drawing Right，SDR）是IMF创造的分配给成员国用来补充现有官方储备的国际储备资产，包括IMF分配的SDR和通过与其他持有这类交易获得的SDR。只有IMF的成员国和有限的国际金融机构才持有SDR。持有SDR意味着拥有无条件从IMF的其他成员国而非IMF获得外汇或其他储备资产的权利。SDR的持有者可以向IMF的其他成员国出售部分或全部的SDR份额，以换取可自由使用的货币。

专栏：人民币加入SDR的进程

2015年11月30日，IMF正式宣布人民币2016年10月1日加入SDR，权重比例为10.92%，低于美元和欧元，为第三大权重货币。SDR篮子的最新权重为美元41.73%，欧元30.93%，人民币10.92%，日元8.33%，英镑8.09%。

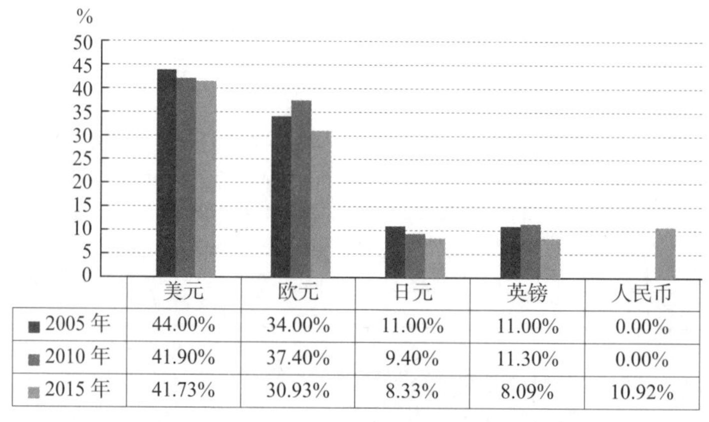

	美元	欧元	日元	英镑	人民币
2005 年	44.00%	34.00%	11.00%	11.00%	0.00%
2010 年	41.90%	37.40%	9.40%	11.30%	0.00%
2015 年	41.73%	30.93%	8.33%	8.09%	10.92%

图 4-1　2005—2015 年 SDR 货币篮子中货币权重变化

SDR创设于1969年，是IMF根据会员国认缴的份额分配的，可用于偿还IMF

债务、弥补会员国政府之间国际收支逆差的一种账面资产。SDR最初由16种货币构成，后简化为美元、欧元、日元、英镑四种货币。根据规定，IMF每隔五年对SDR货币篮子进行一次例行审查，更新货币篮子中的货币和权重。

一、2010年人民币与SDR失之交臂

2005年11月，IMF执行董事会明确，SDR篮子的组成货币必须满足两个标准：一是货币篮子必须是IMF参加国或货币联盟所发行的货币，该经济体在篮子生效日前一年的前五年考察期内是全球四个最大的商品和服务贸易出口地之一；二是该货币为《国际货币基金协定》第30条第f款规定的“自由使用货币”。自由使用货币存在两条认定要求：一是在国际交易中广泛使用，包括该国在IMF参加国中出口所占份额、以该货币计价的资产作为官方储备资产的数量；二是在主要外汇市场上广泛交易，包括外汇交易量、是否存在远期外汇市场、以该货币计值的外汇交易的买价差等指标。纳入SDR篮子货币要求不少于70%的IMF成员国投票支持。

在2010年评估中，尽管我国已成为全球第三大商品和服务出口国，但人民币在自由使用方面仍然不足。人民币最终未能“入篮”。根据2010年10月26日IMF发布的文件《特别提款权估值方法的审查》中提到，由于人民币没有达到可自由使用货币的标准，所以SDR中的货币构成将维持不变。具体原因：一是国际上使用的和用于交易的货币并没有发生明显的变化；二是中国采取了一系列措施促进人民币国际化，但是人民币在国际贸易中仍然不够广泛地作为支付手段，而且在全球主要外汇市场上交易也不够广泛。

此外，2008年爆发国际金融危机以后，人民币开始重新盯住美元，人民币汇率缺乏弹性也成为未能“入篮”的原因。2011年1月7日，IMF发布《促进国际货币体系稳定——SDR的作用》报告中指出：“人民币的价值与美元挂钩并且受当局的管制，会使人民币加入SDR货币篮子后事实上增加了美元在其中的权重，并且使得一国的汇率政策任意地影响SDR的价值。”

二、2015年人民币成功“入篮”

鉴于新兴市场经济体货币达到自由使用具有一定难度，2011年IMF提出了“储备资产标准（RAC）”，以突出SDR作为国际储备资产的作用。它包括四个具体指标，即在官方外汇储备中的使用情况、即期市场交易量、外汇衍生品市场交易量、拥有市场化的利率工具。2015年又迎来了IMF每五年一次的对SDR进行的审查。

2015年初，中国人民银行正式提出“人民币国际化”概念，替代之前的

“人民币跨境使用”提法，并争取人民币加入SDR，加快金融改革开放步伐。

2015年人民币入篮的主要举措见表4–2。

表4–2　2015年人民币入篮的主要举措

RQFII 试点地区的扩大	4 月和 5 月，人民币合格境外机构投资者（RQFII）试点地区分别扩大至卢森堡和匈牙利
国内债券市场进一步开放	7 月 14 日，中国人民银行印发《关于境外央行、国际金融组织、主权财富基金运用人民币投资银行间市场有关事宜的通知》
改革人民币汇率中间价形成机制	8 月 11 日，中国人民银行发布关于完善人民币兑美元汇率中间价报价声明
加强人民币清算安排工作	9 月，中国人民银行分别与阿根廷中央银行和赞比亚中央银行建立人民币清算安排的合作备忘录
进一步放开境外金融机构在国内发行人民币债券限制	9 月 22 日，中国人民银行批复同意了汇丰银行和中国银行（香港）有限公司在中国银行间债券市场发行人民币金融债券
进一步开放境内外汇市场	9 月 30 日，中国人民银行发布公告〔2015〕31 号，开放境外中央银行（货币当局）和其他官方储备管理机构、国际金融组织、主权财富基金依法合规参与中国银行间外汇市场
提高宏观经济统计数据透明度、可靠性和国际可比性	10 月 6 日，中国人民银行决定中国采纳 IMF 数据公布特殊标准（SDDS）
加强金融基础设施建设	10 月 8 日，人民币跨境支付统一（一期）成功上线运行

目前，人民币已成为全球第二大贸易融资货币、第四大支付货币、第六大外汇交易货币，离岸人民币市场快速发展，人民币存款和人民币债券发行规模明显上升，全球人民币清算体系初步形成，中国人民银行先后与33个国家和地区的货币当局签署货币互换协议超过3.2万亿元。人民币国际化在上述领域取得的积极进展，赢得了IMF及其大多数成员国的赞同，人民币纳入SDR水到渠成，实现了历史性的突破。

此次人民币成功“入篮”标志着人民币的国际认可和接受程度提高，是人民币国际化进程中具有里程碑意义的事件。它一方面将促进中国金融的市场化和国际化进程，另一方面也有利于国际金融体系稳定，为国际贸易和金融发展带来新的机遇，支持全球经济的增长和稳定。

（二）通货和存款

通货和存款是可以直接用来进行支付、一般包括在广义货币中的金融资产。

1. 通货

通货包括中央银行或政府发行的或授权的具有固定名义价值的纸币和铸币，就是用于流通使用的纸币和硬币。中央银行或政府发行的金银币和纪念币，如果没有作为具有固定名义价值的货币流通，则应划分为非金融资产，而非通货。中央银行持有的尚未发行的或者已经退出流通的纸币和硬币也不是金融资产，也不应作为通货。

通货分为国内通货和国外通货。国内通货是由经济体或者这一经济体所属的共同货币区域的中央银行或政府发行的，是这一经济体的法定货币。国外通货是由国内各机构部门持有的外国货币，代表其他国家中央银行或政府的负债，是本国居民对非居民中央银行或政府的要求权。

2．存款

存款指所有机构单位之间的以不可流通的存款凭证为证据的债权或债务，是一种不可转让的契约，赋予现金存放者未来提款的权利。存款通常是一种标准化的契约，大部分是对公众开放的，且没有金额限制。存款包括所有对中央银行、其他存款性公司、其他金融公司和其他机构单位的有存款凭证的债权。按照流动性划分，存款可分为可转让存款和其他存款。

（1）可转让存款。可转让存款包括如下种类的存款：a.不存在罚金或限制的可以按面值即期可支付的存款；b.可以通过支票、汇票、汇款、直接借记/贷记或其他直接支付手段进行支付存款；c.其他支付手段进行支付的存款。可转让存款的流动性仅次于通货，属于高流动性的金融资产。

有些存款只具有有限的可转让特征，在决定是否将不具有充分可转让性的存款归类于可转让存款时必须进行判断。例如，一些存款附加限制，或对每一期进行的第三方支付的数目和/或每次第三方支付的最低金额作出限制。

通常来说，若可转让性受限，则该存款归类为其他存款，不属于可转让存款，但现金支票、银行票据（出纳支票）、旅行支票、存款透支、准备金存款、电子货币等特殊存款除外。

（2）其他存款。其他存款包括除可转让存款以外的有存款凭证的所有债权。包括：a.即期存款，这种存款允许立即提现，但不能直接转让给第三方；b.储蓄和定期存款；c.不可转让存款凭证；d.不属于可转让存款的其他限制转让的存款；e.已经存放于储户账户，但必须达到存款性公司接受的相关条款才能取现的可转让存款；f.从法律角度看或在实践中可以立即赎回或在较短时间内提前通知可以赎回的采用股份形式的金融性公司的负债；g.在IMF中的储备份额头寸；h.与不同的金融契约相关的、用现金支付的、可偿还的保证金，如金融衍生品、回购协议；i.现金持有部门持有的类似于存款的回购协议，不包括在广义货币中的回购协议应该归类于贷款。

几类特殊的其他存款：a.贵金属未分配账户：未分配的黄金资产（非货币黄金），属于外币其他存款；b.银行间头寸；c.限制性存款：指依据法律、管理或商业要求，提款受到限制的存款；d.保证金存款。

（三）债务证券

证券是指具有可流通特征的金融要求权，可分为债务证券和股票证券。这一部分仅讨论债务证券，股票证券将在股票和投资基金份额部分介绍。

债务证券是可流通的金融工具，用来证明有关单位有义务通过提供现金、金融工具或具有经济价值的其他项目进行结算，是债权关系存在的凭证，并规定了利息和本金支付的时间。常见的债务证券包括国库券、政府债券、公司债券、商业票据、可转让大额存单、资产支持证券以及其他类似的在金融市场上交易的金融工具。

证券通常采用以下几种销售方式：一是息票，这种证券规定在工具的有效期内定期支付利息或息票，本金到期时支付；二是分期偿付，这种证券规定在工具的有效期内分期偿付本金和利息；三是贴现或零息票据，这种证券以低于面值的价格发行，所有的利息和本金都在到期时支付；四是大幅度打折，这种证券的发行价格低于面值，本金和大部分利息都在到期时支付；五是保值，这种证券的利息和/或本金支付与相关指数挂钩。

几种特殊类型的债务证券：（1）可转让贷款。（2）非参与性的优先股，持有优先股的股东先于普通股股东享受分配，但一般为固定股利，不受公司经营业绩的影响。（3）可转换债券，是指一定条件下可以转换为股票的债券，在行权之前归类为债务证券。（4）银行承兑汇票，是指由出票人签发的，银行在见票时无条件支付确定金额给收款人或者持票人的票据，具有支付和融资的功能，并且可以自由流通。银行承兑汇票代表了持有人无条件的债权，也代表了承兑银行无条件的负债。（5）私募债券，是指非公开发行的债券。（6）结构化债务证券。如果各组成部分的金融工具可分离，则单独进行归类，如各组成部分无法分离，则根据主要组成部分的特征进行归类，归类在债务证券或金融衍生品项下。（7）存托凭证或可转让大额存单，是指商业银行发行的、具有固定金额、固定偿还期限和一定利率，可以在市场上转让的凭证，可根据其基础的金融工具进行归类。（8）本票，银行本票指出票人签发的，承诺自己在见票时无条件支付确定金额给收款人或者持票人的票据。

（四）贷款

贷款是金融资产，是在机构单位之间以不可流通的贷款凭证或类似凭证作为证据的债权债务。主要包括透支、抵押贷款、分期偿付的贷款、金融租赁、贸易信贷融资、回购协议、黄金掉期等。应收/应付账款不属于贷款。

存款与贷款的区别：一般来说，所有可以直接支付给第三方的金融工具应该属于可转让的存款，不管是哪种金融工具。可转让的存款不属于贷款，因为贷款不能直接支付给第三方。

贷款和其他存款的区别相对更难，特别是银行间的交易。我们可以根据基础金融工具的特征特别是能否提前取现来判断，如果债权人不能提前取现，则应归类于贷款（债权人是住户或非金融公司的除外）。

贷款和债务证券的区别：根据定义，两者的区别在于贷款是不可转让的金融契约，而债务证券是可转让的金融工具。如果贷款变得可转让或者可交易，则应归类于债务证券，也就是说债务证券包括了具有可转让特征的贷款。

下面简要介绍几种常见的贷款。

1. 回购协议和证券出借

证券回购协议是指按照特定价格出售证券获得现金并承诺在未来特定时期（通常在一天或几天后，但期限越来越长）或不规定到期日按照固定价格购回相同或类似证券的协议。回购协议是从证券的出售方即现金的接收方角度而言的。如果从证券购买方即现金提供方的角度来看，这种协议就被称作逆回购协议。

回购协议将证券的法律所有权转移给现金提供方，并赋予现金提供方转售的权利。虽然在法律意义上证券的所有权已经转移给现金的提供方，但在经济意义上，现金的接收方（证券的提供方）保留了一些所有权。具体而言，现金的接收方保留了市场风险和除出售权之外的所有权利益，包括持有证券的损益和证券的利息收入。由于存在这些特点，回购协议类似于以协议所规定的证券为抵押的贷款。

在宏观经济统计中，证券回购协议被视为抵押贷款或者存款，而不是直接销售的证券。通常，回购协议被纳入贷款类别。然而，如果存款性公司作为现金接收人，类似于存款的回购协议应该被归类于其他存款，或属于广义货币。

证券出借是证券持有人将证券转移给“借方”的协议，并规定在特定日期或一经要求就归还相同或类似的证券。所有权被“完全和无限制地”转移给了“借方”，但与拥有证券有关的风险和利益仍然归原先的拥有者。证券持有者采用这种做法的目的是提高证券的回报率和/或减少托管成本。

证券出借根据提供给证券贷方的抵押品种类——现金或证券，分为两大类。证券的借方所提供的抵押品价值通常等于或高于出借证券的价值。

2. 黄金互换和黄金贷款

黄金互换是通常在中央银行之间或中央银行与其他金融机构之间开展的回购协议，是以特定的价格将黄金换成外汇，并承诺在将来特定的日期按固定价格购回黄金，原先的交易方仍然暴露在黄金市场的风险中。因此黄金交易的特征与回购协议类似，在统计上应采取类似的处理方法。

黄金贷款（或黄金存款）可以被用来获得黄金收益。用于贷款（或存款）的黄金可以是金融资产（货币黄金）或者非金融资产（非货币黄金）。

3. 融资租赁

融资租赁是资产出租人（资产的法定所有人）向承租人大部分转移了资产的风险和收益的协议。由此，承租人便成为资产的经济所有人。融资租赁除涉及资产的租赁外，还相当于引入了贷款，即出租人提供贷款给承租人用于购买该租赁资产。

4. 信用卡

信用卡是一种消费的便利化支付手段，也是一种消费融资手段。若信用卡持有人能在结算周期（一般为每月一次）内偿还其刷机消费金额，则不触发融资余额变动。

5. 参与贷款

参与贷款是指由两个或更多的投资者（通常是金融性公司）联合向一个借款人提供的贷款。通常的模式有两种：一种是辛迪加贷款，即由一个牵头授信方和一个甚至更多的其他授信方组成的一个辛迪加或集团，联合提供贷款；二是先由一个授信者发起，将贷款分为不同份额再向其他授信者转售的贷款。每一个辛迪加成员记录自己提供的贷款金额。模式一中每一个参贷者对原始借款人均具有直接要求权；模式二中，具有双重的债权债务关系，即授信发起者对原始借款人具有直接要求权，每一个参与授信者对授信发起人具有直接要求权。

6. 其他汇票/承兑汇票

汇票，又被称为交易票据或者票据，是由出票人签发的，要求付款人在见票时或在一定期限内，向收款人或持票人无条件支付一定款项的票据。承兑汇票分为两类——即期票据和定期票据。即期票据是指开票人根据持票人要求支付款项的汇票；定期汇票是指开票人在未来某一特定时间支付固定金额给持票人的票据。汇票是国际结算中使用最广泛的一种信用工具，也用于境内交易。

承兑即承诺兑付，是付款人在汇票上签章表示承诺将来在汇票到期时承担付款义务的一种行为，依据信用工具的特征，可被归类于贷款、债务证券或者交易信用。具体而言，可以在二级市场或中央银行再贴现的承兑汇票属于债务证券，通常被称为银行承兑汇票；不能再贴现的承兑汇票被指定为其他承兑汇票，依据承兑汇票的性质可归类为贷款或者交易信用。承兑汇票包括出口信贷、出口汇票、进口汇票、银行承兑汇票和自己承兑的汇票。

7．不良贷款

当下列条件成立时，贷款即是不良的：（1）本金和/或利息逾期超过90天；（2）根据协议已经证券化或展期的、利息逾期超过90天；（3）即使逾期没有超过90天，但有证据表明可以被重新分类为不良，如债务人申请破产。一旦被认定为不良贷款，则这种认定便不可撤销，除非贷款被偿付或者本金被免除，或者是后续贷款替换了原来的贷款。

（五）股票和投资基金份额

股票包括所有参与公司收益分配权和公司残值要求权的金融契约和金融合同。所谓残值要求权是在公司满足了所有债权人的债权之后，对公司残余价值的分配权。股票是发行机构单位的负债。股权通常以份额、股票、参与凭证、提款权或者类似文件作为凭证。不论是收益固定的参与性优先股还是根据准则确定收益的参与性优先股，都属于股票证券。

股票和债务证券的法律特征具有明显的区别。债务证券是在一定的期限或条件下要归还本金并支付一定利息的，而股票则是不归还本金，也不支付确定利息的，只是参与分红或拥有公司的净权益，并对公司的残余价值有分配权。

在SNA2008中股票被细分为上市股票、未上市股票和其他股票三类。[①]上市股票是指可以在交易市场上交易的股票，未上市股票是指不能在交易市场上交易的股票，也被称为私有股权，其他股票是指不以证券形式存在的股票。

1．股权债务

基于货币统计的目的，股权债务被划分为以下几类：一是所有者贡献的基金，包括公司和准公司在创业时以及随后发行的股票或其他形式的所有权总金额；二是留存收益，指没有分配给股东，也没有用作一般或特别准备金的所有税后利润；三是当年的收益，指会计年度开始以来累计的损益；四是一般和特殊准备金，是从留存收益中拨出的款项；五是价值调整，是金融性公司资产负债表中资产和负债价值变化净值对应的项目，不包括记录在当期净损益项下的价值变动。

2．投资基金份额或单位

基金份额是指基金发起人向投资者公开发行的，表示持有人按其所持份额对基金财产享有收益分配权、清算后剩余财产取得权和其他相关权利，并承担

① 在《货币与金融统计手册（2014版）》中未作此分类。

相应义务的凭证。包括货币市场基金和非货币市场投资基金。

货币市场基金是指投资于货币市场上短期（一年以内，平均期限120天）有价证券的一种投资基金。该基金资产主要投资于短期货币工具，如国库券、商业票据、银行定期存单、银行承兑汇票、政府短期债券、企业债券等短期有价证券。

非货币市场基金是指投资于长期有价证券的一种投资基金，如票据、债券等。

（六）保险、养老金和标准化担保计划

保险、养老金和标准化担保计划是通过金融机构对收入或财富进行再分配的一种形式。这种再分配可能是在同一时期不同单位之间进行，也可能是不同时期同一单位之间进行，或者是两者的组合。参与分配的单位可能在同一时期或之后收到收益或者要求权得到满足。

保险、养老金和标准化担保计划的中介通常是金融性公司，包括五种准备金：非寿险技术准备金、人寿保险和年金、养老金福利和其他福利、对养老基金经纪人的养老金要求权、标准化担保的要求条款。除了对养老基金经纪人的养老金要求权外，上述保证金、抚恤金和要求条款都是保险公司、养老基金、标准化被担保人的负债，相应的是保单持有人或受益人的资产。

1. 非寿险技术准备金

非寿险主要是覆盖保单持有人因遭受事故、火灾、财产损失、与健康相关的费用等损失金额的保险。非寿险技术准备金由预先支付的保险费净额和支付未偿非寿险索赔的准备金两部分构成，这个定义同时适用于非寿险直接保险和再保险。

再保险也是一种保险，保险合同双方均是保险服务的提供者，也就是说，再保险是允许将保险风险从一个承保人转让给另一个承保人的保险。

（1）预先支付的保险费净额。投保人为获得保险服务需支付一定的金额（保险费）给保险提供者。典型的操作模式是投保人在保险期初即支付保险费。保险提供者以权责发生制为基础提供保险服务，赚取保险费收入。

（2）支付未偿寿险索赔的准备金，是指保险公司拨付的用于覆盖他们预期的尚未处理的索赔或者有争议要求权的资金。未偿索赔保证金是受益人的资产，是保险公司的负债。

2. 人寿保险和年金

人寿保险和年金赋予保单持有人拥有要求机构单位提供人寿保险和年金的金融要求权，由人寿保险公司拨付的为支付给保单持有人的预付保险费和年金提供者拨付的为支付给年金受益人的应计负债两部分构成。

3. 养老金福利和其他福利

养老金福利是为雇员提供的退休收益。养老金表明了现有和未来的养老金领取者金融要求权的范围，即养老金持有者可要求他们的雇主或者雇主指定的基金支付养老金，作为雇主与雇员之间签订薪酬协议的一部分。

4. 对养老基金经纪人的养老金要求权

雇主可能与第三方签订协议，为雇员管理养老基金。如果雇主持续确定养老金机制条款、保留赤字融资的义务或保留多余资金的权利，则该雇主被定义为养老金经纪人，在养老金经纪人框架下运行的单位被称为养老金管理人。如果雇主与第三方签订的合同规定，雇主将在融资过程中将所有风险和责任及留存所有多余资金的权利转移给第三方，则第三方即养老金管理人和养老金经纪人。

5. 标准化担保的要求条款

标准化担保的要求条款由提前支付的净费用和标准化担保下弥补未偿要求权的条款两部分组成。

标准化担保通常是小金额、大规模同时发行的，它不是以金融衍生产品的方式提供的，也不是一次性的保证，是针对违约概率设立的，涵盖了大部分事件的相同类型的信用风险。

（七）金融衍生品和雇员股权激励

金融衍生品和雇员股权激励既是金融资产，又是金融负债，具有类似的特征，如履约价和一些相同的风险因子，尽管两者都转移了风险，但都被认为是报酬的一种。

1. 金融衍生品

金融衍生品合约是与特定金融工具、指标或商品挂钩的金融工具，通过这种金融工具可以独立地在金融市场上针对特定的金融风险（如利率风险、货币、股票和商品价格风险、信用风险等）进行交易。金融衍生产品的价值根据有关项目（如商品、金融资产、利率、汇率、其他衍生品、或两种价格的差额）的价值推断。衍生品合约也可能与指数或一篮子价格有关。

金融衍生品合约不涉及本金贷款和还款，也不涉及投资收入的计算。使用金融衍生品的目的有很多，包括风险管理、套期保值、市场套利和投机。金融衍生品分为两大类，远期和期权。

（1）远期。远期类型合约是无条件的，双方同意在特定日期按照协议价格交换特定数量的项目（实际或金融项目），包括远期、期货和互换。

在远期类合约的初始阶段，风险以公允价值进行交换，所以合约的初始价值为零。随着基础交易项目的价格变动，远期合约的市场价值也发生变化（尽管在远期合约执行期内，通过定期结算也可能变为零）。

期货通常在有组织的交易市场进行交易，而远期合约则可能通过网络在柜台交易进行买卖，也可能是金融性公司之间（或金融性公司和非金融公司客户之间）通过电话进行买卖。远期合约是非标准化的，而期货合约是标准化的。

互换合约是指两个或两个以上的当事人按照共同商定的条件，在约定的时间内定期交换现金流的金融交易，可分为货币互换、利率互换、股权互换、信用互换等类别。

（2）期权。在期权合约中，购买者从出售方那里获得在特定日期或之前按合约价格购买（或出售，取决于是期买权还是期卖权）特定项目的权利。

2. 雇员股票期权

雇员股票期权是购买公司股权的选择权，是提供给公司雇员的一种报酬形式，是在规定日期（授权日）签订的，雇员可以在到期日或在执行期（紧随到期日之后）内以执行价购买固定数量的雇主股权。

3. 不属于金融衍生品的金融工具

在货币和金融统计中，以下金融工具不属于金融衍生品，包括货物或服务的固定价格协议、保险和标准化担保、或有事项、嵌入式衍生工具、黄金互换、中央银行互换安排。

专栏：资产证券化的发展简介及案例分析

一、资产证券化发展

资产证券化（Asset-Backed Securitization，ABS）是指将缺乏即期流动性，但具有可预期的、稳定的未来现金收入流的资产进行组合和信用增级，并依托该资产（或资产组合）的未来现金流在金融市场上发行可以流通的有价证券的结构性融资活动。

ABS起源于美国，距此已经有40多年的历史，中国的资产证券化还只是刚刚起步，虽然最早出现于2002年，但真正受到政府支持是2005年，而后来随着美国次贷危机的爆发而停滞。当前中国正处于金融改革的创新时期，未来资产证券化发展将加速。

目前，我国的资产证券化工具主要分为信贷资产证券化和企业资产证券化两大类。其中，信贷资产证券化由人民银行、银监会主管，在银行间市场发行，基础资产为银行业金融机构的信贷资产，目前已有比较完善的法规支持，主要依据为《信贷资产证券化试点管理办法》；企业资产证券化由证监会主管，在交易所市场发行，基础资产为企业所拥有的收益权及债权资产，主要依据为《证券公司企业资产证券化业务试点指引（试行）》。

企业资产证券化的具体操作模式是：由证券公司发起设立一个专项资产管理计划作为资产证券化的SPV，专项资产管理计划向合格的投资者发行固定收益类的专项计划受益凭证来募集资金，专项计划募集所得资金专项用于购买原始权益人所拥有的特定基础资产，专项计划以基础资产所产生的现金流入向受益凭证持有人偿付本息（具体见下图）。

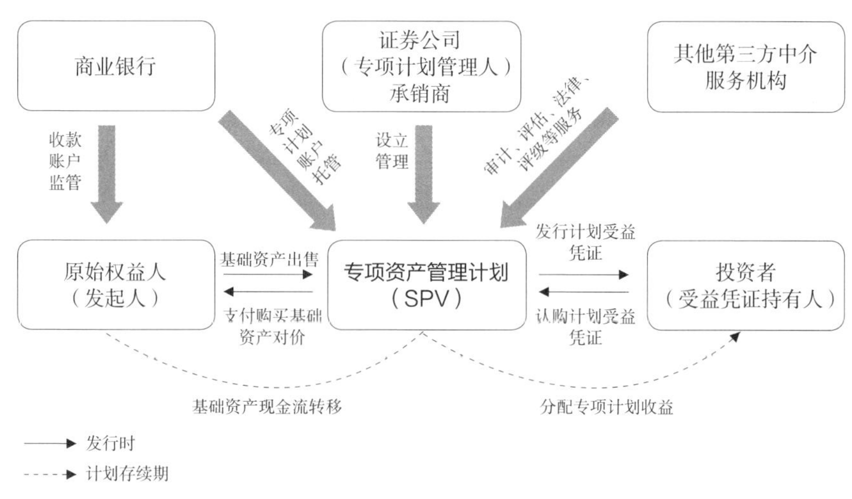

图 4–2　企业资产证券化操作模式

二、华侨城欢乐谷门票项目资产证券化案例简介

原始权益人为深圳华侨城股份有限公司及其子公司北京世纪华侨城实业有限公司和上海华侨城投资发展有限公司。资产证券化的基础资产是原始权益人在专项计划设立日之次日起五年内特定期间的欢乐谷主题公园入园凭证。具体交易结构如图4–2所示。

此次资产证券化主要有以下三个特征：一是本期专项计划由多个原始权益人打包发行的资产证券化项目。二是基础资产选择一年之中的某些特定月份的现金流；对基础资产（门票编码）进行特定化处理，使得基础资产界定清晰，可以与其他资产进行区分。三是设置回售权和赎回权，回售条款有利于保护投资者利益；赎回条款有利于保护原始权益人利益（当剩余的受益凭证规模低于50%时，原始权益人可以通过赎回剩余的受益凭证，盘活基础资产，再次融资）。

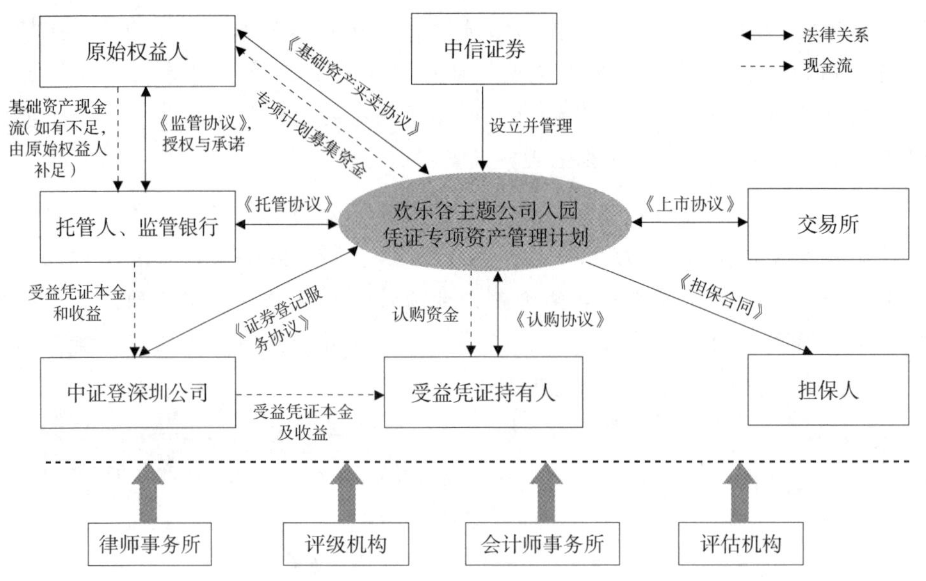

图 4-3　欢乐谷门票项目资产证券化交易结构示意

华侨城欢乐谷主题公园入园凭证专项资产管理计划是资产证券化业务重启以来，发行规模较大的项目，又是国内首只以主题公园门票作为基础资产的证券化产品。华侨城欢乐谷门票专项计划成功发行，丰富了目前专项计划项目的基础资产类型和主体类型，将促进国内旅游文化产业与资本市场结合。原始权益人主营业务中房地产业务占比较高，融资较为困难，通过资产证券化融资，为其开辟了一条新的融资渠道，并且通过此次资产证券化可建立良好的资金投入机制，增强资产流动性，扩展和延伸欢乐谷的品牌竞争力及影响力。

（八）其他应收/应付款

机构单位之间常发生应收/应付账款的交易，形成一些由商业信用、预付款和其他延期收付项目组成的金融资产。包括商业信贷和预付款，以及其他应收/应付款，如应计税收、红利、租金、工资等有关的应收和应付款项等。

1. 商业信贷和垫款

商业信贷和垫款包括：（1）直接提供给公司、政府、非营利机构、住户和世界其他地方的商业信贷；（2）对在建项目（或将建设项目）的垫款及商品与服务的预付款。商业信贷和垫款不包括为商业信贷提供融资的贷款，这类贷款被归入贷款种类。

2. 其他类别的应收/应付款

其他类别用来记录所有尚未确定归类的项目以及应计税收和应计费用（如

租金、工资和薪水），还包括延后收入和贷款损失准备金以及其他准备金。

其他类别的应收款分为居民类和非居民类，并涵盖以下项目：应收股利、用于说明记录时间差异的结算账户、在途项目、IMF配额申购权、其他资产项目。

其他类别的应付款分为居民类和非居民类，并涵盖以下项目：应付股利、记录金融公司在未来执行日用于购买金融资产的债务结算账户、其他负债项目。

专栏：表外业务

所谓表外业务（Off-Balance Sheet Activities，OBS）是指商业银行所从事的，按照通行的会计准则不列入资产负债表内，不影响其资产负债总额，但能影响银行当期损益，改变银行资产报酬率的经营活动。表外业务有狭义和广义之分。

狭义的表外业务指那些未列入资产负债表，但同表内资产业务和负债业务关系密切，并在一定条件下会转为表内资产业务和负债业务的经营活动。通常把这些经营活动称为或有资产和或有负债，包括：（1）贷款承诺，这种承诺又可分为可撤销承诺和不可撤销承诺两种；（2）担保；（3）金融衍生工具，如期货、互换、期权、远期合约、利率上下限等；（4）投资银行业务，包括证券代理、证券包销和分销、黄金交易等。

广义的表外业务是指商业银行从事的所有不在资产负债表内反映的业务，除了包括狭义的表外业务外，还包括结算、代理、咨询等无风险的经营活动，分为两大类：一是或有债权（债务），即狭义的表外业务。二是金融服务类业务，包括：（1）信托与咨询服务；（2）支付与结算；（3）代理人服务；（4）与贷款有关的服务，如贷款组织、贷款审批、辛迪加贷款代理等；（5）进出口服务，如代理行服务、贸易报单、出口保险业务等。

一、表外业务的特征

表外业务具有三个显著特征：一是会引起资产变动；二是不缴纳存款准备金；三是直接影响损益。

二、表外业务和表内业务的相互转化

1. 表外业务在其特定的可能事项成为现实时，转化为表内业务，此时，应由表外核算转换到表内核算。例如，开出信用证，在“客户未能按合同付款”这一特定可能事项出现之前，在表外科目“开出信用证”“应付信用证款项”中核算，一旦“客户未能按合同付款”成为现实，银行向收款人支付合同款项后，就转化到表内，作为资产业务核算，此时，会计部门需要销记表外科目，会计分录为：

借：应付信用证款项（或有负债科目）

贷：开出信用证（或有资产科目）

同时，在表内借记“信用证垫款”，贷记相关的资金账户，完成表外核算到表内核算的转化。

2. 表内业务由本来确定的事项转化为需要由不确定事项来证实其发生时，就应转移到表外科目进行核算。例如，银行卖出其买入的票据：银行买入票据的时候，在表内买入票据科目或贴现科目核算，当银行将该票据卖出后（未到期），银行的付款责任由本来的确定转变为由“卖出的票据被拒付”这一不确定事项决定，因此，银行应在卖出票据时，销记表内（借有关资金科目，贷买入票据或贴现），同时在表外登记这种不确定的付款责任（借卖出票据或再贴现、转贴现，贷应付卖出票据款），直至票据到期，这种可能不再出现时，才可以销记表外业务。

三、表外业务的管理

虽然表外业务不纳入资产负债表统计，但与表内业务一样应接受相关监管部门的管理。国际上，巴塞尔协议将表外融资工具按其风险程度分为5类，并赋予不同的信用风险转换系数，以便将表外项目转为表内项目，同银行的资本金大小联系起来。我国《商业银行表外业务风险管理指引》明确规定，商业银行应按照报送非现场监管报告书的时间要求向中国人民银行报告各类表外业务经营情况，应接受中国人民银行对其表外业务的监督检查。近期，中央银行将表外理财业务纳入“广义信贷”测算的消息引起广泛关注。表外理财被纳入“广义信贷”①测算后，将扩大广义信贷规模本身，同时影响宏观审慎资本充足率中的逆周期资本缓冲项，从而影响银行的MPA评分结果，进而对理财规模的进一步扩张形成约束。

① 存款类金融机构广义信贷的界定范围包括贷款、债券投资、股权及其他投资、买入返售资产以及存放非存款类金融机构款项等资金运用类别。

第二节　金融部门收入与支出

金融部门作为国民经济核算的六大部门之一，遵循国民经济账户核算整个部门的收入与支出，依据资金流动原理，一个部门的收入是其他部门的支出，因此从收入分配账户即可衡量金融部门的收入与支出。本节从收入分配账户引入金融部门的收入与支出，也为第八章中增加值核算奠定理论基础和数据来源。

一、收入分配账户

收入分配账户分为收入初次分配账户和收入再分配账户，收入初次分配是将参与生产过程或拥有生产活动所需资产的所有权而获得的收入在机构单位间或部门间进行分配，收入再分配是将各机构单位或部门的初始收入通过转移支付与获得形成该机构单位或部门的可支配收入。其中，收入再分配账户更为倾向表达住户部门和政府部门可支配收入的产生，故主要从收入初次分配账户介绍金融部门的收入与支出。

收入形成账户主要记录常住机构单位或者部门作为生产者所创造的初始收入，而收入初次分配账户（参见表4-3）则主要记录常住机构单位或者部门作为接受者所获得的初始收入。收入初次分配账户显示如下信息：收入形成账户中各应付项目的去向，为哪些单位或部门所接受；常住机构单位或者部门应收和应付财产收入的数量，仅可以按机构单位和机构部门编制。

表4-3　　收入初次分配账户（使用方）

单位：万元

交易和平衡项	非金融公司	金融性公司	政府	住户	NPISH	经济总体	国外	货物与服务	合计
劳动者报酬							6		6
生产税和进口税									
补贴									
财产收入	134	168	42	41	6	391	44		435
初始收入总额/国民总收入	254	27	198	1381	4	1864			1864
初始收入净额/国民净收入	97	15	171	1358	1	1642			1642

表 4–3（续）　　收入初次分配账户（来源方）　　单位：万元

交易和平衡项	非金融公司	金融性公司	政府	住户	NPISH	经济总体	国外	货物与服务	合计
营业盈余总额	292	46	27	84	3	452			452
混合收入总额									
营业盈余净额	135	34		69		238			238
混合收入净额				53		53			53
劳动者报酬				1154		1154	2		1156
生产税与进口税			235			235			235
补贴			-44			-44			–44
财产收入	96	149	22	123	7	397	38		435

注：经济总体 = 非金融公司 + 金融公司 + 政府 + 住户 +NPISH；会计 = 经济总体 + 国外 + 货物与服务。

收入初次分配账户的来源方表示各部门的收入，使用方表示各部门的支出，可以看出金融性公司的收入为营业盈余和财产收入，支出仅为财产收入，其初始收入等于营业盈余加应收财产收入减应付财产收入，应收财产收入包括金融资产所有者的应收投资收入和自然资源所有者向其他单位出租自然资源的应收地租，考虑收入再分配账户，将转移税费给政府部门、转移劳动者报酬给住户部门，最终形成金融部门的收入支出账户。

金融部门收入和支出见表4–4。

表4–4　　金融部门收入和支出

金融部门收入项目	金融部门支出项目	来源 / 使用对象
营业盈余		经营收入
	固定资产折旧	资产损耗
财产收入		经营收入
	劳动者报酬	住户部门 / 国外部门
	生产税净额	政府部门
经常转移收入		政府部门

二、收入与支出项目

（一）营业盈余

营业盈余是指机构单位创造的增加值扣除劳动者报酬、生产税净额和固定资产折旧后的余额。从会计核算角度来说，机构单位的营业盈余等于营业收入减营业支出，金融性公司的营业收入类别较多，主要有利息净收入、手续费及佣金净收入、租赁收益、投资收益、公允价值变动收益、汇兑净收益等，营业支出主要有业务及管理费、营业税金及附加、资产减值损失、其他营业支出、退保金（保险专用）、赔付支出（保险专用）等。

金融性公司营业收入与支出项目见表4–5。

表4–5　　金融性公司营业收入与支出项目

营业收入项目	营业支出项目
利息净收入：反映金融机构经营存贷款、资金往来、债券投资等业务取得的利息收入与发生的利息支出的差额。	业务及管理费：反映金融机构业务经营和管理过程中所发生的各项费用。包括：职工工资、奖金、津贴和补贴、福利费、社会保险费、职工医疗保险、养老保险、失业保险、工伤保险、生育保险和年金缴费、住房公积金及住房补贴、工会经费和职工教育经费、因解除职工的劳动关系给予的补偿、非货币性福利、差旅费、会议费及其他。
手续费及佣金净收入：反映金融机构办理结算、咨询、担保、代保管等代理业务及办理委托贷款及投资业务等取得的手续费收入与支出的差额。	营业税金及附加：反映金融机构按规定缴纳的应由营业收入负担的各种税金，包括营业税、城市维护建设税和教育费附加等。
租赁收益：反映金融机构办理金融租赁业务取得的收入。	资产减值损失：反映填报机构按规定提取（或恢复后转回）的各项减值准备，包括贷款损失准备、坏账准备、短期投资跌价准备、长期投资减值准备、固定资产减值准备、在建工程减值准备、无形资产减值准备、抵债资产减值准备等。
投资收益：反映金融机构对外投资所取得的收益或发生的损失（不含债券投资利息收入）。	退保金（保险专用）：指保险公司经营的长期人身保险业务中，被保险人办理退保时，按保险条款规定支付给被保险人的退保金。退保金在退还保费时确认。
公允价值变动收益：反映金融机构应当计入当期损益的资产或负债公允价值变动收益，包括交易性金融资产、交易性金融负债、可供出售金融资产以及采用公允价值计量的投资性房地产、套期保值业务等公允价值变动形成的应计入当期损益的利得或损失。	赔付支出（保险专用）：包括满期给付、年金给付、死伤医疗给付、赔款支出。其中，满期给付和年金给付在到期时确认；死伤医疗给付和赔款支出在理赔结案确定给付保险金时确认。
汇兑净收益：指金融机构外币货币性项目因汇率变动形成的净收益。	其他营业支出：反映填报机构除已列项目外的其他营业支出，如出租无形资产所发生的支出等。
其他业务收入：反映金融机构除已列项目外的其他营业收入。包括金融衍生工具类业务收入、补贴收入、追偿款收入、无形资产出租收入等，金融衍生产品交易产生的期权费收入应计入“其他业务收入”指标，而不应计入“投资收益”。	

（二）固定资产折旧

固定资产折旧指一定时期内为弥补固定资产损耗按照核定的固定资产折旧率提取的固定资产折旧，或按国民经济核算统一规定的折旧率虚拟计算的固定资产折旧。它反映了固定资产在当期生产中的转移价值。各种类型企业和企业化管理的事业单位的固定资产折旧指实际计提的折旧费；不计提折旧的单位，如政府机关、非企业化管理的事业单位和居民住房的固定资产折旧则是按照统一规定的折旧率和固定资产原值计算的虚拟折旧。原则上，固定资产折旧应按固定资产的重置价值计算，但是我国目前尚不具备对全社会固定资产进行重估价的基础，因此，除居民自有住房虚拟折旧外，暂时只采用上述方法计算。

（三）劳动者报酬

劳动者报酬作为住户部门的主要收入来源，一般由企业部门和政府部门支付，指劳动者从事生产活动所应得的全部报酬，包括劳动者应得的工资、奖金和津贴，既有货币形式的，也有实物形式的，还包括劳动者所享受的公费医疗和医药卫生费、上下班交通补贴和单位为职工缴纳的社会保险费等，甚至包括雇主给予的在未来某些时候买入股票的期权。

（四）生产税净额

生产税作为政府部门的主要收入来源，一般由企业经营者支付，指生产税减生产补贴后的差额。

生产税指政府对生产单位从事生产、销售和经营活动以及因从事生产活动使用某些生产要素，如固定资产、土地、劳动力所征收的各种税、附加费和规费，包括主营业务税金及附加、增值税、管理费中列支的房产税、城镇土地使用税、车船使用税、印花税、应交纳的养路费、排污费、矿产资源补偿费、水电费附加、烟酒专卖上缴政府的专项收入等。

生产补贴是政府为了影响生产单位的生产水平和产品价格水平，对生产单位单方面的转移支付，包括政策性亏损补贴、价格补贴等，作为负生产税处理。

第三节　金融工具标准化

上一节的内容指出，金融工具是金融统计的对象，它对于资金融入者来说，是金融负债的证明，也就是金融负债；对资金融出者来说，是金融资产的凭证，也就是金融资产。依照《货币与金融统计手册（2014版）》的分类方法，将金融工具分为八个大类。本节将结合我国实际，以2011年4月全国金融标准化技术委员会颁布的《金融工具常用统计术语》（JR/T 0063—2011）、《金融工具统计分类及编码》（JR/T 0062—2011）为依据，重点介绍我国金融工具的分类。

一、我国金融工具标准化的推出

随着我国经济的快速发展和市场化程度的不断提升，金融体系不断完善，金融机构种类和数量不断增加，金融业务创新层出不穷，金融统计的工作环境、统计对象发生了深刻变化，这些对金融统计工作提出了新的要求和挑战。由美国次贷危机引发的国际金融危机更是对创新性机构和产品监测信息提出了迫切的需要，要求进一步提高信息共享效率，加强跨机构、跨市场、跨境交易的横向监测，完善监测和预警系统性金融风险的统计制度框架。这就要求我们以实际需求为导向，结合现实，适度前瞻，与国际惯例、国内标准相衔接，搭建一个结构合理、层次分明、科学适用、重点突出、相对完善、便于扩充的金融统计标准化体系，最终建立全面、统一、协调、敏锐的金融统计体系。

标准化是统计工作的基础。统计标准化工作的重点就是科学界定指标的概念，并在概念清晰的基础上进行明确的分类。这就要求指标的概念无论是在宏观分析层面，还是在微观来源层面，无论是在报表层面，还是指标层面，均明确清晰，统一规范。为进一步规范金融统计指标概念，便于金融数据的生产者和使用者更好地理解统计指标含义，人民银行大力推进金融统计标准化工作，并于2011年发布了《金融工具统计分类及编码》（JR/T 0063—2011）等一系列金融统计行业标准，并开始在金融机构落实。这极大促进了金融机构信息系统编码体系的一致性，显著降低了信息采集、加工和使用的成本，提高了金融统计数据质量和规范化水平。我国的金融工具分类就是以《金融工具统计分类及编码》（JR/T 0063-2011）为主要依据的。

专栏：金融标准化技术委员会简介

全国金融标准化技术委员会（SAC/TC180）（以下简称金标委）是国家标准化管理委员会授权，在金融领域内从事全国性标准化工作的技术组织，负责金融业标准化技术归口管理工作和国际标准化组织中央银行与相关金融业务标准化技术委员会（ISO/TC68、TC222）的归口管理工作。国家标准化管理委员会委托中国人民银行对金标委进行领导和管理。金标委下设证券、保险、印制三个分技术委员会，分别负责开展证券、保险、印制专业标准化工作。

截至2014年12月，金标委发布金融行业标准共计182项；已发布金融国家标准共计69项。金融标准的颁布实施，促进了金融业技术与管理进步，对金融业发展产生了重大影响，为金融业的健康发展奠定了坚实基础，取得了显著的社会效益和经济效益。

重点标准：

2011年4月2日，《金融工具常用统计术语》（JR/T 0062—2011）、《金融工具统计分类及编码》（JR/T 0063—2011）、《金融工具统计计值第1部分：存款》（JR/T 0064.1—2011）、《金融工具统计计值第2部分：贷款》（JR/T 0064.2—2011）4项金融行业标准发布。

二、标准化金融工具分类

《金融工具统计分类及编码》（JR/T 0063—2011）指出，金融工具是机构单位之间签订的、可能形成一个机构单位的金融资产并形成其他机构单位的金融负债或权益性工具的金融契约，包括金融资产、金融负债、权益性工具和或有工具。它规定了金融工具的统计分类和编码，适用于金融业综合统计中的金融工具分类与编码，以及信息交换和共享。

该标准按照同国际惯例接轨的原则，并结合我国金融业务、会计准则和金融业综合统计需要，根据金融工具的流动性特征、债权人/债务人关系形式的法律特征、或有和非或有性特征、风险性特征和期限性特征的分类标准把金融工具划分为黄金、特别提款权、通货、存款、非股票证券、贷款、股票和其他股权、金融衍生产品、保险技术准备金、其他应收应付、国家外汇储备占款、委托代理协议、或有金融工具这13个大类，具体如表4–6所示。

表4–6　《金融工具统计分类及编码》对金融工具的分类

金融工具	释义
黄金	包括货币化黄金和交易性黄金。
特别提款权	IMF创造的分配给成员国用来补充现有官方储备的国际储备资产，表示持有特别提款权的成员国拥有无条件地从IMF或其他成员国获得外汇或其他储备资产的权利。
通货	中央银行或政府发行的具有固定名义价值的票据和铸币，通常指用于流通使用的纸币和硬币。
存款	机构或个人在保留资金或货币所有权的条件下，以不可流通的存款凭证为依据，暂时让渡或接受资金使用权所形成的债权或债务。
非股票证券	是一种可流通的工具，用来证明有关单位偿付义务的凭证。
贷款	机构或个人在保留资金或货币所有权的条件下，以不可流通的贷款凭证或类似凭证为依据，暂时让渡或接受资金使用权所形成的债权或债务。
股票和其他股权	包括所有参与公司收益分配权和公司残值要求权的金融契约与合同，通常以股票、参与证书或类似文件为凭证。
金融衍生产品	与另外一种特定金融工具、指标或商品相联系的，可以独立在金融市场上针对特定的金融风险进行交易的金融工具。

续表

金融工具	释义
保险技术准备金	保险公司为在保险合同有效期内履行赔偿或给付保险金义务而将保险费予以提存的各种金额，包括住户对人寿保险准备金和养老基金的净股权以及保费预付款和未决索赔准备金。
其他应收 / 应付	金融性公司内部及其机构单位之间发生应收应付事项，主要包括应收应付款项、金融资产减值准备、系统内往来和其他。
国家外汇储备占款	中央银行经营国家外汇储备占用的人民币资金。
委托代理协议	代理人与委托人签署的以委托人的名义从事金融交易的协议。
或有金融工具	在一个或多个条件实现后才引起支付要求或提供其他有价物质要求的金融契约。

（一）黄金

黄金分为货币化黄金和交易性黄金。其中，货币化黄金指中央银行或中央政府有效控制的其他单位作为官方储备而持有的黄金，是一种没有相应金融负债的金融资产；而交易性黄金指金融性公司或个人持有的以交易为目的的实物黄金或存放在黄金交易所的标准金。此外，为便于黄金的交易，将黄金按规定的形状、规格、成色、重量等要素精炼加工成的条状金被称为标准金，以实物金属形态呈现的黄金，比如金块、金条、金币和黄金饰品等被称为实物金。

（二）特别提款权

特别提款权是指IMF创造的分配给成员国用来补充现有官方储备的国际储备资产，表示持有特别提款权的成员国拥有无条件地从IMF或其他成员国获得外汇或其他储备资产的权利。

（三）通货

通货是中央银行或政府发行的具有固定名义价值的票据和铸币，通常指用于流通使用的纸币和硬币。包括流通中现金、库存现金、现金和人民币发行基金。其中，流通中现金指存款性公司以外的单位和个人持有的实物形态的现钞和硬币；库存现金是存款性公司为满足客户提取现金的要求，储存在业务库中的现钞和硬币。现金是存款性公司的库存现金、自助设备（ATM）内现金和在途的现金等，不包括经费现金；人民币发行基金是中国人民银行保管的未进入流通领域的人民币，包括国家印钞造币厂解缴入库的新币和其他存款性公司缴回中国人民银行发行库的回笼货币两部分。

除此之外，通货还包括纪念币。纪念币是中国人民银行公开发行的，具有特定主题的限量发行的法定货币，包括普通纪念币和贵金属纪念币。普通纪念币与其他人民币等价流通，计入流通中现金流量。

（四）存款

广义的普通存款是指客户在其他存款性公司开立账户存入资金或货币，由其他存款性公司出具存款凭证，办理一定期限、利率并按期给付利息的存款。存款按照部门可分为个人储蓄存款和单位存款（企业、机关团体、政府存款）。下面介绍几种特殊的存款。

1. 通知存款

通知存款是客户在其他存款性公司开立账户并存入资金或货币，由其他存款性公司出具存款凭证，办理时不约定存期，支取时需提前一定时间通知其他存款性公司，约定支取日期和金额的存款。

2. 协议存款与协定存款

协议存款指其他存款性公司与单位或个人，通过签订协议办理的约定期限、约定利率的存款；协定存款是客户通过与其他存款性公司签订合同约定合同期限、确定结算账户需要保留的基本存款额度，对基本存款额度按结息日中国人民银行规定的活期存款利率计息，对超过基本存款额度的存款按中国人民银行规定的协定或合同约定利率计息的存款。

3. 结构性存款

结构性存款是其他存款性公司吸收的嵌入金融衍生工具的存款，通过与利率、汇率、指数等的波动挂钩或与某实体的信用情况挂钩，使存款人在承担一定风险的基础上获得更高收益的业务产品。

4. 特种存款

特种存款是军队所有编制内建制单位、军队原所有编外事业单位及其所属企业、生产经营单位在其他存款性公司的存款。

5. 保证金存款

保证金存款是存款性公司为客户提供具有结算功能的信用工具、资金融通以及承担第三方担保责任等业务时，按照约定要求客户存入的用作资金保证或债务偿还准备的存款。

6. 应解汇款及临时存款

应解汇款及临时存款是指其他存款性公司因办理票据支付或结算形成的一种临时性资金存款，包括应解汇款、临时存款、汇出汇款、汇入汇款。应解汇款是其他存款性公司收到他行汇入的待解付的各类款项，以及未在本机构开户的客户需要办理汇款临时存入的款项，属于待划转的临时性过渡资金。临时存款是客户因临时需要，按照国家有关规定在其他存款性公司存入和使用的具有结算性质的资金。

7．存放中央银行存款

这是金融机构存放在中央银行的各种存款，包括准备金存款、财政性存款及特种存款等。准备金存款是中国人民银行按规定吸收的法定存款准备金以及超额准备金存款，形成对其他存款性公司的负债。其中，法定存款准备金是按照《中华人民共和国中国人民银行法》《中华人民共和国商业银行法》以及相关法律法规等规定，其他存款性公司应当将其吸收的存款按照一定比率存入中国人民银行的存款；超额准备金是其他存款性公司在货币当局存款账户上存入的准备金存款超过法定存款准备金的部分，主要用于支付清算、头寸调拨或作为资产运用的备用资金。此外，存放中央银行特种存款中国人民银行根据金融宏观调控需要，要求金融机构缴存的特定存款。

8．限制性存款

限制性存款是依据法律、管理或商业要求，提款受到限制的存款。这类存款包括：

（1）要求进口商在进口之前存放的进口存款；

（2）已经记入存款方账户但还不能提取的可转让存款，必须在接受存款的金融性公司收到存款项目（如支票或汇款）之后才可以提取；

（3）强制性的储蓄存款；

（4）在清理和重组过程中被冻结的金融性公司的存款；

（5）由于实行国家的外汇配额政策而受到限制（如不能提取）的外币存款。

（五）非股票证券

非股票证券指用来证明有关单位有义务通过提供现金、金融工具或具有经济价值的其他项目进行结算的可流通的工具。主要包括债券、融资券、有价证券和票据。

1．债券

债券指社会各类经济主体为筹措资金而直接向投资者发行的，承诺在一定的时期内按约定的条件，按期支付利息和到期归还本金的一种债权债务凭证。按性质可分为金融债券和普通债券；按期限可分为短期债券和中长期债券；按部门可分为政府债券、企业债券、公司债券。下面介绍几种特殊的债券。

（1）可转换公司债券。可转换公司债券是指发行人依照法定程序发行、在一定期间内依据约定的条件可以转换成股份的公司债券。

（2）混合资本债券。混合资本债券是指其他存款性公司为补充附属资本发行的、清偿顺序位于股权资本之前但列在一般债务和次级债务之后、期限在15年以上、发行之日起10年内不可赎回的债券。

（3）公募债券与私募债券。公募债券是经中国证券监督管理委员会审核批准，通过公开方式，面向不特定的社会公众筹集资金而发售的债券。私募债券是经中国证券与监督管理委员会审核批准，通过非公开方式，面向少数特定投资者募集资金而发售的债券。

2．票据

票据是按法定格式制成的，约定由债务人按期无条件支付一定金额，并可以流通转让的有价证券。下面介绍几种易混淆的票据。

（1）商业汇票。商业汇票是由企业签发的，委托付款人在见票时或者在指定日期无条件支付确定的金额给收款人或者持票人的票据，分为商业承兑汇票和银行承兑汇票

（2）银行承兑汇票。银行承兑汇票是在承兑银行开立存款账户的存款人签发的，由承兑银行承诺，保证在指定日期无条件支付确定金额给收款人或持票人的商业汇票。

（3）商业承兑汇票。商业承兑汇票是由收款人签发，经付款人承兑，或由付款人签发并承兑的商业汇票。

（4）银行汇票。银行汇票是由出票银行签发的，委托付款银行在见票时或者在指定日期无条件支付确定的金额给收款人或者持票人的票据。

（5）银行本票。银行本票是银行签发的，承诺自己在见票时无条件支付确定的金额给收款人或者持票人的票据。

下面再介绍几种易混淆的票据行为。

（1）票据买卖。票据买卖是指金融性公司与非金融性公司之间将未到期票据以无限追偿权的形式转让，实现资金融通的票据行为。

（2）票据贴现。票据贴现是指汇票的持票人在汇票到期日前，为了取得资金，贴付一定利息将票据权利转让给金融性公司的票据行为。

（3）票据转贴现。票据转贴现是指金融机构在资金临时不足时，将已经贴现但仍未到期的票据再以贴现方式向另一金融机构或贴现机构转让票据的行为。

（4）票据买断式转贴现。票据买断式转贴现是指票据出让方为获取资金，

在向票据转入方贴付一定的利息后，将持有的尚未到期票据进行背书转让的行为。

（六）贷款

贷款指机构或个人在保留资金或货币所有权的条件下，以不可流通的贷款凭证或类似凭证为依据，暂时让渡或接受资金使用权所形成的债权或债务。按期限可划分为短期贷款和中长期贷款。按照对象可分为个人（住户）贷款和单位普通贷款。按照性质可分为消费贷款和经营性贷款。此外，还有并购贷款、银团贷款、贸易融资、融资租赁、境外筹资转贷款、信用卡及账户透支等。

1．再贴现

再贴现是其他存款性公司为了取得资金，将未到期的已贴现商业汇票再以贴现方式向中国人民银行转让，融通资金。

2．拆放同业/同业拆借

拆放同业/同业拆借指金融机构因资金周转需要，而在金融机构之间拆借的短期或临时性资金。

3．银团贷款

银团贷款由两家或两家以上金融性公司基于相同贷款条件，依据同一贷款协议，按约定时间和比例，向借款人提供贷款的方式。

4．固定资产贷款

固定资产贷款指境内企（事）业法人或国家规定可以作为借款人的其他组织，用于购建固定资产的贷款。

5．转贷款

转贷款是金融性公司以自己的名义向境外的出口信贷机构、金融性公司、政府筹资，并将所筹资金发放给境内机构的贷款。

6．回购协议

回购协议是资金融入方与资金融出方以协议的方式，按特定价格出售资产融入资金，并约定在将来特定日期按指定价格购回相同或类似资产的交易行为。

7．回购式转贴现

回购式转贴现是指票据出让方以贴现方式转让票据获得资金，同时承诺在未来约定日期按票面金额购回相同票据的转让行为。

8．垫款

垫款是金融性公司为客户承担第三方责任而垫付的资金。

9. 贸易融资

贸易融资是金融性公司为客户提供的与贸易结算相关的融资或信用便利（以票据买卖或贴现进行的贸易融资除外）。

10. 融资租赁

融资租赁是出租人根据承租人对租赁物和供货人的选择或认可，将其从供货人处取得的租赁物按合同约定出租给承租人占有、使用，向承租人收取租金的交易活动。

11. 委托贷款

委托贷款指由政府部门、企事业单位及个人等委托人提供资金，由贷款人（受托人）根据委托人确定的贷款对象、用途、金额、期限、利率等代为发放、监督使用并协助收回的贷款。

12. 担保贷款与保证贷款

担保贷款是指债权人以担保方式保障其债权实现而发放的贷款，包括保证贷款、抵押贷款、质押贷款；保证贷款是按《中华人民共和国担保法》规定的保证方式以第三人承诺在借款人不能偿还贷款时，按约定承担一般保证责任或者连带责任而发放的贷款。

13. 抵押贷款与质押贷款

抵押贷款是按《中华人民共和国担保法》规定的抵押方式以借款人或第三人的财产作为抵押物发放的贷款。而质押贷款是按《中华人民共和国担保法》规定的质押方式以借款人或第三人的动产或权利作为质物发放的贷款。

14. 政策性贷款与商业性贷款

政策性贷款是为执行中央和地方政府宏观调控政策发放的贷款，由政府财政对贷款损失予以弥补并有明确的办法的，属于此类贷款。而商业性贷款是贷款人自主经营、自担风险，财政对贷款损失不予弥补的贷款。

（七）股票和其他股权

股票是公司签发的证明股东所持股份的，代表着股东对公司资本的所有权的有价凭证。股权是股东因出资而取得的，以股票、参与证书或类似文件为凭证的，在公司中拥有对公司的残值要求权[①]等各项权利。下面列举一些股票与股权中的重要概念。

① 残值要求权是指在公司解散时，公司所有债权人的债权得到满足后的剩余资产分配权。

1．证券投资基金份额与黄金基金份额

证券投资基金份额是证券投资基金发行的，证明投资人持有的基金单位[①]数量的受益凭证。黄金基金份额客户按照所持有的分享黄金基金的运作收益的份额。此外，还有代客理财份额与资金信托份额。

2．实收资本、资本公积、盈余公积与公益金

（1）实收资本：企业投资者按照企业章程或合同、协调的约定，实际投入企业的资本。

（2）资本公积：企业收到投资者出资额超出其在注册资本或股本中所占份额的部分。

（3）盈余公积：企业按照规定从净利润中提取的积累资金。

（4）公益金：按税后利润一定比例提取的主要用于本单位职工福利设施和弥补职工福利费不足的准备金。

3．贷款损失准备

一般准备是金融性公司从净利润中提取的，用于弥补金融企业尚未识别的可能性损失准备金。而贷款损失准备是贷款人按照谨慎会计原则，合理估计贷款可能发生的损失，计提的贷款损失准备。计提的范围为承担风险和损失的资产，可包括贷款、银行卡透支、贴现、垫款、进出口押汇、拆出资金等。分为贷款损失一般准备、专项准备和特种准备。

4．股权投资

股权投资是指通过购买公司的股票或以货币资金、无形资产和其他实物资产直接投资该公司，而获得该公司股权的行为。而长期股权投资是企业为了获得收益、资本增值、实现对被投资单位的控制或与其他合营方实现对被投资单位的共同控制，对被投资单位进行权益性投资后长期（至少在一年以上）持有被投资单位的股票或长期投资一个公司而形成的权利。

（八）保险技术准备金

保险技术准备金是保险公司为在保险合同有效期内履行赔偿或给付保险金义务而将保险费予以提存的各种金额，包括住户对人寿保险准备金和养老基金的净股权以及保费预付款和未决索赔准备金。下面介绍一些主要的保险技术准备金。

① 基金单位是指将基金总额分成若干个等额整数份后的最小单位。

1. 法定责任准备金与通用会计准则准备金

前者是为确保保险公司偿付能力，由保险公司按照相关法律规定提存的准备金。后者是在保险公司持续经营的前提下，为了在公正、一致的基础上反映经营状况、体现盈利水平，而采用合理而谨慎的假设计算的准备金。

2. 未到期责任准备金

未到期责任准备金指在准备金评估日为尚未终止的保险责任而提取的准备金，包括保险公司为保险期限在一年以内（含一年）的保险合同项下尚未到期的保险责任而提取的准备金以及为保险期限在一年以上（不含一年）的保险合同项下尚未到期的保险责任而提取的长期责任准备金。

3. 理赔费用准备金

理赔费用准备金是指保险公司为尚未完全结案的赔案未来可能发生的理赔费用而提取的准备金。包括间接理赔费用准备金与直接理赔费用准备金。其中，间接理赔费用准备金是保险公司为尚未完全结案的赔案未来可能发生的，并且无法直接确认到每个赔案的理赔费用而提取的准备金。直接理赔费用准备金是保险公司为尚未完全结案的赔案未来可能发生的，并且可以直接确认到每个赔案的理赔费用而提取的准备金。

4. 修正准备金

修正准备金是指保险公司根据费用的实际分布调整均衡纯保费，为了与首年或前几年较高的费用相匹配而增加第一个或前几个保单年度的附加保费，相应计算得到的准备金。

5. 分红保险准备金

分红保险准备金是指分红保险公司在每个会计年度结束后，将上一会计年度该类分红保险的可分配盈余，按一定的比例，分配给客户的一种人寿保险准备金。

（九）金融衍生产品

金融衍生产品是指与另外一种特定金融工具、指标或商品相联系的，可以独立在金融市场上针对特定的金融风险进行交易的金融工具，包括远期类合约和期权合约。

1. 远期类合约

远期类合约可以分为远期合约、期货合约和互换合约。

（1）远期合约是指交易双方同意在规定的日期以协商一致的合同价格交换或购买一定数量的标的项目的金融衍生交易合约。

（2）期货合约是指期货交易所统一制定的，规定在将来某一特定时刻和地点，以在期货交易所中通过公开竞价所确定的价格购买或出售某一特定商品的标准化合约，主要有股票指数期货、外汇期货、利率期货。

股票指数期货指买卖双方根据事先的约定，同意在未来某一个特定的时间按照双方事先约定的股价进行股票指数交易的一种标准化期货合约。

外汇期货指交易双方约定在未来某一时间，依据现在约定的比例，以一种货币交换另一种货币的标准化期货合约。

利率期货指以利率为载体，以债券类证券为交易对象的标准化期货合约。

（3）互换合约是指交易双方签订的在未来某一期间内相互交换他们认为具有相等经济价值的现金流的合约，主要有利率互换、货币互换、信用违约掉期、总收益互换等。

利率互换指交易双方约定在未来的一定期限内，根据约定数量的同一货币本金交换以不同利率方式计算现金流的行为。

货币互换指以一种货币表示的一定数量的资本及在此基础上产生的利息支付义务，与另一种货币表示的相应数量的资本额及在此基础上产生的利息支付义务进行相互交换的行为。

信用违约掉期指信用保障的买方向愿意承担风险保护的保障卖方在合同期限内支付一笔固定的费用，信用保障卖方在接受费用的同时，则承诺在合同期限内，当对应信用违约时，向信用保障的买方赔付违约损失的一种互换合约。

总收益互换指信用保障的卖方在协议期间将参照资产的总收益转移给信用保障的买方，保障买方则承诺向卖方交付参照资产增值的特定比例，以及因资产价格不利变化带来的资本亏损和因参照资产发生信用违约而产生的损失的一种互换合约。

2. 期权合约

期权合约是指由交易所统一制定的、规定购买方从出售方获得在特定日期或之前按合约价格购买或出售规定标的项目权利的标准化合约。期权分为看涨期权与看跌期权，前者指在未来某一日期，以约定价格和数量买入标的物的权利；后者指在未来某一日期，以约定价格和数量卖出标的物的权利。此外，还有外汇期权、利率期权、股票期权、股票价格指数期权、金融期货合约期权以及金融互换期权等。

（1）外汇期权：买方在支付了期权费后，即取得在合约有效期内或到期时以约定的汇率购买或出售一定数额某种外汇资产的权利。

（2）利率期权：买方在支付了期权费后即取得在合约有效期内或到期时以一定的利率（价格）买入或卖出一定面额的利率工具的权利。

（3）股票期权：买方在交付了期权费后即取得在合约规定的到期日或到期日以前按协议价买入或卖出一定数量相关股票的权利。

（4）股票价格指数期权：买方在支付了期权费后，即取得在合约有效期内或到期时以协定股票价格指数与市场实际股票价格指数进行盈亏结算的权利。

（5）金融期货合约期权：买方在支付了期权费后，即取得在规定时间内以协定价格买卖特定金融期货合约的权利。

（6）金融互换期权：买方在支付了期权费后，即取得在规定时间内以规定条件与交易对手进行金融互换合约交易的权利。

3. 信用利差产品

信用利差产品是与信用差价[①]有关的金融衍生产品，包括信用利差远期合约、信用利差互换和信用利差期权。

（1）信用利差远期：以信用差价为标的的一种远期合约。

（2）信用利差互换：交易双方签订的在未来某一期间内相互交换两种不同性质信用差价的合约，包括绝对利差互换和相对利差互换[②]。

（3）信用利差期权：以信用差价为标的物的一种期权合约。

（十）其他应收/应付

金融性公司内部及其机构单位之间发生应收应付事项，主要包括应收应付款项、金融资产减值准备、系统内往来和其他。

1. 应收/应付款

应收/应付款是指金融性公司在经营活动中所产生的应收暂付/应付暂收的款项。其中，应收款项包括：应收利息、应收租赁款、应收股利、应收手续费及佣金收入等。应付款项包括：应付利息、应付股利、应付职工薪酬、应交税费、应付手续费及佣金收入等。

2. 金融资产减值准备

金融资产减值准备是金融性公司按规定对金融资产进行减值测试后，对可

① 信用差价指风险标的与无风险标的收益率之差。

② 绝对利差互换指以固定的差价换取浮动的差价；相对利差互换指以浮动差价换取浮动价差。

能发生的资产损失计提的资产减值损失准备。主要是待处理流动资产损失。

3. 系统内往来

系统内往来主要是金融性公司法人内部的资金往来。主要包括营运资金、系统内清算款项、清算备付金、系统内存款准备金、系统内往来借贷资金等。

4. 其他应收款

其他应收款是金融性公司除了应收利息、应收股利、递延所得税资产、长期待摊费用、应收手续费及佣金收入外的其他各种临时性的应收及暂付款项。

5. 其他应付款

其他应付款是金融性公司除了应付利息、应付股利、应付职工薪酬、应交税费、应付手续费及佣金收入、预计负债、递延收益和递延所得税外的其他各种临时性的应付及暂收款项。

（十一）委托代理协议

委托代理协议是指代理人与被代理签署的有关代理人依据被代理人的委托，以被代理人的名义行使权利或承担义务的协议。这里的协议主要是基于各种代客买卖业务签署的。包括代客外汇买卖，代客买卖证券、黄金、金融衍生产品，代理发行证券、债券、基金等业务。在企业方面主要是金融性公司的各种顾问业务，包括财务顾问、并购与重组顾问、企业管理顾问以及银团安排与承销等。

（十二）国家外汇储备占款

国家外汇储备占款是指中央银行经营国家外汇储备占用的人民币资金。

（十三）或有金融工具

或有金融工具的概念是基于或有事项的概念定义的。或有事项是指过去的交易或者事项形成的，其结果需由某些未来事项的发生或不发生才能决定的不确定事项。或有金融工具的概念是指在一个或多个条件实现后才引起支付要求或提供其他有价物质要求的金融契约，主要分为担保和承诺。

担保是由债务人或债务人委托的第三人向债权人作出的保障其债权实现的承诺。担保方式包括保证、抵押、质押、留置和定金。担保可分为融资担保、借款担保、融资租赁担保、透支担保、有价证券发行担保及保函等。承诺是指其他存款性公司承诺客户在未来一定时期内，按照双方事先约定的贷款用途、金额、利率、期限、用信方式等条件，向客户提供约定信用的业务，主要包括信用证、票据发行便利等。

从上述我国金融工具的覆盖范围来看，我国的货币与金融统计已逐步演进发展为涵盖货币供应量统计、信贷收支统计、现金收支统计、资金流量统计、债券和外汇市场统计等多角度的综合的全面统计，但由于中国经济发展的特殊性，经济体制的转轨以及金融体系的重大变革，我国的货币与金融统计和国际货币与金融统计标准相比还存在差距，不能完全适应宏观经济管理和金融发展的要求。

为适应有中国特色的市场经济体制的需要，我国的货币与金融统计应当建立以银行业金融统计为主体，证券、保险业统计为辅助，跨境银行业务活动为补充的现代金融统计体系标准。在金融工具涵盖范围上，应将现行的偏重银行类金融机构的统计体系过渡到包括保险、证券机构的金融统计体系，同时还应包括其他金融中介机构（如住房公积金中心、为社会保障服务的金融机构）。在业务范围上，将现行的偏重资产负债状况的统计体系过渡到资产负债、市场交易以及机构基本概况的全面的统计体系。

Chapter 5

第五章 | 金融部门统计的核算原则

本章结合《货币与金融统计手册（2014 版）》标准和《企业会计准则第 22 号——金融工具确认与计量（修订）（征求意见稿）》（财办会〔2016〕33 号），重点阐述了金融资产与负债的计价和登录的基本规则，并详细介绍了各类金融资产和负债的计价和登录、数据源的汇总、合并与轧差规则。

第一节　金融工具的计价

本节主要讨论金融资产和负债的价值确定的原则及方法，包括基本原则、具体金融资产和负债的计价和外币工具的计价。

一、基本规则

根据《货币与金融统计手册（2014版）》和《企业会计准则第22号——金融工具确认与计量（修订）（征求意见稿）》（财办会〔2016〕33号），金融资产和负债计价的基本原则是，应当以市场价格或市场价格的等量价值为基础。对于在金融市场上交易频率较高的金融资产和负债，以市场价格定值；对于不在金融市场交易或交易频率不高的金融资产和负债，应当以市场价格的等量价值或公平价值定值。

（一）市场价格

交易的市场价格是指买方为获得某种商品或者服务愿意支付买方一定金额的资金，是发生在独立的双方之间，以商业考虑为基础的、又被称为“一个手臂之间的距离”的交易。基于该定义，市场价格是指在特定条件下某一具体交易的价格。

金融资产和负债的存量应该以资产负债表日从市场交易中获得资产和负债的市场价格定值。但在交易支付中的服务付款、收费、佣金、税收以及相似支付属于收入流量，不纳入金融交易和存量定值。许多金融资产在市场上定期交易，因此可以直接以市场报价进行定值。如果资产负债表日金融市场关闭，那么定值使用的应该是闭市前最后的市场价格。

（二）公允价值

金融资产或负债的公允价值是指知情且愿意进行“一个手臂距离交易”的交易双方，在资产交换或结清债务中支付的市场价值的近似值。这也是债权人出售了金融资产的要求权后，他所能获得的金额的估计值。

计算公允价值有两种基本方法：一是相对估值法，与作为公平定值对象的非交易金融资产和负债类似的那些交易金融资产和负债的市场价格。二是绝对估值法（现值法），即为未来现金流的折扣现值。

1. 相对估值法

相对估值法通常用于那些不在市场进行交易的金融资产和负债的公允价值的衡量，其公允价值可以直接根据一种类似但在市场进行交易的金融工具的市场价格来计算。例如，一种剩余期限为5年、非交易债权的公允价值可以根据一种风险类似、在市场上进行公开交易的5年期债券的市场价格计算出来。在其他情况下，采用类似金融工具的市场价格也是恰当的，但必须对公允价值进行调整，以考虑交易工具和非交易工具在流动性和/或风险水平上的差异。例如，非交易股票的公允价值可以根据其他公司交易股票的市场价格进行定值。但是，这种公允价值可能需要针对业务规模和股票数量上存在的差异以及其他被认为能够影响交易和非交易股票价值的因素进行调整。

在有些情况下，金融资产或负债可能同时具有其他几种金融工具的特征，但总体特征与其中任何一种金融工具都不相似。在这种情况下，判断非交易工具的公允价值可以采用有关交易工具的市场价格和其他特征（如工具种类、发行部门、期限以及信用级别等）的信息。

2. 绝对估值法（现值法）

绝对估值法是根据未来现金流的折扣现值计算金融资产和负债的公允价值，这是一种在理论和实践上都比较成熟的估值方法。可以用下列等式表示：

$$\text{公允价值}=\frac{\sum_{t=1}^{n}(\text{现金流量})_t}{(1+i)^t}$$

其中（现金流量）^{t}代表未来t段时间内的现金流量，n代表预计产生现金流量的未来时间段，i代表折扣未来t段时间内现金流量所使用的折扣率。

在满足下列条件的情况下，采用公允价值的现值法为金融资产和负债定值相对容易：（1）未来现金流量可以获知或判断；（2）贴现率可以推断。一般情况下，使用当前或预计的市场利率作为贴现率。

（三）其他特殊情况

有些数据源，金融资产存量的定值依据可能是商业、监管、税收或者其他会计标准，这些会计标准不能充分反映市场价值。在这种情况下，应对数据进行调整，以便尽可能准确地反映出金融资产和负债的市场价值。

二、外币工具的计价

金融统计的标准记账单位是以本币表示的货币单位。在记录一笔外币金融资产价值时，应按照汇率将其兑换成资产所有者常驻国家货币的价值；反之，在记录一笔外币金融负债价值时，应按照汇率将其兑换成负债持有者常驻国家货币的价值。应当按照入账时的市场汇率，即交易或者其他流量发生时或者资产负债表报送时的时点汇率，将外币存量和流量转换成本币价值。在采用时点汇率时，应使用不包含服务费在内的买卖汇率的中间汇率。

三、金融工具的计价

（一）货币黄金（中央银行资产）

持有的货币和非货币黄金（非金融资产）应以资产负债表日黄金的市场价值为定值基础，货币和非货币黄金的价值变化应通过重新估值来反映。

货币黄金应该以有组织的黄金市场上确定的价格来定值。在国际市场上，黄金通常以盎司为单位，公认的定价方法是以伦敦黄金交易所买卖一盎司黄金的中间价作为黄金的闭市价值。

黄金价格若以美元或其他主要货币作为计价货币还应以汇率中间价折算为本币。因黄金通常以美元或其他主要货币作为计价货币，所以货币黄金利得和损失是由汇率的变化以及黄金价格的变化共同引起的。

（二）SDR持有（中央银行资产）和SDR配额（中央银行负债）

中央银行持有SDR和收到SDR配额均以SDR计价，SDR是1969年IMF创设的一种会计单位。SDR的汇率是指单位SDR与美元之间的汇率，是由IMF通过以篮子货币（欧元、日元、英镑和美元）为基础来衡量美元价值每天确定的。SDR对任何经济体而言，都被视为一种外币，包括发行的货币纳入SDR篮子的经济体。

SDR持有/配额产生的存量和流量以国内货币计价的价值取决于：首先，使用SDR汇率，将SDR转换成等值的美元金额，其次，使用报告期末和交易日本国货币与美元之间的汇率，即市场汇率，将美国的美元等值转换成本国货币单位。

SDR持有/配额价值的变化可以根据开闭市和交易数据进行推断。持有及配额应反映总额而不是净额。

（三）存款

国内纸币和硬币通货由金融性公司持有。金融性公司持有的国内通货存量以名义金额计值，因此，不需要重新估值。金融性公司持有的国内通货除发生数量变化外，发生其他变化的情况很少，仅在一些特殊情况下出现，如因发生战争、暴动或金融性公司的资产被没收等导致通货遭受损坏。假设价值变动=0、金融资产和负债数量的其他变化=0，交易就等于流通中货币存量在特定时间段内的变化，也就是，交易=闭市存量–开市存量。

在中央银行的部门平衡表中，流通中的境内货币作为一种负债出现。中央银行发行的货币将通过与其他存款性公司和可能的其他组织单位之间进行交易再重新回流到中央银行。在货币和金融统计中，中央银行账户仅显示负债，流通中的货币被定义为中央银行外的货币。

以国内货币计价的存款（资产和负债）应以名义价值记录，即未偿的存款金额加上应计利息。使用名义价值而不是市场价值是基于数据可用性和保持债权人和债务人对称性的需要考虑的。还有一个考虑的因素是因为存款不是旨在交易的，没有活跃的市场，估计其市场价格多少有些主观。名义价值因为其表明了实际的法律债务而具有分析作用。存款交易以存款净额（存款增加–提款）加上报告期内的应计利息之和记录。

金融性公司持有的外币应以外币计价的名义价值记录，并以资产负债表日的市场汇率折算为本国货币计值。外币的交易应以交易日的汇率进行折算后计值。

在活跃市场上交易的存单应该以存单的市场份额为基础重新估值。不可交易的存单则以发行国交易的基础金融工具减去股票的市场价格为基础进行重新估值，然后用市场汇率折算为本币价值。

（四）债务证券

债务证券的存量以资产负债表日的市场价格计值。债务证券发生以下交易时记录在资产负债表的资产方：购买证券–证券卖出，赎回和支付利息+该期间内的应收利息。债务证券发生以下交易时记录在资产负债表的负债方：发行新证券–证券赎回（包括部分赎回），支付利息+该期间内发生的应计利息。

（五）特殊的债务证券计价–摊余成本计价

在国际金融报告标准中，几乎所有持有的债务证券都以市场或公允价值计价，但有一种除外，即持有至到期的证券投资，这种证券使用有效利率方法以摊余成本计值。此种类型的债务证券的负债也以摊余成本计值，通过收益或损失被指定了金融负债公允价值（包括市场价值）的债务证券除外。

货币和金融统计时，不以市场价格计值的债务证券资产和负债需要重新确定价值。初始价值与市场价值之间的差额作为价值调整记录为权益负债。公允价值适用于不经常交易或者通过柜台交易市场交易的债务证券，因为通过这些方式进行交易的债务证券在常规上无法获得其市场价格报价。

使用现值方法确定公允价值基本适用所有类型的债务证券。然而，一些具有合约条款的证券（如具有多个嵌入式衍生产品特征的证券）的计值要复杂得多，主要是因为合理估计其未来现金流或者是选择有代表性的折扣利率均不可能。在这种情况下，推荐使用购置成本或摊余成本计值。如果短期证券的市场计值不可获得，则可以使用名义价值作为公允价值的近似值。

（六）债务证券减值

当债权人有可靠的消息，根据证券的未来现金流量安排债务人支付本金或利息可能违约时，债务证券应计提减值准备。减值债务证券的数据处理取决于这种证券的市场价格数据是否可得。如果可得，则减值的债务证券应该以市场价格记录，若因该减值证券不交易或不经常交易而市场价格不可得，则需要估计其公允价值。

使用现值方法计算减值的证券价值，即使现金流在数量上和时间上都有高度的不确定性，但未来现金流仍是需要估计的。如果减值证券在市场上交易，柜台交易价格是可以获取的，此时的价格较减值之前打了很大的折扣。减值前和减值后的价值差异是证券持有的损失。

（七）债务证券的应计利息

定义和衡量债务证券利息的方法有三种：债务人方法、债权人方法和获得法，这里主要介绍债务人方法。《货币与金融统计手册（2014版）》使用债务人方法记录债务性证券应计利息，这与SNA2008中使用的方法是一致的。债务人方法体现了债券发行单位的预期。利息等于债务人将支付给债权人的超过债权人初始预付金额的数额。债务工具的应计利息取决于工具初始发行时在整个持续期内设定的条件。通常使用债券发行时期设定的有效收益率来计算任一时点到到期日的应计利息。

在二级市场上，债券有两个价格：含息价格和净价。含息价格是指债务性证券的市场价格（含应计未付利息）。剔除息票支付效应，从含息价格中扣除不同息票日期的应计利息，即得到净价。在二级市场上，债权人以债券的获得成本记录含息价格，支付利息时，包括在含息价格中的应计利息在债权人账务处理时作为债券本金的扣减项。

值得注意的是，在资产负债表中债务证券的买入、卖出、赎回和头寸计值，不取决于应计利息的计算和记录方法。这是因为债务证券的买入和卖出是以交易价格记录的，头寸是以市场价格或公允计值记录的。

（八）贷款

从债权人支付资金给债务人开始到贷款到期或者提前偿付为止，贷款都是未偿付的。以本国货币计价贷款的存量数据以名义价值记录，即债权人对未偿贷款的要求权（等同于债务人的义务）包括未偿的本金和应计未付的利息。如果以外币计值，外币贷款应当按照账面价值进行登记，然后根据交易发生或者资产负债表编制当日的市场汇率进行折算。

与存款类似，贷款是一种不可交易的金融工具，因此估计其市场价值具有较大的主观性。贷款用名义价值计值主要是出于保持债权人和债务人对称性的考虑，因名义价值反映了债务人的法律义务，因此具有分析意义。但当存在呆坏账的情况下，名义价值不能完全反映真实的财务状况，具有片面性，在这种情况下，可以通过计提减值准备弥补名义价值计值的不足，贷款的计值就等于贷款的名义价值减去减值准备。

《货币与金融统计手册（2014版）》建议应按照账面价值为所有贷款资产计值，除非出现下列两种情况，才能对贷款资产的价值作向下的调整（计提减值准备）：（1）因无法收回，贷款已被冲销；（2）贷款余额通过正式的债务重组已经被削减。

在二级市场成为可转让（可交易）工具的贷款应当重新划分为债务证券，并且根据市场价格或公允价值计值。参与贷款的计值等于新的参与贷款本金减去支付的本息加上应计未付利息，抵押贷款的计值即是如此。

（九）股权和投资基金份额

在金融统计中，不论是作为资产还是负债的股权和投资基金份额都以市场价格或公允价值计价。某公司股权的所有价值等于每一份额的市场价值或公允价值乘以发行在外未偿付的股权数量。在货币统计中，投资基金份额不论是作为资产还是负债均以市场价格或公允价值计值；股权作为资产时以市场价格或公允价值计值，作为负债时以账面价值计值。

1．股权

股权交易以交易双方协商的价格计值，新发行的股票以发行价计值，外币计价的股票和其他股权应以交易时的市场汇率进行折算。在金融统计中，金融性公司的全部股权价值等于每一份股权的市场价格乘以未偿付的份额数量。

（1）上市股票。通常在股票交易所或其他有组织的金融市场上进行交易，应该以市场价格计值。但在货币统计中，负债方的股票价值以账面价值记录。

（2）非上市股票。非交易性或不经常交易的股票需要估计其公允价值。公允价值有六种估算方法：最近一次交易的价格、资产净值、收益现值法、市场资本化法、账面价值法和分配全球价值法。

（3）其他股权。其他股权使用资产净值法计值。

2．投资基金份额

投资基金份额的计值规则在2014年发生改变，由固定价格计值调整为以基础投资工具的市场价值计值。持有的非货币市场基金上市份额以市场价格计值，非上市份额则使用非上市股票的估值方法进行计值。

封闭式投资基金份额通常在柜台交易市场交易，其市场价格数据可从现有数据获取。因此，投资者持有的封闭式基金现值等于每一份额的市场价格乘以持有的份额数量，封闭式投资基金的全部价值等于每一份额的市场价格乘以未偿付的份额数量。

封闭式投资基金的定价是在证券交易所即二级市场投资者的买卖过程中，根据供求关系形成的。封闭式投资基金的净值是根据基金的投资情况，按照基金总资产除以基金总份额算出的，是每一份基金份额实际代表的基金资产额。封闭式投资基金的价格大多低于净值，即主要是折价交易，而在封闭式投资基金成立之初也曾出现过溢价交易的情况。当封闭式投资基金在二级市场上的交易价格低于实际净值时，这种情况称为“折价”。折价率=（单位份额净值-单位市价）/单位份额净值。

如果无法获得份额的市场价格，则使用资产净值法估算每一份额的公允价值，然后乘以份额数量进行推算，这种方法通常用于开放式投资基金的计值。

开放式投资基金报价有两种方法：一是基金单位资产净值（NAV）（我国采用），二是基金的买入价与卖出价。佣金的收取有两种方式：前收费与后收费。前收费是指销售机构卖出基金时收取佣金，后收费是指投资者赎回时收取佣金。前收费项下卖出价（申购价）=基金单位资产净值+申购费、买入价（赎回价）=基金单位资产净值-赎回费。

（十）保险、养老金和标准化担保

保险、养老金和标准化担保的负债及其对应的资产均以市场价格计值。再保险应被视为一种直接保险，同样采用市场价格计值。

寿险、年金和养老金负债通常使用现值方法衡量，即未来可能收到的资金的现值。

非寿险技术准备金包括预付的非寿险保费净值和应对未偿非寿险索赔计提的准备金两部分。预付保费以名义价值计值，在保险期内使用直线分配法。大部分短期保险的保费通常是半年一付，也有一月、一季或一年一付。为满足未偿非寿险索赔计提的准备金应以估计的索赔时支付金额的现值计值。

（十一）金融衍生产品和雇员股票期权

金融衍生产品和雇员股票期权均以资产负债表日的市场价格或公允价值计值。金融衍生工具的现值取决于标的资产的协议合同价格与其经过适当折扣的市场通行价格之间的差异。

1. 金融衍生产品

金融衍生产品通常都是采用净额结算方式。在交易所进行交易的产品，如商品期货，往往是到期前进行结算。现金结算是通过金融衍生产品对标的资产所有权之外的风险进行独立交易所产生的必然结果。然而，有些金融衍生产品，特别是涉及外币的衍生产品，需要通过交割标的资产进行结算。

金融衍生产品分为两大类。一类是无条件的远期类合约，其中交易双方同意在规定的日期以协商一致的价格（合约价格）交换一定数量的标的资产。另一类是期权合同，其中购买者从出售者手中购得在规定日期（或之前）以合约价格购买或出售（取决于属于买入期权还是卖出期权）规定标的的权利。

（1）远期类合约。远期类合约分为远期、期货和掉期。远期合约是一种交易双方约定在未来的某一确定时间，以确定的价格买卖一定数量的某种金融资产的合约。合约中要规定交易的标的物、有效期和交割时的执行价格等项内容，包括远期利率合约和远期外汇合约。期货通常通过现金支付或提供其他金融工具进行结算，期货的定值和交易独立于标的资产。掉期合约是一种交易双方签订的在未来某一时期相互交换某种资产的合约，主要包括利率掉期和跨币种掉期。

在开始签订远期合约时，交易双方互换等值的风险，双方都是潜在的债务人，只有在合约正式生效后，双方才能确定债权人和债务人关系，因此在开始阶段，合约价值为零。然而，由于标的资产价格在合约期间会发生改变，因此双方风险的市场计值也会与合约签订时不同。当标的资产的价格发生改变时，其中一方获得了债权人地位，而另一方则是债务人。在远期合约生效期间，这种债权债务关系无论是规模上还是方向上都可能出现变化。

（2）期权。期权和远期的一项主要区别是，远期合约中交易双方都是潜在的债务人，而期权合约的购买者为债权人，而出售者则是债务人。期权只有在对买方有利的情况下才进行交割，期权买方可能获得无限的收益，卖方可能遭受无限的损失。期权通常都以现金进行结算。

无论是否在交易所进行交易，期权价格都能够直接观测，因为期权买方获得了资产，而这种资产的价格是确定的。期权价格取决于标的资产价格的潜在波动性、期限、利率以及标的资产成交价格与市场价格之间的差异。掉期价值取决于预期收入总额与付款总额之间经过适当折扣的差异。金融衍生工具根据资产负债表日的市场价格进行定值，不同登记日期之间出现的价格变化归入定值收益或损失。如果无法获得市场价格数据，也可以使用公允价值法（如期权模型或折扣现值）为衍生工具定值。

2. 雇员股票期权

雇员股票期权通常是不可交易的，因此需要以标的资产的价格或公允价值为参考计算其公允价值。雇员股票期权的公允价值可以其等价期权的市场价格推算，也可使用二叉树期权定价模型或布莱克—斯科尔斯模型计算。

专栏：二叉树期权定价模型

二叉树期权定价模型是1979年由考克斯（J.C.Cox）、罗斯（S.A.Ross）、鲁宾斯坦（M.Rubinstein）和夏普（Sharpe）等人提出的一种期权定价模型，主要用于计算美式期权的价值。

二叉树期权定价模型假设股价波动只有向上和向下两个方向，且假设在整个考察期内，股价每次向上（或向下）波动的概率和幅度不变。模型将考察的存续期分为若干阶段，根据股价的历史波动率模拟出正股在整个存续期内所有可能的发展路径，并对每一路径上的每一节点计算权证行权收益和用贴现法计算出的权证价格。对于美式权证，由于可以提前行权，每一节点上权证的理论价格应为权证行权收益和贴现计算出的权证价格两者较大者。

一般来说，二叉树期权定价模型的基本假设是在每一时期股价的变动方向只有两个，即上升或下降。BOPM的定价依据是在期权在第一次买进时，能建立起一个零风险套头交易，或者说可以使用一个证券组合来模拟期权的价值，该证券组合在没有套利机会时应等于买权的价格；反之，如果存在套利机会，投资者则可以买两种产品中价格便宜者，卖出价格较高者，从而获得无风险收益。当然，这种套利机会只会在极短的时间里存在。这一证券组合的主要功能是给出了买权的定价方法。与期货不同的是，期货的套头交易一旦建立就不用改变，而期权的套头交易则需不断调整，直至期权到期。

具体公式：假设在T分为很多小的时间间隔Δt，而在每一个Δt，股票价格变化由S到Su或Sd。如果价格上扬概率为p，那么下跌的概率为1–p。

u，p，d的确定：由Black-Scholes方程告诉我们：可以假定市场为风险中性，即股票预期收益率μ等于无风险利率r，故有：

$Ser\Delta t=pSu+(1-p)Sd$ （1）

即：$e^{r\Delta t}=pu+(1-p)d=E(S)$ （2）

又因股票价格变化符合布朗运动，从而δ SN($rS\Delta t$，$\sigma S\surd\Delta t$) （3）

$=>D(S)=\sigma 2S2\delta t$;

利用$D(S)=E(S2)-(E(S))2$和$E(S2)=p(Su)2+(1-p)(Sd)2$

$=>\sigma 2S2\Delta t=p(Su)2+(1-p)(Sd)2-[pSu+(1-p)Sd]2$

$=>\sigma 2\Delta t=p(u)2+(1-p)(d)2-[pu+(1-p)d]2$ （4）

又因为股价的上扬和下跌应满足：ud=1 （5）

由（1），（4），（5）可解得：$a=er\delta t$。

$$u=e^{\sigma\sqrt{\delta t}} \quad (6)$$

$$d=e^{-\sigma\sqrt{\delta t}} \quad (7)$$

$$p=\frac{a-d}{u-d} \quad (8)$$

结论：在相等的充分小的Δt时段内，无论开始时股票价格如何。由（6）~

（8）所确定的u，d和p都是常数（只与Δt，σ，r有关，而与S无关）。

（十二）其他应收/应付款

其他应收/应付款等金融工具不可转让，与存款、贷款类似，采用名义价值计值，应计利息应记录在未偿的基础金融工具项下，不单独记录为其他的资产/负债。

贸易信贷和预付款应是名义价值计值。长期贸易信贷中存在一些特殊情形，如果贸易信贷时间太长、金额巨大，利息被无形收取，在这种情况下，贸易信贷的价值应该被调整，应以适当折算率计算登记日至最终到期日的利息。

第二节　金融交易的登录时间

金融交易的登录时间，是指金融资产在所有权发生改变，即解除所有权利、义务和风险后对交易登录的时间。金融交易活动一旦发生，就必须确定登录时间，以便汇编在某一统计期内全部流量的结果。

一、基本规则

宏观经济统计的总原则是遵循权责发生制。

权责发生制是指存量数据和流量数据的确认应当以实际的发生为标准。也就是说，存量数据和流量数据的时间确认，均以权利已经形成或义务（责任）已经发生为标准。在权责发生制下，流量在经济价值被创造、转换、交换、转移或消失时记录。换言之，经济事件的结果在事件发生的时期被加以记录，而不管是否收到或支付了现金。

权责发生制下的金融交易登录时间的核心是所有权发生改变，其本质为交易活动发生过程中的主要风险、报酬、权利及责任发生了转移。然而，经济事件发生的时间并不总是明确的。一般而言，事件发生的时间是资产的所有权发生变化的时间、提供货物或服务的时间，或认可其他无条件债权的时间。具体来看，金融资产的登录时间为资产所有权发生转移的时间；金融资产销售活动的登录时间为销售交易发生的时间；负债发生或偿还的登录时间为由债权人支付给债务人、或由债务人偿还债权人货币或某些其他金融资产发生的时间。

原则上，金融交易的登录时间应由交易双方同时对交易进行记录，但在统计实践中，有时并不可能确定所有权的确切变更时间，导致交易双方对同一个交易记录了不同的时间。产生时间上差异原因可能是由于结算程序、支票邮寄时间以及不同国家（地区）所处的不同时区等情况所导致登录时间上的“时滞”现象，在存在应付账款/其他应收款情况下，这种“时滞”带来的差异往往是不可小视的。因此，对登录时间一致性的调整是至关重要的，以便保证交易双方登录的交易日期相同。在选择调整方法时，应选择与权责发生制最相匹配的登录规则。例如，交易双方均应以所有权变更的日期作为登录时间，如果所有权变更准确日期不能确定，就应以交易全部完成的日期（债权人得到支付的日期）作为交易双方统一的登录时间。

货币与金融统计体系应以权责发生制登录导致经济价值的创造、转换、交换、转移或消失的所有事件。同时，所有非货币交易也应按照权责发生制登录。

专栏5-1：我国中央银行实施权责发生制的进程

根据《中国人民银行会计基本制度》规定，现阶段我国中央银行会计核算以收付实现制为基础，当期的各项收入和支出按当期实际发生的收支金额确认。各项财产按取得时的实际成本入账，在存续期间不对财产价值进行调整。表内业务根据复式记账原理，采用借贷记账法；表外业务根据单式记账原理，采用收付记账法。核算原则必须坚持：现金收入，先收款后记账；现金支出，先记账后付款。

一、现行收付实现制度存在的弊端

一是会导致所记录的会计信息缺乏客观性与可比性。收付实现制以收到或支出的现金为标准，虽然在一定程度上反映了中央银行的资金流动状况，但单位的财务状况不仅与资金的流动状况有关，还与当期的发生额有关，不能仅通过资金的流动状况来判断中央银行的财务状况。二是对成本的核算不够精确。收付实现制能够造成中央银行的预算支出与成本支出的差额较大，使中央银行的成本核算难度加大，同时下一期的运营负担加重。此外，人为对会计报表进行调节，也无法对中央银行的年度损益进行真实反映。三是报表缺乏科学合理性。从我国现阶段的具体情况来看，中央银行按照收付实现制编制的资产负债表和损益表不能全面体现净资产和净收益的结余情况，因此，也就不能及时确定当年的实际收入、支出情况及二者之间的差额，进而不能了解中央银行的具体财务状况。

二、中央银行核算方法向权责发生制过渡的进程

随着市场改革的不断深化，中央银行引入权责发生制成为必然要求。为

准确反映中央银行资产、负债情况，目前，人民银行各分支机构仍采用收付实现制进行核算，总行层面对各分支机构的汇总数据进行手工调整，实现收付实现制向权责发生制的会计标准转换，但工作量较大，完成时间较长，结果时效性较差。2014年，总行启动开发“人民银行会计综合业务系统”（Accounting Information Integrated System，AIIS），增设“会计标准转换”模块，根据预设的会计标准转换要求，补录上游系统不具备的会计信息，对资产负债表在报表层面实现权责发生制、市价法等会计标准转换，主要通过市价重估、计提减值准备、固定资产计提折旧等方法进行，从而实现人民银行各分支机构都能够形成权责发生制下的资产负债表。

三、实现完全权责发生制的进一步措施

一是建立与完善相关法律法规。实现中央银行权责发生制改革的前提必须要建立完善的法律法规制度。通过制度层面确定中央银行权责发生制的地位，进而为中央银行的制度改革提供制度依据。2016年7月，中国人民银行总行组织召开关于《中国人民银行会计基本制度》的修订研讨工作，旨在通过修订现行的法律规范等为中央银行权责发生制的实施提供法律依据。二是权责发生制与收付实现制的有效结合。总行多次强调，权责发生制的实施并不是一蹴而就的，它需要一个漫长的过程，因此实施权责发生制需要与收付实现制形成良好的结合。通过二者的结合实施中央银行会计财务管理工作，从而以收付实现制为主逐渐形成以权责发生制为主导中央银行核算体系。

二、利息及其登录时间

利息，从其形态上看，是货币所有者因为发出货币资金而从借款者手中获得的报酬，也是借贷者使用货币资金必须支付的代价。从实质上讲，利息是债权人对债务的债权。

利息不同于其他金融债权。根据替代性投资原则，借款人有选择把资金放在其他投资上，由于机会成本，借款人把资金借出，等于放弃了其他投资的可能回报。因此，利息是借贷双方达成的金融契约的条件，债务人在不减少（增加）未偿还本金给定的时间条件下，有义务支付给债权人的金额。

一般来讲，利息需要金融交易发生之后的一段时间才到支付期，或者是等借款或其他金融工具到期时才会支付。利息可以是一个预先确定的金额，也可以是按照借款本金的一个百分比所计算的金额。利息的登记规则是按照权责发生制登录。

（一）不同金融工具利息记录时间的确定

由于金融工具的多样性，利息按照权责发生制登录的核算方法各不相同。主要包括以下几种处理方法：

（1）存款、贷款和非股票证券的应计利息应当纳入金融资产或负债的余额之中，而不应当作为其他应收/应付账款的一部分进行处理。

（2）对于某些金融工具来说，在金融工具到期之前，债务人没有义务向债权人支付任何款项。直到金融工具到期时，才一次性地支付债权人原来提供的资金加上到期前累计的利息，解除债务人的偿债义务。金融工具到期前每一阶段应计的利息都应作为金融交易进行登记，这种交易代表债权人获得更多的金融资产，债务人发生等量的负债。

（3）有些金融工具以低于票面价值的贴现价值发行（如一些票据或类似的短期证券），这种票据或证券的记录数额应随时间的推移而逐渐上升，以便反映到期前的应计利息。记录数额的上升应当作为本金增加的交易，而不能作为构成持有收益的价格变化来处理。

（4）证券作为长期证券，其持有者无条件享有以下权利：（1）到期前领取固定的或根据合同决定的息票付款；（2）证券到期时领取所有款项。这两种现金流量的记录时间的确定，对大多数债券而言都可遵循权责发生制。

（二）计算应计利息的方法

目前，计算应计利息的方法主要有债务人方式和债权人方式两类。

债务人方式：用L表示证券的发行价格，代表购买人（债权人）为发行人（债务人）提供的资金数额并衡量债务人发生负债的原始价值。用F表示证券的面值，代表证券到期时付给债权人的数据总额。两者之间的差异（F-L）就是证券的贴现值，代表证券到期前的应计利息。

债权人方式：用P表示二级市场上证券的购买价格，代表的是二级市场证券购买者（债权人）提供给债务人的资金数额，（F-P）就是作为应计利息分配的折扣部分。

计算非交易证券的应计利息时，债权债务双方都能相对容易地采用债务人方式进行计算。对于以贴现方式出售的证券来说，（F-L）表示证券到期前分阶段等量分配的应计利息总和。对于包括利息支付在内的证券来说，其应计利息等于该证券已在到期前分摊了的贴现值部分（F-L）与应提的证券未来利息支付之和。

交易证券的应计利息的计算相对更加复杂一些，目前尚无适当的国际准则。若采用债务人方式计算二级市场证券购买人的应计利息，可能比较困难，而采用债权人方式计算二级市场证券购买人的应计利息，则相对比较容易，这是因为债权人方式本身就是从在二级市场证券购买人的角度来计算应计利息的。

证券的市场价格可能时刻都会发生变化。作为应计利息按比例分配的折扣部分（F-P）也会在每一阶段发生变化。如果按债权人方式计算应计利息，那么债权债务双方都要得到每一阶段的市场报价才能计算折扣部分（F-P）并将其按比例分配到各自的应计利息之中。

由于二级市场证券购买人提供给债务人资金数量的信息通常比较匮乏，在计算应计利息时采用债务人方式较债权人方式更容易一些。但人们对于计算应计利息的债务人方式有这两种截然不同的意见。批评者认为：债务人方式使用的是历史成本概念，而不是反映目前机会成本的市场价格。支持者认为：应当把利息视为一种以证券发行协议条款为基础的历史概念，而不应视为证券的当前市场回报或收益。特别是，SNA 2008不允许因采用债权人方式而将市场价格变化所导致的价值改变纳入交易（计为应计利息）。

三、拖欠交易及其登录时间

拖欠主要包括支付拖欠和拖欠利息两部分。

支付拖欠，是指若在支付到期日之前没有对强制性付款进行支付，则出现支付拖欠。由于到期日总是与权责发生制确定流量的记录时间相同，或者比权责发生制确定流量的记录时间要晚，因此，支付拖欠的流量登记时间的确定遵从权责发生制核算规则。在权责发生制下，若没有补充信息，相对于正常的支付拖欠而言，可能难以估计拖欠在应付账款总额中所占的份额。

拖欠利息，是指当一笔已经获得但却没有到账时，应计利息就转化为拖欠利息。许多国家规定，如果计划进行的利息支付出现一定时期（60天或更长）的拖欠，那么这笔利息必须从贷款机构的贷款资产中剔除。即使没有法规要求，拖欠利息的记录信息也有助于监督和分析宏观经济运行情况。拖欠利息一般以备忘项目的形式记录在货币统计的部门资产负债表中，有助于计算每一部门的贷款价值（不含拖欠利息）。某金融机构的贷款本金和利息核算如表5-1所示。

该金融机构2014年初向甲公司发放一笔五年期贷款，金额为10000万元，年利率为5%，按年支付利息，到期一次性还本。2014年12月31日，计提应收利息500万元，2015年1月20日，收到该笔利息，增加贷款资产余额。2015年12月31日，计提应收利息500万元，2016年2月10日，收到利息200万元。据悉，甲公司出现现金流紧张状况，预计在2月底前无法支付剩余300万元利息。由于计划的利息支付超过60天的拖欠，那么这笔利息必须从该金融机构的贷款资产中剔除。

表5-1　　某金融机构贷款本息款

单位：万元

	本金	应收利息	支付利息
2014年1月1日	10000	500	
2014年12月31日		500	
2015年1月20日			500
2015年12月31日		500	
2016年2月10日			200

四、跨报告期交易及登录时间

金融资产交易应在交易日登记（金融资产所有权变更的时间），而不是在结算日登记（交付金融资产的时间）。如果金融资产所有权变更后发生金融交易，则会产生应收/应付账款。特殊情况下，当金融资产交易日在一个报告期内，而结算日在下一个报告期内，则跨报告期情况下的金融资产购买交易应按照如下规则进行登录：

第一个报告期内：金融资产的购买包括金融交易和从交易日一直到该报告期结束整个期间内的价值变化两部分。在交易日至结算日全部计入应付账款。

第二个报告期内：交易结束后，应收账款转出，货币资金和存款余额减少。

当结算日不在当期发生，而在下一个报告期内发生时，也可根据实际情况对金融交易登记进行调整，通常以结算日交易为基础调整至交易日登记。数据调整的准确性主要依赖数据的可用性和报告制度的合理性。一般情况下，用于登录时间和价值估计调整的成功案例主要适用于信息技术（IT）行业。

第三节　汇总、合并和轧差

一、汇总

汇总是指将某一机构部门或分支部门中所有机构单位的流量、存量数据进行加总，即将某一类别下的所有资产或负债进行加总。也就是说，要做到将某一机构部门或分支部门中所有机构单位的数据加总，能够保留这一部门或分支机构中所有机构单位之间的债权和债务数据。在个别机构部门中，可能存在同一种金融工具既作为资产，也作为负债，如债务担保形式的债权和债务。这里所讲的汇总，是指资产和负债全部价值的总和，并不会引起各机构单位间有关债券和债务数据的抵消。在这个过程中，不剔除同一类别或有关类别的支出或收入。

以其他存款类公司的部门和分部门为例，金融资产和负债的数据通常被汇总列入主要的分类，其中包括按债务人部门划分的贷款和按债权人部门划分的存款。以此类推，同类别的机构构成各个行业，各行业主要金融资产和负债的总和形成货币和信贷总量。

表5-2 其他存款类公司主要金融资产、负债汇总

单位：亿元

项目	政策性银行	国有商业银行	股份制商业银行	农村商业银行	…	中国邮政储蓄银行	财务公司	合计
通货		25610	550	130	…			26290
本币					…			
外币		25610	550	130	…			26290
存款	37699	82935	43187	43738	…	22198	5348	235105
活期存款	20543	44071	23563	24610	…	12771	4362	129920
定期存款	17156	38864	19624	19128	…	9427	986	105185
贷款	25305	56421	24152	17799	…	13540	1826	139043
短期贷款	15963	24621	9053	8747	…	6100	873	65357
中长期贷款	9342	31800	15099	9052	…	7440	953	73686
证券	112	34061	-1037	11966	…	220	7614	52936
债券	112	27674	-1037	7420	…	169	144	34482
国债	112	9478	354		…	2	144	10090
金融债券		8791	19	8837	…	47		17694
中央银行债券		-1530	-1410	-1417	…	-8		-4365
企业债券		10935			…	128		11063
股票		6387		4546	…	51	7470	18454
其他应收/应付款	302	39	160	277	…	15	4	797

如表5-2所示，其他存款类公司中的各部门进行金融资产和负债的汇总，以此类推，最终可形成总的货币和信贷总量。其中，在个别机构部门中，如股份制商业银行，可能存在同一种金融工具，如金融债券、企业债券等，既作为资产，也可能同时作为一种负债。在这里进行的汇总，并不进行抵消或剔出。这里需要特别说明的是，在编制部门资产负债表时，是通过将各个分支部门同一类别下所有资产或负债数据进行加总完成的。

二、合并

合并是冲销属于一个集团之内的机构单位之间发生的存量和流量。就是

说，如果同组中一个机构单位的交易与另一个机构单位的同一交易匹配，则这两项冲销。报送单个机构的金融流量和存量状况时，应该合并该机构内部发生的金融存量和流量。作为一项原则，在基本的数据报送和编制过程中，部门和分支机构中各组成单位之间发生的流量不进行合并。但是，为了便于分析，在编制其他存款性公司概览、金融性公司概览时，对各部门资产负债表中的数据进行了合并。

合并能够在经济总体、集团、机构部门和机构子部门层次上进行。不同层次的合并将适合于不同类型的分析目的。例如，经济总体层次上金融账户的合并是强调该经济总体与所有非常住机构部门的融资状况，因为所有常住单位的融资状况都是在合并基础上取得的净额；金融公司层次上的合并导致了金融中介和金融辅助中所有头寸和交易的冲抵，从而发生金融部门与国内其他常住者和非常住者的交易记录，使得有可能追踪净借出机构部门与净借入机构部门之间全部的资金流动情况，并识别其中的金融中介机构；金融公司子部门层次上的合并，提供了有关金融中介活动的详细信息，进而可以了解中央银行与其他金融中介机构的交易。

合并涉及冲销被合并的机构单位间发生的所有交易和债务人/债权人关系。换言之，若同组中一个机构单位的交易与另一个机构单位记录的同一交易匹配，则这两项交易冲销。

例如，在其他存款类公司中，国有商业银行发行了金融债券100万元，为股份制商业银行持有。除此之外，其他存款类公司持有的均为中央银行的债券，为5000万元。如果将其他存款类公司的数据合并，则该100万元金融债券的存量既不在合并后的负债方记录，也不在资产方记录，即两项交易合并冲销。最终在合并后的数据中存量期末余额为5000万元，体现的是中央银行与其他存款类公司之间的交易情况。

三、轧差

轧差或取净值是指在统计数据的记录过程中，某些基本项目的价值与账户另一方的项目相互抵消，或与账户另一方的项目具有相反符号的数据组合。在货币与金融统计中，流量和存量的表示方法的基本原则是，以总量形式收集和编制流量、存量数据[①]。也就是说，对一特定的交易人或一组交易人的债权不应当与其负债进行轧差或取净值。例如，一家存款性公司可能对某一客户有贷款

① 该基本原则与SNA2008和《货币与金融统计手册（2014版）》保持一致。

余额，而该客户又是该公司的存款人，这家存款性公司的资产（贷款债权）不应与其负债（借款人存款）进行轧差或取净值。只有在获取的源数据总量不可用的情况下，才有必要编制轧差形式的流量、存量数据。金融性公司大部分类别下的资产、负债均无须使用轧差数据。

金融交易登记应采用建立在“购买量减销售量”（金融资产或负债特定类别的净值）基础上的轧差原则。例如，记录当期购买的特定类别债务证券，应当为扣除期间赎回或销售金额后的净值。

许多类别的流量和存量可以按总额表示，也可以按净额（轧差）表示，这主要取决于分析的目的。根据分析的需要，可以决定对金融资产和负债交易的轧差（取净值）与否以及轧差（取净值）的幅度，可分为：（1）不进行轧差（取净值）或完全按总量登录；（2）在某一特定资产内轧差或取净值；（3）在某类资产中进行轧差或取净值；（4）在同一类别的资产中将负债交易与资产交易进行轧差或取净值；（5）在同一组中对一组负债交易与一组资产交易进行轧差或取净值，共五种类型。某金融机构的贷款存量与流量核算如表5–3所示。

表5–3 某金融机构贷款存量与流量

单位：万元

起初存量	7000
交易	+200
资产数量的其他变化	-50
期末存量	7150

该金融机构起初贷款余额为7000万元，在核算期发放贷款200万元，核算期冲销贷款50万元，核算期末贷款余额为7150万元。

四、总部与分支机构的数据调整

对金融工具的统计遵循权责发生制原则，也就是说某一笔交易发生时，必须同时计入有关交易单位双方各自的账户中。也就是说，机构单位之间的交易必须在债权和债务发生、转换或取消时，同时记录在各自的账户上，遵循权责发生制原则。该原则虽然简单清楚，但实际中由于各种原因，如清算方面的时滞、账务处理方面的时滞以及通信速度等方面的原因，各机构及时在核算中贯彻权责发生制原则，也难免发生在不同时点上记录同一交易的现象，这也是统计体系中存在误差的一个重要原因。

因此，在编制金融业资产负债表时，对某些数据要采用取单方值的数据来对部分机构的数据进行调整，从而使统计数据更为一致。一般是用直接报送值来替代汇总值，债权值替代债务值。

例如，保险公司报送的其在股份制商业银行的存款为500万元，同时，股份制商业银行报送的保险公司在其的存款也为500万元。很显然，这两个数据是分别从债权人和债务人角度收集来的同一类交易的两个数据，在编制金融业资产负债表时，应完全合并，即通过取单方值的方法，最终体现的存量余额为500万元。但需要说明的是，在实际操作过程中，这两个数据往往差异较大，主要在于部分银行分类不清，将保险公司存放在银行的定期存款纳入普通企业存款所导致，所以在编制此类报表时，要进行相应的调整，首先将银行业资产负债表中对保险业的负债调整为保险业对银行业的债权，再将差额从银行业对企业的负债中扣除即可。

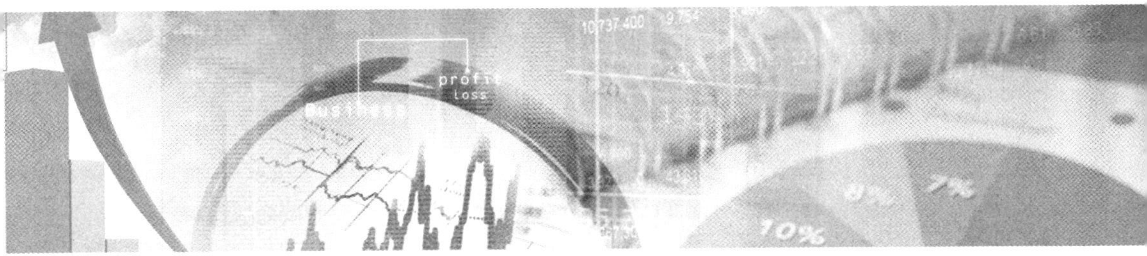

Chapter 6

第六章 | 金融资产负债表和概览

本章主要介绍金融资产负债表和概览。在我国的货币统计框架中，货币当局资产负债表、其他存款性公司资产负债表和存款性公司概览等在金融工具细分方面与IMF编制的《货币与金融统计手册和编制指南》（MFSMCG）的要求还有一些差距。本章首先介绍了我国现有货币统计框架中的货币当局、其他存款性公司资产负债表和存款性公司概览，其次，将金融机构对象范围扩大至金融性公司，讨论金融资产负债表和金融概览的编制。

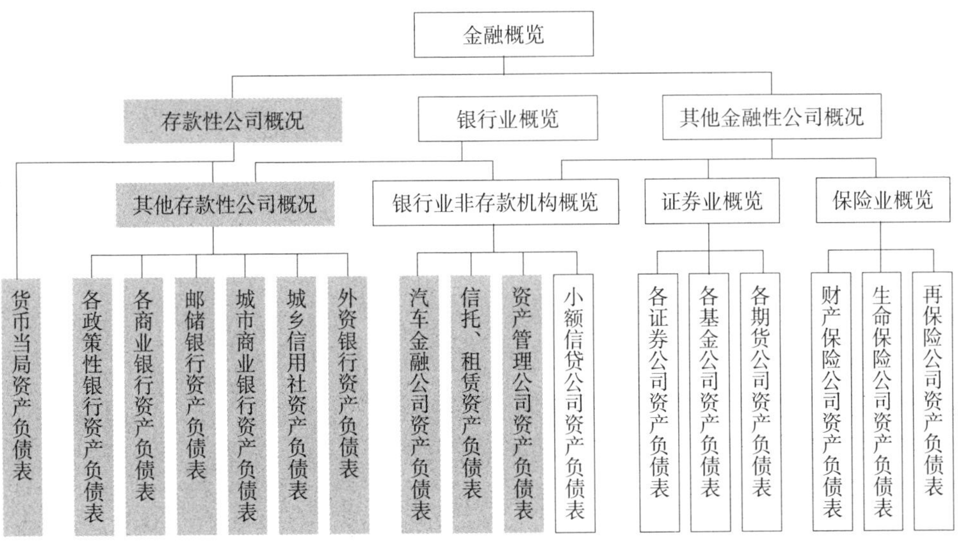

图 6-1　金融概览框架

第一节　货币统计框架

根据IMF的货币统计框架，货币统计是对金融性公司部门资产负债的统计。而在我国，货币统计目前只是对货币当局和其他存款性公司资产负债的统计。本节将介绍我国货币统计中的金融机构分类、货币当局和其他存款性公司资产负债表以及存款性公司概览。

一、金融机构的分类

货币金融统计中，编制资产负债表和概览需要明确不同金融机构的性质，下面对我国金融机构进行界定和划分。

（一）我国金融机构的分类

对我国金融机构进行类别划分不是由金融机构名称决定的，而是取决于金融机构所从事的主要业务的性质，尤其是金融机构负债业务的性质，而且还要考虑其派生存款能力。根据货币金融统计要求，国内货币与金融统计学类的教材一般将我国的金融机构分为货币当局、银行业存款类金融机构、非银行业存款类金融机构和其他金融机构。划分标准主要取决于其创造派生存款的能力。

1. 货币当局

货币当局又称中央银行，即中国人民银行。作为全国性金融机构对金融体系实行控制，并执行发行货币、管理外汇储备、与国际金融组织交往、向金融机构提供信贷等职能。

2. 银行业存款类金融机构

银行业存款类金融机构是以活期存款为主要资金来源的金融机构。我国的存款货币银行包括：（1）国有独资商业银行；（2）政策性银行；（3）股份制商业银行；（4）城市商业银行；（5）农村商业银行；（6）农村合作银行；（7）外资银行；（8）城市信用合作社；（9）农村信用合作社。

3. 非银行业存款类金融机构

非银行业存款类金融机构是不以活期存款为主要的资金来源，其负债也计入广义货币的金融机构。我国特定的存款机构包括：（1）国家开发银行；（2）中国进出口银行；（3）信托投资公司；（4）金融租赁公司；（5）财务公司。

4. 其他金融机构

其他金融机构的负债不包括在广义货币中。我国其他金融机构主要包括证券公司、保险公司、资产管理公司等。

（二）作为我国货币金融统计对象的金融机构

自2010年起，中国人民银行按照IMF《货币与金融统计手册（2006版）》的概念、定义和分类，对我国金融机构分类进行了重新调整，调整后的金融机构分组如下：

1. 货币当局

中国人民银行。

2. 其他存款性公司

（1）中资大型银行，包括中国工商银行、中国建设银行、中国农业银行、中国银行、国家开发银行、交通银行、中国邮政储蓄银行。

（2）中资中型银行，包括招商银行、中国农业发展银行、上海浦东发展银行、中信银行、兴业银行、中国民生银行、中国光大银行、华夏银行、中国进出口银行、广东发展银行、平安银行、北京银行、上海银行、江苏银行。

（3）中资小型银行，包括恒丰银行、浙商银行、渤海银行、小型城市商业银行、农村商业银行、农村合作银行、村镇银行。

（4）外资商业银行。

（5）城市信用社。

（6）农村信用社。

（7）财务公司。

3. 其他金融性公司

（1）保险公司和养老基金（企业年金）。

（2）信托投资公司。

（3）融资租赁公司。

（4）金融资产管理公司。

（5）汽车金融服务公司。

（6）金融担保公司。

（7）证券公司。

（8）投资基金。

（9）证券交易所。

（10）其他金融辅助机构。

目前，在我国实际的货币统计业务操作中，仅对货币当局和其他存款性公司的资产负债表以及存款性公司概览进行编制。此外，在中国人民银行实际发布的货币金融统计报表中，不同的报表对不同的金融机构有不同覆盖。例如，表头含“货币当局”四个字的，特指中国人民银行；表头称为“存款性金融机构”的，包括的是中国人民银行、银行业存款类金融机构；表头称为“金融机构”的，包括中国人民银行、银行存款类金融机构、银行业非存款类金融机构。

二、资产负债表

编制资产负债表是货币统计中的关键和重要环节。本部分将对货币统计中资产负债表的编制和应用做介绍。

（一）资产负债表的编制

部门资产负债表是在金融机构单位存量和流量的基础上汇总编制的，它也可分为分部门资产负债表和次部门资产负债表。存款性公司分部门下的次部门资产负债表是货币统计汇总中的一个重要层级。次部门资产负债表汇总的数据是最基础的数据。这些数据来自于次部门所包括的机构单位的会计或业务记录。机构单位的金融业务反映为其资产或负债流量和存量的变化，而这些变化表现出的数据是机构部门最基层的核算单位的数据。在部门资产负债表的基础上可以编制存款性公司概览。货币统计的基本方法就是对报表数据逐级汇总、合并、轧差。首先，将单个存款性公司的存量和流量数据汇总成为次部门资产负债表。比如其他存款性公司分部门下的次部门包括商业银行、专业银行等，而商业银行又是由甲、乙等银行独立的法人组成，这些独立法人的资产负债流量和存量汇总编制成商业银行资产负债表。其次，将次部门资产负债表汇总成为部门资产负债表，即货币当局银行资产负债表、其他存款性公司资产负债表。这是编制存款性公司概览的基础。下面，着重介绍货币当局资产负债表和其他存款性公司资产负债表。

（二）货币当局资产负债表

1．货币当局资产负债表的编制

货币当局资产负债表显示了中国人民银行的国外资产、国内信贷以及储备货币构成等数据，不仅反映了中国人民银行与国外、政府、非金融机构的债权债务关系，也反映了与银行机构中的两类——其他存款性公司和其他金融性公司的债权债务关系。货币当局资产负债表是在收集中国人民银行资产负债原始数据和会计核算的基础上，依据会计月报或总账中的各科目数据对应填制的。货币当局资产负债表如表6-1所示。

表6-1　　2015年12月货币当局资产负债表　　单位：亿元

资产方		负债方	
国外资产	253830.67	储备货币	276377.49
外汇	248537.59	货币发行	69885.95
货币黄金	2329.54	其他存款性公司存款	206491.55
其他国外资产	2963.55	不计入储备货币的金融性公司存款	2826.42
对政府债权	15312.73	债券发行	6572.00
其中：中央政府	15312.73	国外负债	1807.28
对其他存款性公司债权	26626.36	政府存款	27179.03
对其他金融性公司债权	6656.59	自有资金	219.75
对非金融性部门债权	71.74	其他负债	2855.00
其他资产	15338.87		
总资产	317836.97	总负债	317836.97

资料来源：中国人民银行调查统计司网站。

2．主要指标释义

（1）资产项目。

国外资产，指中国人民银行所掌握的以人民币计值的国家外汇储备、黄金和特别提款权以及中国人民银行在国际金融机构的存款等。这里主要讲下外汇，包括中央银行外汇占款和金融机构外汇占款。

中央银行外汇占款，核算的是中央银行经营国家外汇储备占用的人民币资金；金融机构外汇占款即金融机构买入外汇所占用的人民币资金，可理解为金融机构买入外汇所付出的人民币（该科目数据在2016年之后停止发布）。

金融机构外汇占款主要有四部分：一是非银行部门将外汇卖给银行——银行代客结汇。二是银行自身在银行间市场结汇——如银行境外机构的外汇利润以及境外融资的外汇资本金等。非银行部门和银行自身在外汇市场的结售汇统称为银行结售汇，该数据由国家外汇管理局按月公布。三是跨境人民币业务发展以来一些境外的金融机构直接进入我国银行间市场开展的外汇交易。四是国家外汇储备在经营管理过程中产生的外币形态的收益会不定期的在银行间市场卖出兑换为人民币。

金融机构买入外汇之后，金融机构卖给中央银行的部分，就形成了中央银行的外汇占款。

金融机构和中央银行对外汇进行交易主要有三种渠道：一是商业银行和中央银行直接进行结售汇；二是商业银行与中央银行续做货币掉期；三是商业银行以人民币形式购买外汇，并以外汇形式缴纳人民币存款准备金。

货币黄金，指中央银行或中央政府有效控制的其他单位作为官方储备而持有的黄金，是一种没有相应金融负债的金融资产。

其他国外资产，主要有三个方面：一是商业银行对吸收的外汇存款所缴纳的外汇存款准备金；二是商业银行以外汇形式缴纳的人民币存款准备金；三是商业银行的对客远期售汇缴纳20%的准备金（2015年9月之后开始实行的）。

对政府债权，指的是中国人民银行对政府的借款与透支以及买断国家债券等。其中，对中央政府主要指货币当局通过公开市场（二级市场）所持有或购买的债券的规模。因为货币当局不允许在一级市场直接认购政府发行的债券，这个科目主要指的是二级市场的购买。这个科目对中央政府的数量与整个科目是一样的，说明中央银行持有的全部是国债。

对其他存款性公司债权，是中国人民银行对其他存款性公司发放的信用贷款和债券回购等性质的融资。这是目前中央银行投放基础货币的主要渠道。如常见的逆回购、中期借贷便利（MLF）、抵押补充货款（PSL）、再贷款、再贴现等。

对其他金融性公司债权，指中国人民银行对其他金融性公司发放的信用贷款和债券回购等性质的融资。

对非金融性部门债权，指中国人民银行为支持老少边穷地区经济开发等发放的专项贷款。

其他资产，指的是在表内未做分类的资产，如中央银行的固定资产和中央银行持有的一些境内投资平台的股权等。

（2）负债项目。

储备货币，即基础货币，指中国人民银行发行的货币，各金融机构在中国人民银行的准备金存款，邮政储蓄和机关团体存款。

货币发行，主要是中央银行发行的纸币和硬币。纸币和硬币分为两种情况：一是非银行的公众手中持有的纸币和硬币，即M_0——流动性货币；二是商业银行的库存现金。

其他存款性公司存款，主要指银行缴纳的法定和超额的存款准备金。

债券发行，指中国人民银行发行的融资债券，主要指中央银行票据。

国外负债，是中国人民银行对非居民的负债，主要包括国际金融机构在中国人民银行的存款等。

政府存款，是政府在中国人民银行的存款；分三个细项：一是地方财政存款；二是中央银行财政存款；三是商业银行划来财政性存款。这个科目主要是对基础货币构成实质性的投放或者收缩，与财政收支情况有关，具有明显的季节因素。比如像4、5月属于季节性的缴税期，一般这个科目会有显著的增加，而伴随着这个科目的增加，中央银行一般都会投放一些基础货币来对冲。

自有资金，指中国人民银行信贷资金。

其他负债，指在表中未做分类的其他负债。

（三）其他存款性公司资产负债表

1. 其他存款性公司资产负债表的编制

其他存款性公司资产负债表显示了其他存款性公司的国外资产、国内债权构成以及国外负债、国内负债构成等数据，不仅反映了其他存款性公司与国外、政府、非金融机构的债权债务关系，也反映了与货币当局和银行机构中另一类——其他存款机构的债权债务关系。其他存款性公司资产负债表如表6-2所示。

表6-2 2015年12月其他存款性公司资产负债表 单位：亿元

资产方		负债方	
国外资产	41594.51	对非金融机构及住户负债	1249742.73
储备资产	219330.07	纳入广义货币的存款	1178051.00
准备金存款	212660.73	企业活期存款	337736.86
库存现金	6669.34	企业定期存款	288240.66
对政府债权	110163.34	居民储蓄存款	552073.48
其中：中央政府	110163.34	不纳入广义货币的存款	36439.86
对中央银行债权	6229.24	可转让存款	10806.19
对其他存款性公司债权	314186.46	其他存款	25633.66
对其他金融公司债权	176579.37	其他负债	35251.87
对非金融公司债权	783762.11	对中央银行负债	33638.06
对其他居民部门债权	267325.90	对其他金融性公司负债	155914.90
其他资产	72385.48	其中：计入广义货币的存款	151010.53

续表

资产方		负债方	
		国外负债	12978.41
		债券发行	160003.65
		实收资本	42994.68
		其他负债	204978.01
总资产	1991556.48	总负债	1991556.48

资料来源：中国人民银行调查统计司网站。

2. 主要指标释义

（1）资产项目。

国外资产，指存款性金融机构以人民币计价的对非居民的债权，主要包括购买有价证券、国外存款和库存外币现金。包括一些库存外币现金，存放境外同业、拆放境外同业、拆放境外有价证券投资、境外贷款等。

储备资产，指存款性金融机构在中国人民银行的存款（也就是银行在中央银行的法定和超额准备金存款）、库存现金。

对政府债权，是存款性金融机构持有的国家债券，主要指银行所持有的政府债券的规模。

对其他金融公司债权，是存款性金融机构存放和拆放给其他金融机构的款项及持有这些机构发行的债券等；对其他存款性公司债权除同业之间的拆借外，还包括股本投资，这个是体现在总负债里的实收资本；另外，还有债券投资，比如商业银行持有政策性金融债，这个体现在债券发行科目。

对非金融公司债权，指存款性金融机构对非金融机构的各种贷款和投资等。

其他资产，指的是在表内未做分类的资产，如固定资产等。

实收资本，是存款性金融机构的资本金。

（2）负债项目。

对非金融机构及住户负债，是存款性金融机构吸收的非金融机构及住户的本币、外币存款等；主要是纳入M_2的存款，包括企业活期存款、企业定期存款，以及居民储蓄存款；还有一部分不纳入M_2的存款和一些其他负债，这个量很小。

对中央银行负债，是存款性金融机构向中国人民银行借入的款项等；对应的是中央银行对商业银行的债权，即逆回购、MLF、PSL等在商业银行负债端所对应的科目。

对其他存款性公司负债，指存款性公司之间拆借、回购产生的负债。

对其他金融性公司负债，是存款性金融机构从其他金融性公司存入和拆入的款项等；该科目大部分是计入广义货币的存款，主要指一些非银行金融机构的存款，如证券公司的客户保证金、影子银行存款（如券商资管，基金子公司，保险资管等这些通道的存款）。

债券发行，指存款性金融机构为筹措资金而发行的债券；银行发行各种普通债、次级债、二级资本工具等所产生的负债。

实收资本，指银行通过IPO、增发等方式所吸收的资本。

其他负债，指在表中未做分类的其他负债。

专栏：通过中央银行报表计算货币供应量M_0、M_1、M_2

货币统计的主要内容之一就是统计货币供应量，为货币政策和宏观经济形势分析提供支撑和依据，而通过中央银行资产负债表和其他存款性公司资产负债表（中国人民银行调查统计司网站定期公布）就可以计算M_0、M_1、M_2三个层次的货币供应量，更好地加深对货币政策的理解和对社会货币资金供给的分析。具体计算公式如下：

M_0=货币当局资产负债表“货币发行”–其他存款性公司资产负债表“库存现金”；

M_1= M_0+其他存款性公司资产负债表中单位活期存款；

M_2= M_1+个人存款+单位定期存款+对其他金融性公司负债下中计入广义货币的存款。

以表6–1和表6–2为例：

流通中货币（M_0）

M_0=货币当局资产负债表“货币发行”–其他存款性公司资产负债表“库存现金”

=69885.95–6669.34=63216.61亿元

货币（M_1）

M_1= M_0+其他存款性公司资产负债表中单位活期存款

= 63216.61亿元+337736.86亿元=400953.47亿元

货币和准货币（M_2）

M_2= M_1+个人存款+单位定期存款+对其他金融性公司负债下其中计入广义货币的存款

=400953.47亿元+288240.66亿元+552073.48亿元+151010.53亿元

=1392278.14亿元

中国人民银行定期公布的货币供应量统计表参见表6–3。

表6–3　2015年下半年货币供应量统计表

单位：亿元

项目	2015.07	2015.08	2015.09	2015.10	2015.11	2015.12
货币和准货币（M_2）	1353210.92	1356907.98	1359824.06	1361020.70	1373956.01	1392278.11
货币（M_1）	353122.19	362793.73	364416.90	375806.45	387618.32	400953.44
流通中货币（M_0）	59010.71	59061.79	61022.97	59900.48	60328.24	63216.61

注：自 2011 年 10 月起，货币供应量已包括住房公积金中心存款和非存款类金融机构在存款类金融机构的存款。
资料来源：中国人民银行调查统计司网站。

三、存款性公司概览

（一）存款性公司概览的构成

我国的存款性公司概览是按照IMF《货币与金融统计手册（2014版）》的要求，结合我国货币统计的实践编制的。其框架包括两个层次：第一个层次是以金融统计“全科目”指标的数据为基础，汇总各相关机构的数据，编制资产负债表，主要包括货币当局资产负债表、其他存款性公司资产负债表；第二层次是编制概览表，将货币当局资产负债表和其他存款性公司资产负债表进行合并编制存款性公司概览。

（二）存款性公司概览的编制

存款性公司概览是货币当局资产负债表与其他存款性公司资产负债表的合并。编制过程为：（1）将货币当局和其他存款性公司的国外资产与国外负债分别轧差后相加，得到国外净资产；（2）将货币当局的对政府债券与政府存款轧差后与其他存款性公司的对政府债权相加，得到对政府净债权；（3）将货币当局和其他存款性公司之间的资产、负债冲销，冲销之后的余数计入存款性公司概览的其他；（4）将货币当局的货币发行与其他存款性公司的库存现金轧差，得到存款性公司概览的流通中现金；（5）将货币当局和其他存款性公司对其以外机构的资产、负债项目进行加总，分别按项目列示于存款性公司概览；（6）将不在存款性公司概览中单独列示的货币当局和其他存款性公司的项目计入其他。

从报表的合并过程可以看出，存款性公司概览反映的是货币当局和其他存款性公司作为一个整体，其对外的资产负债情况，包括对国外、政府、非金融机构以及对金融机构中的货币当局与其他存款性公司之外的金融机构。存款性公司概览如表6-4所示。

表6-4 2015年12月存款性公司概览 单位：亿元

国外净资产	280639.49
国内信贷	1332692.76
对政府债权（净）	98297.05
对非金融部门债权	1051159.75
对其他金融部门债权	183235.96
货币和准货币	1392278.11
货币	400953.44
流通中货币	63216.58
单位活期存款	337736.86
准货币	991324.67
单位定期存款	288240.66
个人存款	552073.48
其他存款	151010.53
不纳入广义货币的存款	36439.86
债券	160003.65
实收资本	43214.43
其他（净）	-18603.80

资料来源：中国人民银行调查统计司网站。

（三）存款性公司概览主要指标释义

国外净资产，是货币当局和其他存款性公司的国外资产减去国外负债。

对政府债权，是货币当局和其他存款性公司对政府债权相加减去货币当局的政府存款。

对非金融部门的债权，是货币当局对非金融性部门债权加上其他存款性公司对非金融机构及对其他居民部门债权。

对其他金融部门债权，是货币当局对其他金融性公司债权加上其他存款性公司对其他金融机构债权。

流通中货币，这是M_0，M体系中第一层，指货币当局货币发行的科目减去其他存款性公司的库存现金（M_1指M_0+其他存款性公司的单位活期存款。M_2指M_1+其他存款性公司的单位定期存款、个人存款，以及计入广义货币的对其他金融公司负债）。

债券，对应其他存款性公司的债券发行。

实收资本，对应货币当局的自有资金加其他存款性公司的实收资本。

其他（净），是其余项目相互轧差的结果。

本节主要讨论了对于存款性公司的货币统计，主要包括对货币当局和其他存款性公司资产负债的统计，以及在此基础上形成的存款性公司概览。然而，对金融资产负债的统计才是金融统计的核心。下一节，我们将范围扩大到金融性公司的资产负债统计以及金融概览。

四、货币概览

（一）货币概览的构成

我国的货币概览和银行概览是按照IMF《货币与金融统计手册（2014版）》的要求，结合我国货币统计的实践编制的。其框架包括两个层次的数据编制：第一个层次是以金融统计"全科目"指标的数据为基础，汇总各相关机构的数据，编制资产负债表，主要包括货币当局资产负债表、存款货币银行资产负债表、特定存款机构资产负债表；第二层次是编制概览表，将货币当局资产负债表和存款货币银行资产负债表进行合并编制货币概览，将货币概览与特定存款机构资产负债表进行合并编制银行概览。另外，将银行概览与其他金融机构资产负债表合并，可以编制金融概览。这里仅讨论货币概览。

（二）货币概览的编制

货币概览是货币当局资产负债表与存款货币银行资产负债表的合并。编制过程为：（1）将货币当局和存款货币银行的国外资产与国外负债分别轧差后相加，得到国外净资产；（2）将货币当局的对政府债券与政府存款轧差后与存款货币银行的对政府债权相加，得到对政府净债权；（3）将货币当局和存款货币银行之间的资产、负债冲销，冲销之后的余数计入货币概览的其他；（4）将货币当局的货币发行与存款货币银行的库存现金轧差，得到货币概览的流通中现金；（5）将货币当局和存款货币银行对其以外机构的资产、负债项目进行加总，分别按项目列示于货币概览；（6）将不在货币概览中单独列示的货币当局和存款货币银行的项目计入其他。

从报表的合并过程可以看出，货币概览反映的是货币当局和存款货币银行作为一个整体，其对外的资产负债情况，包括对国外、政府、非金融机构以及对金融机构中的货币当局与存款货币银行之外的特定存款机构和其他金融机构。货币概览如表6–5所示。

2015年12月货币概览见表6–5。

表6–5　2015年12月货币概览

单位：亿元

国外净资产	280639.49
国内信贷	1332692.76
对政府债权（净）	98297.05
对非金融部门债权	1051159.75
对其他金融部门债权	183235.96
货币和准货币	1392278.11
货币	400953.44
流通中货币	63216.58
单位活期存款	337736.86
准货币	991324.67
单位定期存款	288240.66
个人存款	552073.48
其他存款	151010.53
不纳入广义货币的存款	36439.86
债券	160003.65
实收资本	43214.43
其他（净）	-18603.80

资料来源：中国人民银行调查统计司网站。

本节主要讨论了对于存款性金融机构的货币统计，主要包括货币信贷收支统计和资产负债统计，以及在此基础上形成的货币概览。然而，对金融资产负债的统计才是金融统计的核心。下一节，我们将范围扩大到金融性公司的资产负债统计以及金融概览。

第二节　金融资产负债表

一、金融资产负债统计框架

金融性公司中的各金融机构在资金的融通过程中作用不同，中央银行创造基础货币，存款货币银行创造存款货币，其他金融机构在货币形成过程中也起着不同作用，这些都可以通过金融性公司的资产负债表和金融概览统一反映。金融资产负债统计表是对金融性公司资产负债结构的统一体现和集中反映。所谓统一体现指对不同金融性公司资产负债的统计是按照金融统计标准化要求，在同一套金融统计指标体系下，按照统一的统计指标填报口径和说明进行的填报。所谓集中反映指金融资产负债统计数据来源于不同机构或金融活动单位，通过对报表进行轧差、合并、汇总形成的集中反映某一区域、某一类机构或某一区域整个金融的资产和负债情况。

根据《企业会计准则——基本准则（2014年）》对资产负债的划分，金融性公司资产基本可以划分为通货、黄金、存款、债务证券、贷款、股权及投资基金份额、金融衍生产品、其他应收账款、委托代理、非金融资产等十大类指标。

金融性公司资产统计框架见表6–6。

表6–6　　金融性公司资产统计框架

金融工具	指标名称	范围
通货	一、现金	金融机构持有的人民币库存现金和外币库存现金
黄金	二、交易性黄金	金融性公司或个人持有的以交易为目的的实物黄金或存放在黄金交易所的标准金
存款	三、存放货币当局存款	存放中央银行准备金存款、存放中央银行清算资金存款、存放中央银行财政存款、特种存款、风险基金及其他存款
	四、存放除货币当局外金融机构款项	存放同业、存出保证金、结算备付金、存出资本保证金（保险）、定期存款、风险准备金（基金）、期货保证金存款、外资银行生息资产、存放境外总行及境外分支行（含联行项下境外总行及分支行往来的借方余额）等

续表

金融工具	指标名称	范围
债务证券	五、债券资产	交易性债券、可供出售债券、持有至到期债券以及应收类债券
	六、票据	商业汇票、银行承兑汇票、商业承兑汇票、银行汇票、银行本票以及福费廷等票据
	七、大额可转让存单	其他存款性公司发行的可以在市场上转让的存款凭证
	八、其他债务证券	
贷款	九、拆放金融机构	拆放同业（拆出资金）、货币互存、外资银行借款、金融机构借款、拆放境外总行及境外分支行等
	十、单位及个人贷款	信用卡及账户透支、批发贷款、信托债转股、信托债转贷款、特种贷款、银团贷款、应收款转让、受让信贷资产、非应计贷款、贸易融资（不含福费廷）、买方信贷、卖方信贷、法人账户透支、并购贷款、保户质押贷款、证券公司融出资金、境外筹资转贷款等
	十一、买入返售资产	买入返售资产、买断返售资产、双买断式资产转让
	十二、各项垫款	承兑垫款、贴现垫款、担保垫款、信用证垫款以及其他垫款等
	十三、融资租赁	应收租赁款、未实现租赁收益（减）、应收转租赁款、租赁资产、待转租赁资产（减）等
	十四、黄金、证券借贷	金融机构为从其他机构借入黄金、证券而支付的现金保证金；金融机构向单位或个人融出的黄金或证券资产金额，含证券公司的融出证券
股权及投资基金份额	十五、股权及投资基金份额	交易性股权及投资基金份额、可供出售股权及投资基金份额
金融衍生产品	十六、金融衍生产品	远期合约、期货合约、期权合约、掉期（互换）合约四种基本形式及其派生出来的结构化金融工具
其他应收账款	十七、拨付营运资金	金融性公司的上级机构按照规定拨付给下级分支机构的、与其经营规模相适应的、符合监管额度要求的周转资金
	十八、系统内资金往来	金融性公司法人内部办理收付、划拨、拆借等业务的资金往来
	十九、系统外资金往来	不同法人机构间（除信用合作社）的资金清算往来
	二十、自营外汇	
	二十一、应收款项	应收利息、应收股利以及其他应收款 保险专用：应收保费、应收资产管理费、应收管理费（养老）、应收代位追偿款、应收分保账款、应收分保未到期责任准备金、应收分保未决赔款准备金、应收分保寿险责任准备金、应收分保长期健康险责任准备金等 期货专用：应收货币保证金、应收质押保证金、应收结算担保金、应收风险损失款、应收佣金等
	二十二、预付款项	预付利息、预交税金及其他预付款
	二十三、其他	递延税款借项、递延资产、独立账户资产（保险专用）以及其他类资产

续表

金融工具	指标名称	范围
委托代理	二十四、代理证券	金融机构代理其他机构发行、兑付、销售、购买有价证券等业务而形成的资产
	二十五、代理发放银团贷款	金融机构作为银团贷款牵头行时，代理成员行发放的贷款
	二十六、代理外汇及黄金买卖	金融机构代理客户买卖外汇和黄金形成的资产
	二十七、委托贷款及委托投资	金融机构作为受托行接受委托机构的委托，以受托的资金，向委托机构指定的单位、项目进行投资或融资的业务
	二十八、非金融资产	贵金属、固定资产、累计折旧（减）、固定资产清理、在建工程、待处理固定资产损失（减）、无形资产、低值易耗品、待处理抵债资产、待处理抵债资产损益（减）、经营租赁、投资性房地产、长期待摊费用、期货会员资格投资（期货专用）、其他非金融资产等

金融性公司负债基本可以划分为存款、债务证券、贷款、保险技术准备金、金融衍生产品、其他应付账款、委托代理、股权及投资基金份额等八大类指标。

金融性公司负债统计框架见表6–7。

表6–7　金融性公司负债统计框架

金融工具	指标名称	范围
存款	一、金融机构存放款项	同业存放、外资商业银行存放、保证金存放、境外总行及境外分支行（含联行项下境外总行及分支行往来的贷方余额）存放等
	二、单位及个人存款	单位活期存款、单位定期存款、单位通知存款、单位协议存款、单位协定存款、单位保证金存款、单位结构性存款；个人活期存款、个人定期存款、定活两便存款、个人通知存款、个人协议存款、个人协定存款、个人保证金存款、个人结构性存款等
	三、国库定期存款	
	四、临时性存款	应解汇款、临时存款、汇出汇款、汇入汇款
债务证券	五、债务证券负债	金融机构为筹集资金而实际发行的证券
	六、大额可转让存单	其他存款性公司发行的可以在市场上转让的存款凭证
	七、其他证券负债	
贷款	八、中央银行借款	再贷款、再贴现等
	九、金融机构拆借	同业拆入、短期借款、货币互存、外资银行借款、金融机构借款、境外总行及境外分支行拆借等
贷款	十、长期借款	公司向金融机构借入的期限在一年以上（不含）的各项借款
	十一、卖出回购资产	卖出回购资产、卖断回购资产、双卖断式资产转让、回购式转贴

续表

金融工具	指标名称	范围
贷款	十二、境外筹资转贷款资金	境外同业转贷款资金、转贷国外政府贷款资金、转贷国际金融组织贷款资金、转贷混合贷款资金、转贷境外其他筹资资金等
	十三、黄金、证券借贷	金融机构为向其他机构借出黄金、证券而收取的现金保证金；金融机构从黄金或证券资产持有人借入此类资产金额
保险技术准备金	十四、保险技术准备金	保险公司为在保险合同有效期内履行赔偿或给付保险金义务而将保险费予以提存的各种金额
金融衍生产品	十五、金融衍生产品	远期合约、期货合约、期权合约、掉期（互换）合约四种基本形式及其派生出来的结构化金融工具
其他应付账款	十六、拨付营运资金	金融性公司的上级机构按照规定拨付给下级分支机构的、与其经营规模相适应的、符合监管额度要求的周转资金
	十七、系统内资金往来	金融性公司法人内部办理收付、划拨、拆借等业务的资金往来
	十八、系统外资金往来	不同法人机构的资金清算往来
	十九、自营外汇	
	二十、减值准备	贷款损失准备、坏账准备、债券投资减值准备、股权投资减值准备以及其他资产减值准备
	二十一、应付款项	应付工资、应付福利费、应付税金、应付利润、应付利息、预提费用、应付股利、其他应付款 保险专用：应付手续费及佣金、应付营销费用（养老）、保险保障基金、应付赔付款、应付保单红利、应付分保账款等； 期货专用：应付手续费及佣金、应付货币保证金、应付质押保证金、应付期货投资者保障基金、期货风险准备金等
	二十二、预收款项	预收利息、预收保费、其他预收款等
	二十三、其他	
委托代理	二十四、代理财政存款	金融机构代理的中央财政预算收入、地方财政库款、财政预算专项库款、财政预算外存款以及待结算财政款项
	二十五、代理证券	金融机构代理其他机构发行、兑付、销售、购买有价证券等业务而形成的负债
	二十六、代理银团贷款资金	金融机构作为银团贷款牵头行时，代理成员行为发放贷款而划入的资金
	二十七、代理外汇及黄金买卖	金融机构代理客户买卖外汇和黄金而形成的负债
	二十八、委托存款及委托投资基金	金融机构作为受托行接受委托机构存入的，用于向委托机构指定的单位、项目进行委托投资或融资的资金
股权及投资基金份额	二十九、所有者权益	实收资本（SPV 实收本金）、资本公积、盈余公积、公益金、未分配利润、减：所得税、年度损益调整、一般准备金、实收资本折算差额、外币报表折算差额、少数股东权益以及其他所有者权益等

表6–8展示了一个金融性公司部门资产负债表的样式。由于第一节已经详细介绍了货币统计框架，因此本节将重点介绍其他金融性公司资产负债表结构。

表6–8　　金融性公司部门资产负债表

资产（按金融供给和债务人分类）	期初存量	交易	定值变化	其他数量变化	期末存量	负债（按金融供给和债权人分类）	期初存量	交易	定值变化	其他数量变化	期末存量
货币黄金和特别提款权 货币与存款 债务证券 贷款 股权和投资基金份额 保险技术准备金 金融衍生工具 其他应收账款 非金融资产						流通中货币 纳入广义货币的存款 不属于广义货币的存款 属于广义货币的非股票证券 不属于广义货币的债务证券 贷款 保险技术准备金 金融衍生工具 其他应付账款 股权和投资基金份额					
总资产						总负债					

（一）其他金融性公司统计

正如第三章金融业企业对其他金融性公司的介绍，根据MFSMCG2016对金融部门的划分，其他金融性公司包含非货币市场投资基金，除保险公司和养老基金以外的其他金融中介，金融辅助机构，专属金融机构和放贷人，保险公司和养老基金，分类的依据机构的主体业务类型，是对机构类型的划分。立足于国情，中国《国民经济行业分类标准》（GB/T 4754—2011）将金融业分为货币金融服务、资本市场服务、保险业和其他金融业四大类，分类的依据是业务特点和服务类型，是对金融业务类型的划分，既体现了中国金融业的发展现状，又尽可能地同国际金融统计标准接轨。在中国，存款性金融公司外的其他金融性公司主要有：证券业金融机构（主要包括证券公司、基金公司、期货公司）、保险业金融机构（主要包括财险公司、寿险公司、再保险公司）、信托公司、金融控股公司、融资担保公司、养老金、住房公积金等其他金融服务性公司和金融中介。

其他金融性公司分类对照表见表6–9。

表6-9　　　　　　　　其他金融性公司分类对照表

其他金融性公司分类	相应国内金融机构类型	相应国内金融行业划分
非货币市场投资基金	信托公司、基金公司	其他金融业、资本市场服务
除保险公司和养老基金以外的其他金融中介	证券公司、期货公司	资本市场服务
金融辅助机构	融资担保公司	其他金融业
专属金融机构和放款人	金融控股公司	其他金融业
保险公司	财险公司、寿险公司、再保险公司	保险业
养老基金	养老金	保险业

注：鉴于国际与国内金融业发展的差异（不同类别金融性公司业务类型规范的差别），金融业的划分标准具有一定的差异，不同标准的划分上可能存在交叉。

（二）证券业资产负债表统计

为规范证券公司的会计核算工作，维护投资者和债权人的合法权益，以及加强国家对证券市场的宏观监控和证券公司内部的经营管理，健全法制，完善相关制度，财政部制定了《证券公司会计制度——会计科目和会计报表》（2000年1月施行），明确了会计科目的名称、会计报表的格式以及会计报表的编制，并随《企业会计准则》不断对其进行了修订和完善，为证券业的资产负债统计奠定了坚实的信息基础。

1．证券公司资产负债表统计框架

这里的证券公司指在中华人民共和国境内设立的，经依法注册登记，持有证券经营业务许可证，具有法人地位从事证券业务的公司，包括综合类证券公司和经济类证券公司。证券公司资产负债表统计根据公司权责发生制的核算原则对企业进行信息采集填报。统计内容包括资产类28项指标和负债及所有者权益类23项指标。

证券公司资产负债表统计框架见表6-10。

（1）资产的核算。资产是过去的交易、事项形成并由企业拥有或控制的资源，该资源预期会给企业带来经济利益。按照资产的流动性高低，可以分为流动性资产、长期投资、固定资产、无形资产和其他资产。我们对证券公司资产的主要指标核算作介绍如下。

1201自营证券：本科目反映公司为了获取证券买卖差价收入而买入的、能随时变现的股票、债券和基金等的实际成本。

表6-10　　证券公司资产负债表统计框架

资产类		负债类	
编号	会计科目名称	编号	会计科目名称
1001	现金	2101	质押借款
1002	银行存款	2102	拆入资金
1003	清算备付金	2111	应付款项
1004	交易保证金	2121	应付工资
1101	应收股利	2131	应付福利费
1102	应收利息	2141	应付利润
1111	应收款项	2151	应交税金及附加
1112	坏账准备	2181	预提费用
1201	自营证券	2201	代买卖证券款
1202	自营证券跌价准备	2211	代发行证券款
1211	代发行证券	2221	代兑付债券款
1221	代兑付证券	2231	卖出回购证券款
1231	买入返售证券	2241	受托资金
1241	拆出资金	2301	长期借款
1251	受托资产	2311	应付债券
1301	待转发行费用	2321	长期应付款
1302	待摊费用	2341	递延税款
1401	长期股权投资	**所有者权益类**	
1402	长期债券投资	3101	实收资本
1403	投资风险准备	3111	资本公积
1501	固定资产	3121	一般风险准备
1502	累计折旧	3131	盈余公积
1506	在建工程	3141	本年利润
1601	固定资产清理	3151	利润分配
1701	无形资产		
1702	交易席位费		
1801	长期待摊费用		
1901	待处理财产损益		

1202自营证券跌价准备：本科目核算公司提取的自营证券跌价准备，公司的自营证券在期末时按成本与市价孰低计价，并在分类的基础上计提跌价准备。

1211代发行证券：本科目核算公司接受委托代理发行的股票、债券等证券的价值。

1221代兑付证券：本科目核算公司接受委托代理兑付到期的债券。

1231买入返售证券：本科目核算公司按照规定进行证券回购业务买入证券所发生的成本。

1251受托资产：本科目核算公司接受客户委托，用委托资金购买证券的实际成本。

1301待转发行费用：本科目核算公司发生的与证券发行业务直接相关的各项费用。

1702交易席位费：本科目核算公司向证券交易所支付的交易席位费。交易席位费不多的企业可能不设本科目核算，而将其并在“无形资产”科目核算。

1901待处理财产损益：本科目核算公司在代理证券业务中发生的交易差错损益，以及在清查财产中查明的各种财产物资的盘盈、盘亏和毁损。

（2）负债的核算。负债是指过去的交易、事项形成的现时义务，履行该义务预期会导致经济利益流出企业。按照负债的流动性高低，负债可以分为流动负债、应付债券和其他长期负债。我们对证券公司负债及所有者权益的主要指标核算介绍如下。

2101质押借款：本科目核算公司用自营证券向金融机构质押而借入的各种短期借款本金。

2111应付款项：本科目核算公司因证券经营而发生的除应付工资、应付利润等以外的各项应付款项，如应付交易所配股款、应付客户现金股利、应付分销商手续费、转入的逾期拆入资金，以及公司其他应付、暂收其他单位或个人的款项，如职工未按期领取的工资、应付退休职工的统筹退休金、应付租入固定资产租金等。

2201代买卖证券款：本科目核算公司接受客户委托，代客户买卖股票、债券和其他有价证券，由客户交存的款项。公司代客户认购新股的款项、代理客户领取的现金股利和债券利息，代客户向证券交易所支付的配股款等，也在本科目核算。

2211代发行证券款：本科目核算公司接受委托，采用余额承销包销方式或代销方式代发行证券所形成的应付证券资金。

2221代兑付债券款：本科目核算公司接受委托代理兑付债券业务而收到委托单位预付的兑付资金。

2231卖出回购证券款：本科目核算公司按规定进行证券回购业务卖出证券取得的款项。

2241受托资金：本科目核算公司接受客户委托进行资产管理的资金。

2．证券公司统计（会计）报表格式

证券公司资产负债统计见表6-11。本表反映证券公司一定日期全部资产、负债和所有者权益的情况。

表6-11　　　　证券公司资产负债统计表

填报单位：　　　　　年　月　日　　　　　金额单位：元

资产	行次	年初数	期末数	负债和所有者权益	行次	年初数	期末数
流动资产：				**流动负债：**			
现金	1			质押借款	45		
银行存款	2			拆入资金	46		
其中：客户资金存款	3			卖出回购证券款	47		
清算备付金	4			应付款项	48		
其中：客户备付金	5			应付工资	49		
交易保证金	6			应付福利费	50		
自营证券	7			应付利润	51		
减：自营证券跌价准备	8			应交税金及附加	52		
自营证券净额	9			预提费用	53		
拆出资金	10			代买卖证券款	54		
买入返售证券	11			待发行证券	55		
应收款项	12			代兑付债券款	56		
减：坏账准备	13			一年内到期的长期负债	57		
应收款项净额	14			其他流动负债	58		
应收股利	15			流动负债合计	59		
应收利息	16			**长期负债：**			
待发行证券	17			长期借款	60		
代兑付债券	18			应付债券	61		
受托资产	19			长期应付款	62		
待转发行费用	20			其他长期负债	63		
待摊费用	21			长期负债合计	64		
待处理流动资产净损失	22			**递延税项：**			
一年内到期的长期债券投资	23			递延税款贷项	65		
其他流动资产	24						
流动资产合计	25			负债合计	66		
长期投资：				**所有者权益：**			
长期股权投资	26			实收资本	67		
长期债券投资	27			资本公积	68		
长期投资合计	28			一般风险准备	69		
减：投资风险准备	29			盈余公积	70		
长期投资净额	30			其中：法定公益金	71		

续表

资产	行次	年初数	期末数	负债和所有者权益	行次	年初数	期末数
固定资产：				未分配利润	72		
固定资产原价	31						
减：累计折旧	32			所有者权益合计	73		
固定资产净值	33						
在建工程	34			负债和所有者权益合计	74		
固定资产清理	35						
待处理固定资产净损失	36						
固定资产合计	37						
无形资产及其他资产：							
无形资产	38						
交易席位费	39						
长期待摊费用	40						
其他长期资产	41						
无形资产及其他资产合计	42						
递延税项：							
递延税款借项	43						
资产合计	44						

补充资料：代保管证券（面值）　　元。

报表填报说明：

（1）表中资产合计等于负债合计加所有者权益合计。

（2）统计表“年初数”栏各项目，应根据上年末资产负债“期末数”栏所列数字填列。

（3）统计表“期末数”栏各项目，应根据项目内容的期末余额填列。其中：

“15. 应收股利”项目，反映公司因股权投资而应收取的现金股利，公司应收其他单位的利润，也包括在本项目内。

“16. 应收利息”项目，反映公司因债券投资而应收的利息，公司拆出资金计提的利息，也在本项目反映。

“23. 一年内到期的长期债券投资”项目，反映公司长期债券投资中，将于一年内到期的债券投资部分。

“39. 交易席位费”项目，反映公司交易席位费的摊余价值。

（三）保险业资产负债表统计

为规范保险公司的会计核算工作，维护投资者和债权人的合法权益，以及加强国家对保险市场的宏观监控和保险公司内部的经营管理，健全法制，完善相关制度的需要，财政部制定了《保险公司会计制度》（1999年1月施行），明确了会计科目名称、会计报表的格式以及会计报表的编制，并随《企业会计准则》不断对其进行了修订和完善，为保险业的资产负债统计奠定了坚实的信息基础。

1. 保险公司资产负债表统计框架

保险公司根据险种业务分类可以分为财产保险公司、人寿保险公司和再保险公司。其中，财产保险公司主要业务有财产损失保险、责任保险等；人寿保险公司主要业务有普通人寿保险、年金保险、意外伤害保险和健康保险；再保险公司主要业务有分入保险业务和分出保险业务。资产负债表统计根据公司权责发生制的核算原则对企业进行信息采集填报。统计内容包括资产类26项指标和负债及所有者权益类31项指标。

保险公司资产负债表统计框架见表6–12。

表6–12　　保险公司资产负债表统计框架

资产类		负债类	
编号	会计科目名称	编号	会计科目名称
1001	现金	2101	短期借款
1002	银行存款	2102	拆入资金
1101	短期投资	2111	应付手续费
1111	拆出资金	2112	应付佣金
1112	保户质押贷款	2121	预收保费
1121	应收利息	2122	预收分保赔款
1122	应收保费	2131	存入分保准备金
1123	分保业务往来	2132	存入保证金
1124	坏账准备	2141	应付工资
1131	预付赔款	2142	应付福利费
1141	存出分保准备金	2143	应付保户利差
1142	存出保证金	2145	应交利润
1191	其他应收款	2146	应交税金
1201	物料用品	2149	其他应付款
1211	低值易耗品	2151	预提费用
1301	待摊费用	2161	未决赔款准备金
1402	长期债券投资	2162	未到期责任准备金
1601	固定资产	2171	保户储金
1602	累计折旧	2201	长期责任准备金
1606	在建工程	2202	寿险责任准备金
1609	固定资产清理	2203	长期健康险责任准备金

续表

资产类		负债类	
编号	会计科目名称	编号	会计科目名称
1701	无形资产	2211	保险保障基金
1711	长期待摊费用	2221	长期借款
1801	存出资本保证金	2231	长期应付款
1811	抵债物资	2241	住房周转金
1901	待处理财产损益	所有者权益	
		3101	实收资本
		3111	资本公积
		3121	盈余公积
		3131	总准备金
		3141	本年利润
		3151	利润分配

（1）资产的核算。按照流动性高低，资产可以分为流动性资产、长期投资、固定资产、无形资产和其他资产。我们对保险公司资产的主要指标核算介绍如下。

1112保户质押贷款：本科目核算人寿保险公司按规定对保户提供的质押贷款。

1122应收保费：本科目核算公司向投保人收取但尚未收到的保险费。

1123分保业务往来：本科目核算公司之间开展分保业务而发生的各种往来款项。

1131预付赔款：本科目核算公司在处理各种赔偿案件过程中按照保险合同约定预先支付的赔款，公司分入分保业务预付的赔款也在本科目核算。

1141存出分保准备金：本科目核算公司分入分保业务按照保险合同约定存出的分保准备金。

1142存出保证金：本科目核算公司开展直接承保业务按照合同约定存出的保证金。

1801存出资本保证金：本科目核算公司按规定比例缴存的、用于清算时清偿债务的保证金。

（2）负债的核算。按照流动性高低，负债可以分为流动负债、应付债券和其他长期负债。我们对保险公司负债及所有者权益的主要指标核算介绍如下。

2121预收保费：本科目核算公司在保险责任生效前向投保人预收的保险费，人寿保险业务的趸交保费在“保费收入”核算。

2122预收分保赔款：本科目核算公司分出分保业务按照保险合同约定预收的分保赔款。

2131存入分保准备金：本科目核算公司分出分保业务按合同约定扣存分保接受人的保费形成的准备金。

2132存入保证金：本科核算公司按合同约定接受存入的保证金。

2143应付保户利差：本科目核算公司人寿保险业务按保险合同约定发生的应付给保户的利差支出。

2161未决赔款准备金：本科目核算公司由于已经发生保险事故并已提出保险赔款以及已经发生保险事故但未提出保险赔款而按规定提存的未决赔款准备金。

2162未到期责任准备金：本科目核算公司一年内（含一年）的财产险、意外伤害险、健康险业务按规定提存的未到期责任准备金。

2171保户储金：本科目核算公司以储金利息作为保费收入的保险业务，收到保户缴存的储金。

2201长期责任准备金：本科目核算公司再保险、长期工程险等业务规定提存的准备金。

2202寿险责任准备金：本科目核算公司人身保险业务按规定提存的准备金。

2203长期健康险责任准备金：本科目核算公司长期性健康保险业务按规定提存的准备金。

2211保险保障基金：本科目核算公司按规定提取的保险保障基金。

2.保险公司统计（会计）报表格式

保险公司资产负债统计见表6–13。本表反映保险公司一定时期全部资产、负债和所有者权益的情况。

表6–13　　　　保险公司资产负债统计表

填报单位：　　　　　　年　月　日　　　　　　金额单位：元

资产	行次	年初数	期末数	负债和所有者权益	行次	年初数	期末数
流动资产：				**流动负债：**			
现金	1			短期借款	37		
银行存款	2			拆入资金	38		
短期投资	4			应付手续费	39		
拆出资金	5			应付佣金	40		
保户质押贷款	6			应付分保账款	41		
应收利息	7			预收保费	42		
应收保费	8			预收分保账款	43		
应收分保账款	9			存入分保准备金	44		
应收款项小计	10			存入保证金	45		

续表

资产	行次	年初数	期末数	负债和所有者权益	行次	年初数	期末数
减：坏账准备	11			应付工资	46		
待摊费用	12			应付福利费	47		
应收项净额	13			应付保户利差	48		
预付赔款	14			应付利润	49		
存出分保准备金	15			应交税金	50		
存储保证金	16			其他应付款	51		
其他应收款	17			预提费用	52		
材料物品	18			未决赔款准备金	53		
低值易耗品	19			未到期责任准备金	54		
待摊费用	20			保户储金	55		
待处理流动资产净损失	21			一年内到期的长期负债	56		
一年内到期的长期债券投资	22			其他流动负债	57		
其他流动资产	23			流动负债合计	58		
流动资产合计	24			**长期负债：**			
长期投资：				长期责任准备金	59		
长期债券投资	25			寿险责任准备金	60		
固定资产：				长期健康险责任准备金	61		
固定资产原值	26			保险保障基金	62		
减：累计折旧	27			长期借款	63		
固定资产净值	28			长期应付款	64		
在建工程	29			住房周转金	65		
固定资产清理	30			其他长期负债	66		
待处理固定资产净损失	31			长期负债合计	67		
固定资产合计	32			**所有者权益：**			
无形资产及其他资产：				实收资本	68		
无形资产	32			资本公积	69		
长期待摊费用	33			盈余公积	70		
存出资本保证金	34			其中：公益金	71		
抵债物资				总准备金	72		
无形资产及其他资产合计	35			未分配利润	73		
				所有者权益合计	74		
资产合计	36			负债及所有者权益合计	75		

报表填报说明：

（1）表中资产合计等于负债合计加所有者权益合计。

（2）统计表“年初数”栏各项目，应根据上年末资产负债“期末数”栏所列数字填列。

（3）统计表“期末数”栏各项目，应根据项目内容的期末余额填列。

二、资产负债表的并表原则

金融统计的主体是各拥有资产和承担负债并能独立从事经济活动和其他实体进行交易的金融性公司。金融统计以单个金融性公司为统计对象，进行总量统计就会涉及统计报表的汇总、合并和轧差。

（一）汇总

汇总是将某一机构部门或分支部门中的所有机构单位的存量或流量数据进行加总，或将某一类别下所有资产或负债进行加总。将某一机构部门或分支部门中所有机构单位的数据进行汇总，要能够保留这一部门或分支部门中所有机构单位之间的债权和债务数据。即汇总报表不会引起各机构单位间有关债权和债务数据的冲销。在这个过程中，不剔除同一类别或有关类别的支出或收入。

对于部门和分支部门来说，有关金融资产和负债的数据通常被汇总列入主要的分类。例如，按照债务人部门划分的贷款和按照债权人部门划分的存款，在编制主要的金融资产和负债类别时，需要进行进一步的汇总，如将主要类别的货币资产综合起来，形成货币总量，或将对不同部门的主要债权相加，编制信贷总量数据等。

（二）合并

合并冲销属于一个合并范围内机构单位之间发生的存量和流量。合并的范围有多大，冲销的范围就会有多大。合并能在经济总体、集体、机构部门和机构子部门层次上进行。不同层次的合并适用不同类型的分析目的。经济总体层面上金融账户的合并强调该经济总体与所有非常住机构部门的融资状况，因为所有常住单位的融资状况都是在合并基础上取得的净额；金融性公司层次上的合并导致各金融中介和金融辅助中所有头寸和交易的冲抵，从而发生金融部门与国内其他常住者和非常住者的交易记录，使得有可能追踪净借出机构部门与净借入机构部门之间全部的资金流动情况，并识别其中的金融中介机构；金融公司子部门层次上的合并，将能够提供有关金融中介活动的详细信息，并可能弄清中央银行与其他金融中介机构的交易。

合并各金融性公司资产负债表，应冲销各公司之间的业务往来引起的资产负债变动的流量和存量。按照财务报表合并办法，合并财务报表需要做冲销分录，做冲销分录之前首先要调整分录。由于一笔冲销分录可能同时涉及合并资产负债表项目、合并利润表及利润分配表项目，所以合并资产负债表、合并利润及利润分配表不能分开编制，而是在一张合并工作底稿上同时完成。作为面向整个金融业的统计，这里合并报表的概念是相对的，很难做到完全意义上业务往来项的净冲销。作为对金融业的统计部门，一是很难完全掌握各合并主体的分录账户；二是即使掌握了合并主体的分录账户，面对不同的法人和机构的账户，工作量巨大，很难做到根据每笔分录对往来项冲销。所以我们能做的就是根据手中掌握的有限信息，对机构报表进行层层并表。首先应考虑报表统计目的和分析的需要，确定并表的区域范围，逐个对区域内单家法人金融机构进行并表，形成区域法人统计表。如果想要得到该区域某一行业的金融统计表，可进一步对相应的区域法人统计表进行合并，合并的原则依然是根据分析需要对法人间的往来项进行冲销，得到该区域行业合并表。行业间的并表是通过汇总后的行业统计表，对行业间往来项进行冲销，得到合并后的行业合并表，通过把该区域所有金融行业的统计表进行合并，冲销所有的区域金融业间的资金往来项，即得到合并后的整个区域金融业的统计数据。

（三）轧差

轧差或取净值发生在统计数据的记录过程中，轧差净额反映与总额反映相对应，是某些基本项目的价值与账户另一方项目的价值相互冲销，或与账户另一方的项目具有相反符号的数据组合。某一机构单位或部门可能从事同类的交易，既有资金的运用（资产）也有资金的来源（负债），拥有同类金融工具，全部价值记录即为总额登录。一方账户与另一方账户或符号相反的同类项目相互冲销的记录即为净额登录，相互冲销的过程即为轧差。

关于金融资产和负债交易的轧差或取净值，有一个轧差或取净值的程度问题，这个程度取决于分析的需要，从而决定轧差或取净值与否以及轧差或取净值的程度。这个程度基本可以分为五种类型：

（1）不进行轧差（取净值）或完全按照总量登录，即分别记录资产的购买与出售、负债的发生与偿还。

（2）在某一特定资产内轧差或取净值。例如，从获得的债券中扣除出售的债券；从以债券形式新发生的负债中减去偿还的债券等。

（3）在某类资产中进行轧差或取净值。例如，从购买除股票外证券的总额中减去这类资产的全部销售额。

（4）在同一类资产中，将负债交易与资产交易进行轧差或取净值。

（5）在同一组中，一组负债交易与一组资产交易进行轧差或取净值。

金融统计记录的交易是资产的净获得以及负债的净发生。考虑到账户是依据金融资产主要类别进行分类，应按照第三种轧差或取净值程度记录和编制数据。显然，当按照总量能够收集数据时，任何轧差或取净值程度的数据也都能获取；当按照不同程度轧差或取净值方法收集数据时，则有可能不能将其重新变为总量数据。因此，适合的轧差或取净值程度依赖于分析的目的。例如，对证券交易的分析可以按照第二种轧差或取净值程度进行报表的编制和并表。

第三节　金融概览

金融资产负债统计是对金融机构资产负债数据的采集、加工、处理与分析的过程，金融概览的编制贯穿金融资产负债统计的加工、处理与分析环节，是金融资产负债统计的基本内容和重要目的，在金融统计基本报表展现体系中占据核心位置。

一、金融统计基本报表展现体系

（一）金融统计资产负债表汇并体系

金融性公司是一个由多层次分类型构成的一个金融整体，相应的金融统计报表汇并具有一定的层次性。第一层，进行的是分层次对各金融机构的资产负债表进行汇总，得到分层次、分部门的汇总资产负债表，此类的汇总可以整体掌握各地区各金融业态的整体情况。第二层，将部门资产负债表分别合并编制出中央银行概览、其他存款性公司（银行）概览和其他金融性公司概览。中央银行概览显示基础货币的构成，其他存款性公司概览反映广义货币主要存款构成，其他金融性公司概览反映非存款金融机构的资金融通情况。第三层，将中央银行概览与其他存款性公司概览合并得到存款性公司概览（货币概览），存款性公司概览的负债构成了广义货币的概念，主要用来反映货币供应量，是宏观分析的核心性数据。第四层，金融性公司概览反映了所有金融性公司和类公司的资产与负债，是金融统计的最高层，主要用来反映整个金融体系对实体经济的资金支持情况。

金融概览汇并体系见图6–2。

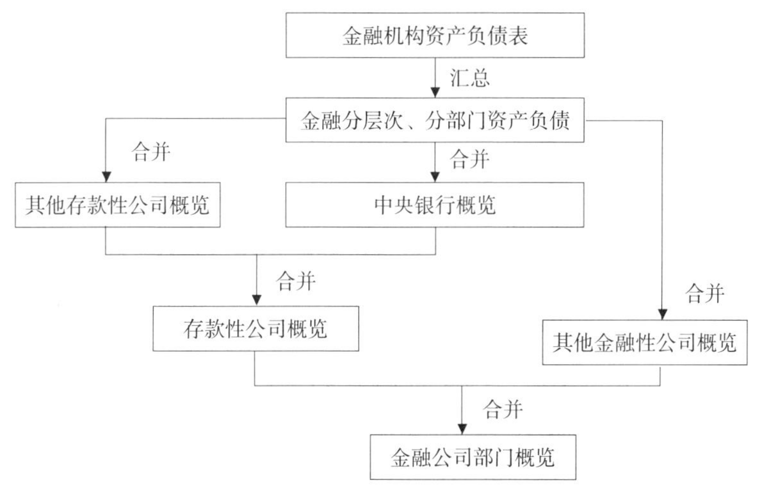

图 6-2　金融概览汇并体系

（二）部门资产负债表

部门资产负债表是针对不同金融性公司的业务特点分别提取形成的统计报表。根据《国民经济行业分类》（GB/T 4754—2011）对金融业的行业划分，金融企业分为货币金融服务、资本市场服务、保险业、其他金融服务四大类。其中，货币金融服务分为中央银行服务、货币银行服务和非货币银行服务等；资本市场服务分为证券市场服务、期货市场服务、证券投资服务及其他资本市场服务等，证券市场服务又可以进一步划分为证券经纪交易服务和基金管理服务等；保险业可划分为人身保险、财产保险、再保险、养老金、保险经纪与代理服务等；其他金融服务包括金融信托与管理服务、控股公司服务、非金融机构支付服务等。不同的行业划分下，各类金融机构和类金融机构以其服务的主体功能不同，业务特征各有侧重，所以不同行业的金融性公司资产负债表的指标构成存在一定差异，一些指标为某一行业特有。

根据行业的不同可以从《金融统计资产负债表（全金融机构）》分别提取出《存款性公司资产负债统计表》和《其他金融性公司资产负债统计表》两大金融部门资产负债统计表。根据需要，金融部门资产负债统计表还可以进一步细分为分部门资产负债统计表。例如，《其他金融性公司资产负债统计表》还可以划分为《非存款类银行业金融机构资产负债统计表》《证券业资产负债统计表》《保险业资产负债统计表》《典当公司资产负债统计表》《担保公司资产负债统计表》《小贷公司资产负债统计表》《融资租赁公司资产负债统计表》等分部门资产负债统计表。《证券业资产负债统计表》可以进一步划分为

《证券公司资产负债统计表》和《期货公司资产负债统计表》等次部门资产负债统计表。

编制部门资产负债表是汇总同类金融机构单位的资产、负债的存量和流量，得到的反映某一金融机构分类总体的资产负债表。由于我们对同一分类的金融机构资产负债统计制定了标准化的统计表，所以只要金融机构按照划定类型选中相应的资产负债统计表并按照相应的口径进行填报，这类金融机构的部门资产负债表的汇总就变得十分容易，直接将相应的指标进行加总即可实现。根据部门资产负债表的使用需要，可以对部门内的系统往来项进行必要的轧差处理。比如，在汇总存款类银行业金融机构部门资产负债表时，可以对同业拆借等部门内资金往来项进行轧差，得到区域内存款类银行业金融机构同业拆借业务的净值。如果最终的净值体现为资产，则表示该区域内的存款类银行业金融机构对区域外的同类金融机构有资金的净拆出；反之，如果最终的净值体现为负债，则表示该区域内的存款类银行业金融机构对区域外的同类金融机构有资金的净拆入。

（三）金融性公司资产负债简表

《金融性公司资产负债简表》（参见表6-14、表6-15）是相对《金融统计资产负债表（全金融机构）》而言的简化表，属于“颗粒度”相对较大的统计表，适用于各个金融性公司资产负债情况的统计和展示，指标具有行业通用性。

《金融性公司资产负债简表》同《金融统计资产负债表（全金融机构）》的统计结构和标准一致，包括资产、负债以及所有者权益。通过金融性公司资产负债简表统计可以在同一套指标框架下比较和分析不同金融性公司的资产结构和负债情况。

《金融性公司资产负债简表》包含一级指标22项，其中资产方、负债方各11项，反映记数期的余额概念。简表同时展示了各指标当年及上年同期分别比上月、比年初增加情况，从流量的角度对统计信息的变化进行比较。

表6-14　　金融性公司资产负债简表（a资产方）

栏目 资产方	期末余额	比上月增加		比年初增加	
		当年	上年	当年	上年
一、现金					
二、存款					
1. 存放货币当局					
2. 存放境内其他金融机构					

续表

资产方 \ 栏目	期末余额	比上月增加		比年初增加	
		当年	上年	当年	上年
3. 存放境外金融机构					
三、债务证券					
（一）债券					
1. 持有境内政府债券					
2. 持有境内金融机构债券					
其中：持有银行业存款类机构债券					
3. 持有境内非金融企业债券					
4. 持有境外债券					
（二）票据					
（三）持有的大额可转让存单					
（四）其他债务证券					
四、贷款					
（一）一般性贷款					
1. 境内贷款					
（1）住户贷款					
短期贷款					
中长期贷款					
（2）非金融企业及其他部门贷款					
短期贷款					
中长期贷款					
其他贷款					
（3）保险贷款					
其中：保户质押贷款					
（4）其他贷款					
2. 境外贷款					
（二）买入返售资产					
其中，从银行业存款类机构					
（三）拆放金融机构					
1. 拆放境内存款性机构					
2. 拆放境内其他金融机构					
3. 拆放境外金融机构					
（四）黄金借贷					
（五）证券借贷					
五、股权及投资基金份额					
（一）境内股权及投资基金份额					
1. 股权投资					
2. 投资基金份额					

续表

资产方 \ 栏目	期末余额	比上月增加		比年初增加	
		当年	上年	当年	上年
（1）证券投资基金					
（2）理财产品					
（3）资金信托					
（4）券商资管					
（5）保险资管					
（6）其他投资基金份额					
（二）境外股权及投资基金份额					
六、应收及预付款					
七、金融衍生产品					
八、投资性房地产					
九、外汇买卖（运用方）					
十、其他金融资产					
十一、其他非金融资产					
总资产					

表6–15　　金融性公司资产负债简表（b负债方）

负债及所有者权益 \ 栏目	期末余额	比上月增加		比年初增加	
		当年	上年	当年	上年
一、通货					
其中：流通中的现金					
二、存款					
（一）境内存款					
1. 住户存款					
（1）活期及临时性存款					
（2）定期存款及其他存款					
2. 非金融企业存款					
（1）活期及临时性存款					
（2）定期存款及其他存款					
3. 政府部门存款					
（1）财政性存款					
（2）机关团体部队存款					
（3）社保基金存款					
（4）住房公积金存款					
（5）其他政府部门存款					
4. 金融机构存款					
（1）境内银行业存款类机构存放					
（2）境内证券业机构存放					

续表

栏目 负债及所有者权益	期末余额	比上月增加		比年初增加	
		当年	上年	当年	上年
（3）境内保险业机构存放					
（4）境内交易结算类机构存放					
（5）境内 SPV 存放					
（6）境内其他金融机构存放					
（7）境内其他存款					
5. 其他存款					
（二）境外存款					
其中：境外金融机构存放					
三、债务证券					
（一）债券					
1. 境内债券					
（1）银行业存款类机构债券					
（2）其他金融机构债券					
2. 境外债券					
（二）大额可转让存单					
（三）其他证券负债					
四、贷款					
（一）向中央银行借款					
（二）向金融机构拆借					
1. 向境内银行业存款类机构拆入					
2. 向境内证券业机构拆入					
3. 向境内保险业机构拆入					
4. 境内交易结算类机构存放					
5. 向境内 SPV 拆入					
6. 向境内其他金融机构拆入					
7. 向境外机构拆入					
（三）长期借款					
（四）卖出回购资产					
其中，从银行业存款类机构					
（五）黄金、证券借贷					
五、保险技术准备金					
六、外汇买卖（来源方）					
七、各项准备					
八、应付及暂收款					
九、金融衍生产品					
十、其他金融负债					
负债合计					

续表

负债及所有者权益 \ 栏目	期末余额	比上月增加		比年初增加	
		当年	上年	当年	上年
十一、所有者权益					
其中：未分配利润					
负债及所有者权益合计					

（四）金融业资产负债汇总表

《金融业资产负债汇总表》（参见表6–16）来自金融概览汇并体系（参见图6–2）的第二层，从总、分角度分别展示了金融各部门资产、负债的基本情况。《金融业资产负债汇总表》是对《金融性公司资产负债简表》（参见表6–14和表6–15）的汇总和简化，是从整体和部门的角度对金融业资产和负债情况的展示。

《金融业资产负债汇总表》的主栏向右依次列示了金融业、银行业（其中：中央银行、其他存款公司）、证券业、保险业、其他金融机构等部门分类，较具代表性地反映了金融业的资产负债结构特征，是对金融业资产负债结构的较好展示。其中，银行业由银行业资产负债表汇总而得，又包括中央银行分部门汇总表和其他存款公司分部门汇总表；证券业由证券部门资产负债表汇总而得；保险业由保险部门资产负债表汇总而得；其他金融机构由除银行业、证券业、保险业外的其他金融机构资产负债表汇总而得。金融业由银行业、证券业、保险业和其他金融机构四部分共同汇总而得。

《金融业资产负债汇总表》的宾栏项下依次展开，包含资产方和负债方。其中资产方包括金融资产和非金融资产2个一级指标，以及金融资产项下的9个二级指标，分别为现金、存款、债务证券、贷款、股权及投资基金份额、应收及预付款、金融衍生产品、外汇买卖、其他金融资产情况。负债方包括负债和所有者权益2个一级指标，以及负债项下的10个二级指标，分别为通货、存款、债务证券、贷款、保险技术准备金、外汇买卖、各项准备、应付及暂收款、金融衍生产品、其他金融负债，所有者权益项下的4个二级指标，分别为实收资本×未分配利润、资本公积和一般准备金。

表6–16　金融业资产负债汇总表

资产负债项目	金融业	银行业	其中：		证券业	保险业	其他金融机构
			中央银行	其他存款性公司			
资产合计							
金融资产合计							

续表

资产负债项目	金融业	银行业	其中：		证券业	保险业	其他金融机构
			中央银行	其他存款性公司			
现金							
存款							
债务证券							
贷款							
股权及投资基金份额							
应收及预付款							
金融衍生产品							
外汇买卖（运用方）							
其他金融资产							
非金融资产							
负债及所有者权益合计							
负债合计							
通货							
存款							
境内存款							
境外存款							
债务证券							
贷款							
保险技术准备金							
外汇买卖（来源方）							
各项准备							
应付及暂收款							
金融衍生产品							
其他金融负债							
所有者权益							
实收资本							
未分配利润							
资本公积							
一般准备金							

二、金融概览

（一）概览的含义

金融概览是把一个或多个金融性公司分部门资产负债表数据合并得到的综

合性资产负债表，所以概览可以看成是一种“改造”后的资产负债表，所谓的“改造”则是根据部门（行业）对不同金融性公司的部门资产负债表的指标进行轧差，对报表进行合并得到的部门资产负债表。

（二）金融概览的编制

金融概览采用合并的方法编制。正如金融概览汇并体系（参见图6-2）展示的那样，金融概览的编制通常分为三个层次：一是中央银行概览、其他存款性公司概览、其他金融性公司概览；二是存款性公司概览，由中央银行概览和其他存款性公司概览合并而成；三是金融性公司概览，由存款性公司概览和其他金融性公司概览合并而成。

部门资产负债表是对金融性公司资产负债表的汇总，而概览是对部门资产负债表的合并，金融概览不论采取什么样的表达方式，其内容都是对金融性公司资产负债存量和流量的集中反映。

随着概览合并范围的扩大，相应的部门内交叉资产和负债的对冲范围也将扩大。编制金融性公司概览，对金融性公司部门内部所有的往来业务都要冲销掉，才能准确反映金融性公司整体同其他部门的债权和债务。

中央银行概览是对中央银行履职过程中所形成的资产和负债业务的综合反映；其他存款性公司是指除中央银行外的所有存款性公司，即存款性货币银行，只要其负债包括在广义货币中，就归入该部门；存款性公司概览是合并中央银行概览和其他存款性公司概览，反映存款性公司整体货币与信贷活动的综合性分析报表，特别是对广义货币的反映。有关中央银行概览、其他存款性公司概览和存款性公司概览的编制，在第一节“货币统计框架”中已作了介绍，这里不再重复。

（三）其他金融性公司概览

1. 其他金融性公司的概念

根据在货币供给和金融交易中的作用和地位不同，金融性公司可以分为两大类型，即存款性公司和其他金融性公司，非存款金融性公司即其他金融性公司。

根据业务不同，其他金融性公司可以进一步细分为非货币市场证券公司、基金公司、保险公司、养老基金、典当公司、担保公司、融资租赁公司、小贷公司等。

2. 其他金融性公司业务特点

其他金融性公司包含范围较广而且复杂，不同细分的其他金融性公司业务类型差异迥然，但基本可以归类为负债业务、资本业务和服务类业务三类，而且金融工具分类与存款性公司类似，主要区别在于其他金融性公司的负债不包括在广义货币中。

负债业务是其他金融性公司组织资金来源的业务，主要包括存款、贷款、债务证券、保险技术准备金等。

资产业务是其他金融性公司的资金运用业务，主要包括对存款性公司债权、政府债权、对其他部门债权等。

服务类业务包括经纪服务、代理服务、金融管理服务、提供金融交易结算场所等服务。与存款性公司不同，有的其他金融性公司的自身资产和负债业务很小，提供服务类业务以促成金融资产交易，如金融辅助机构。

3. 其他金融性公司概览内容

根据其他金融性公司资产负债表可以编制其他金融性公司概览。

其他金融性公司的资产项目有：

（1）国外净资产。国外净资产是其他金融性公司对非居民债权减对非居民负债的差额。

（2）对存款性公司债权。对存款性公司债权是其他金融性公司持有的现金、在存款性公司的存款和其他债权。

（3）对政府净债权。对政府净债权是其他金融性公司对政府部门的债权减对政府部门的债务的差额。

（4）对其他部门债权。对其他部门债权是其他金融性公司对公共非金融性公司、其他非金融性公司和其他居民部门的债权。

其他金融性公司的负债项目有：

（1）存款。如证券公司、金融租赁公司客户存放的保证金等。

（2）投资基金份额。作为基金发起人向投资者发行的基金份额。

（3）债务证券。如以基础资产为抵押发行的债务和资产支持证券等。

（4）贷款。如向存款性公司的借款、向其他部门的借款。

（5）金融衍生工具。比如作为发起人发行的期权、期货合约等。

（6）保险技术准备金。保险公司为保险合同有效期内履行赔偿或给付保险金义务而将保险费予以提存的准备金额。

（7）应收和预付款。

（8）股权。

（9）其他项目（净值）。

表6-17 其他金融性公司概览

报表项目	期末余额		比上季新增		比年初新增	
	当年	上年	当年	上年	当年	上年
国外净资产						
对非居民债权						
减：对非居民负债						
对存款性公司债权						
现金						
其他债权						
对政府净债权						
对政府债权						
债务证券						
贷款						
其他债权						
减：对政府负债						
存款						
其他债权						
对其他部门债权						
非金融性公司						
其他居民部门						
存款						
其中：存款性公司						
投资基金份额						
其中：存款性公司						
债务证券						
其中：存款性公司						
贷款						
其中：存款性公司						
金融衍生工具						
其中：存款性公司						
保险技术准备金						
应收和预付款						
其中：存款性公司						
股权						
其他项目（净值）						
其他负债						
减：其他资产						
加：合并调整						

（四）金融性公司概览

金融性公司概览由其他金融性公司概览与存款性公司概览合并而来。金融性公司概览全面提供了金融性公司部门对国内其他所有部门和非居民部门的债权和负债的存量和流量数据，属于货币统计中最高级的汇并层次。

1．金融性公司概览的内容

金融性公司概览是对整个金融业的资产负债的集中反映，所以金融性公司概览相对于前面几个概览概括性更强，指标覆盖范围更广。

金融性公司概览的资产项目主要包括国外净资产和国内债权两部分。国外净资产主要体现为对非居民债权。国内债权分为对政府净债权、对非金融性企业部门债权和对其他居民部门债权。

金融性公司概览的负债项目与其他金融性公司概览负债内容相似，主要包括金融性公司外的现金、存款、投资基金份额、债务证券、贷款、金融衍生产品、保险技术准备金、应收及预付款、股权、其他项目（净值）等。

2．金融性公司概览的编制

金融性公司概览见表6–18。

金融性公司概览的编制原则与存款性公司概览基本一致。需要注意以下几个环节：

（1）存款性公司对其他金融性公司的债权与其他金融性公司对存款性公司的负债冲销。

（2）存款性公司对其他金融性公司的负债与其他金融性公司对存款性公司的债权冲销。

表6–18　　　　金融性公司概览

报表项目	期末余额		比上季新增		比年初新增	
	当年	上年	当年	上年	当年	上年
国外净资产						
对非居民债权						
减：对非居民负债						
国内债权						
对政府净债权						
对政府债权						
减：对政府负债						
对非金融性企业部门债权						

续表

报表项目	期末余额		比上季新增		比年初新增	
	当年	上年	当年	上年	当年	上年
对其他居民部门债权						
金融性公司外的现金						
存款						
投资基金份额						
债务证券						
贷款						
金融衍生产品						
保险技术准备金						
应收及预付款						
股权						
其他项目（净值）						
其他负债（含中央银行浮存资金）						
减：其他资产						
加：合并调整						

（3）金融性公司概览的负债方不显示广义货币的构成。

（4）金融性公司以外的货币等于存款性公司以外的货币与其他金融性公司持有的货币之差。

金融性公司编制时，除对非居民和中央政府的资产和负债以及“其他项目（净值）”以外，其他项目按总量原则编制。对非居民和政府部门的资产和负债在资产方采用净值反映。“其他项目（净值）”包括负债方以上其他为列明项目，作为正值时表示净负债，作为负值时表示净资产。

3. 金融性公司概览的分析

金融性公司概览为全面分析金融业资产状况、反映金融对实体经济发展的贡献提供了一个平台，为分析金融业与实体经济部门间的关系建立了基础。

从金融性公司概览的资产方看，概览分别反映了金融系统对国民经济四部门（政府、非金融企业、居民、国外）的债权情况，通过比较金融性公司资产在四部门的结构变化，分析金融宏观调控的作用方式，提高金融支持实体经济发展的针对性。

从金融性公司概览的负债方看，概览分别反映了金融性公司资金来源的几种形式，通过分析负债构成可以得出广义流动性指标（广义流动性负债）。

结合金融性公司概览资产、负债方的结构变化，分析反映金融对实体经济支持的资金流向和方式。

通过金融性公司概览与其他概览的结合，反映资金在金融系统的运行方式，以及以怎样的方式流入非金融部门。

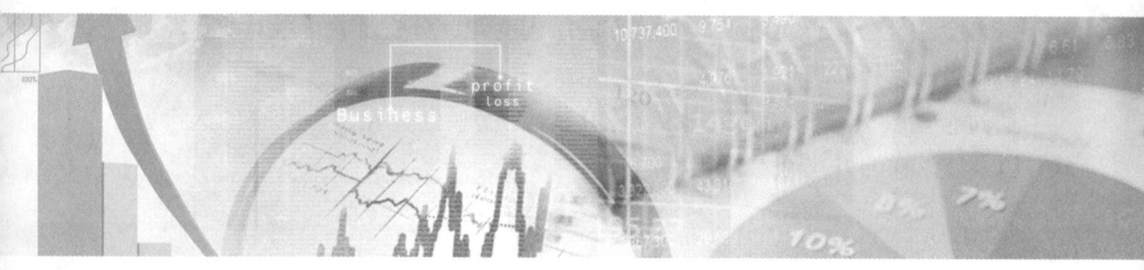

Chapter 7

第七章 | 金融部门资金流量的核算

第一节 资金流量核算的背景

一、资金流量核算概述

资金流量核算是一种从资金运动的视角出发，系统反映社会资金的来源、去向、结构和余额调剂情况的宏观核算方法。资金流量核算是国民经济核算的重要组成部分。在金融不断深化的过程中，资金流量核算的作用也越来越关键。一方面，实物运动和资金流动是相互交织在一起的[①]，商品的生产和交易依赖于货币和资金的流动，商品原材料的采购、加工制造、运输、买卖等环节都伴随着资金的流动，服务业劳务的提供也同样离不开资金运动。另一方面，资金运动也可以独立于实物交易存在，如银行存款、股票买卖，均不涉及实物的运动或劳务的提供，只是单纯的资金流动，这种通过金融工具完成的资金流动方式就是金融交易，金融交易为社会经济的各个部门提供资金融通的渠道，是市场经济不可或缺的环节。

如图7-1所示，社会经济各个部门最初的生产成果形成总产出，经过初次分配和再分配形成可支配收入，可支配收入用于消费和储蓄，储蓄转化为投资和金融交易。因此，准确的资金流量核算有利于掌握商品和服务的生产、交易和消费过程，金融部门的资金流量核算则直接反映了社会经济各个部门的资金

① 赵春萍，资金流量表编制说明，2004，工作论文.

融通状况，对完善宏观调控、制定货币政策、提高金融服务体系效率等都有着很高的参考价值。2008年，爆发了国际金融危机，各国在对此次危机进行反思后认识到，造成危机的一个重要原因是统计制度的不完善，就资金流量核算而言，2008年之前，对金融交易项目的统计较多关注总体数据，忽略了部门间的资金流动，难以适应快速创新的金融市场要求。为此，联合国修订了SNA（国民经济账户体系）。这也是资金流量核算重要性的一个例证。

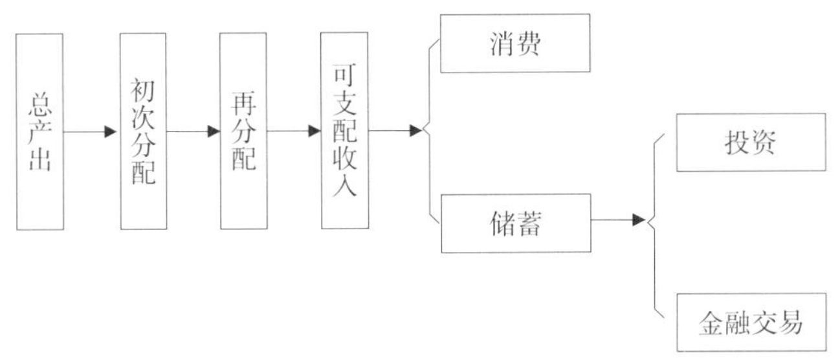

图 7-1　资金运动的过程

就本书而言，前五章侧重于对背景和概念的阐述，理论性强，后六章侧重于金融部门统计的实际操作，应用性强，本章介绍的资金流量核算是金融资产负债核算的延伸，也是构建金融稳健指标体系的基础之一，在金融部门统计的应用中占据着举足轻重的地位，金融部门的资金流量核算将有利于从金融业全机构的角度反映金融部门与实体经济间和金融部门内部的资金流动，动态掌握金融业的发展，特别是金融业综合统计视角下的金融部门资金流量核算，将完善小微金融机构的监测，更准确地评估金融机构对实体经济的支持力度，有利于进一步提升宏观决策的针对性。

介绍资金流量核算方法之前，有必要回顾资金流量核算理论的发展历程。自资金流量核算理论创立至今，如何看待资金流量核算的作用是核心问题。早期资金流量核算的应用更倾向于微观层面，主要用于解释企业的资金来源和资金运用，以及由此引申的企业收入来源或亏损原因。随后，资金流量核算在宏观调控中的作用逐渐受到重视，货币在经济发展中扮演的角色成为资金流量核算关注的焦点。目前，资金流量核算已经深入到社会经济的各个部门之间，致力于通过部门间的资金流量核算防范和化解风险、分析经济金融的运行状况。

根据资金流量核算理论各发展阶段的代表性理论或做法，可将资金流量核算理论划分为五个阶段[①]，如表7-1所示。

① 幸泽林，国外资金流量统计方法研究与启示 [J]，金融与经济，2015，（11）：35-38

表7–1　　资金流量核算理论的发展

理论名称	主要观点或做法	代表性人物或统计规范
现金理论	从资金流量视角解释资产负债表，将资产负债表解释为阐明特定时点企业资金来源和运用的静态资金表	Charles T. Sprague；William M.Cole；Walfer Staub
流量视角	从资金流量视角解释金融账户和资金表，把金融账户和资金表解释为累计收入的资金流动	Sellie；Carson
货币流量	开展金融账户资金流量统计，研究资金流量核算及其账户编制方法，用于分析经济和物价发展中的货币状况	M.A.Copeland
标准化	对按经济功能和实质进行分类的交易项目制定标准，各国开始沿用此套体系编制资金流量表	1993 年联合国 SNA：IMF 货币与金融统计手册
一对一账户	提供了一个能够基于一对一账户统计方法获取部门之间关联性数据的综合性框架，编制一对一跨部门交叉的金融交易数据	2008 年联合国 SNA

二、资金流量核算框架

资金流量核算有三种模式，第一种是只对金融交易进行核算，即狭义的资金流量核算，第二种是以总储蓄为起点，从金融交易扩展到非金融投资及资金筹集的核算方式，第三种是包括实物交易和金融交易的资金流量核算。

资金流量核算的主要产品是资金流量表，表7–2展示了标准资金流量表的表式，标准资金流量表采用矩阵结构，主栏表示交易项目，宾栏表示机构部门。每个部门再细分为资金来源和资金运用两栏，其中资金运用栏在左侧，资金来源栏在右侧，表示该部门在对应交易项目上资金筹集和使用情况。主栏的交易项目根据交易性质分为实物交易和金融交易两类，目前世界各国的资金流量核算有的只核算金融交易，有的将实物交易也纳入核算范围。由此，资金流量表可以被分为宾栏相同、主栏不同的两大部分，分别反映实物交易和金融交易的资金流量。

资金流量表登录数据的基本方法是复式记账法，对每笔交易都在两个账户中做记录。就实物交易而言，某个部门的收入对应着另一个部门的支出，即某个部门的资金来源必然对应着另一个部门的资金运用。就金融交易而言，某个部门金融资产的增减也必然对应着另一个部门金融负债的增减。资金流量表登录数据的基本核算规则是权责发生制，即以权利或义务形成的时间为标准记录收入和支出。如记录消费项目的资金流量时，在消费品所有权发生转移时记录。资金流量数据的基本计价原则是市价计价。如交易双方约定价格成交，则以约定价格记录；如没有约定价格，则以同类交易价格记录；如没有同类交易价格，则以生产成本记录。

表7–2　　标准资金流量表

机构部门 交易项目	部门1		部门2		……		部门n	
	运用	来源	运用	来源	运用	来源	运用	来源
交易项目1								
交易项目2								
……								
交易项目n								

复式记账法等原则可以保证资金流量表的平衡。然而，由于逐笔登录交易对数据来源要求极高，在实际操作中很难实现，目前大多数国家是通过计算交易项目的存量变化来核算资金流量。

依据资金流动的原理，资金流量表有以下恒等关系：

（1）每个部门在各交易项目上的资金来源之和等于资金运用之和。

（2）每个交易项目上各部门的资金来源之和等于资金运用之和。

（3）每个交易项目上某一部门的资金来源等于其他部门的资金运用之和。

（4）每个交易项目上某一部门的资金运用等于其他部门的资金来源之和。

第二节　资金流量核算的现状

目前，世界各国资金流量的核算方法以美国和日本等发达国家较为领先，本节将介绍美国和日本的资金流量核算和分析方法，并与中国进行对比。

一、美国和日本的资金流量核算

（一）美国的资金流量表

1. 资金流量表的部门分类

美国的资金流量表划分为六大部门：

（1）住户和非营利组织。

（2）非金融企业（包括公司制企业和非公司制企业）。

（3）州和地方政府。

（4）联邦政府。

（5）国内金融部门：包括货币当局、私营存款机构（国内银行，国外银行，隶属于美国区域的银行，信用社）、财险公司、寿险公司、私营和公共养老基金、货币市场基金、共同基金、封闭式基金和交易所交易基金、政府赞助企业（指由美国国会按照联邦章程设立但由私人控股的一类金融服务机构，其设立的目的在于为特定借贷市场，如农业、家庭住房、教育等提供更加便利和较低成本的信贷支持）、机构和政府支持的抵押债务组合、资产支持证券发行者、金融公司、房地产集合投资信托计划、证券经纪人和交易商、金融控股公司、公司型基金。

（6）国外。

2. 资金流量表交易项目分类

美国资金流量表是以总储蓄为起点，从金融交易扩展到非金融投资及资金筹集的核算表，其中非金融交易的数据来自美国商务部生产账户，金融交易由美国联邦储备系统编制。融合了非金融交易和金融交易的资金流量表由美国联邦储备系统定期发布。

目前，美国资金流量表中的非金融交易包括总储蓄，资本消耗，净储蓄，总投资，私人资本支出（细分项为耐用消费品、住宅建设、非住宅建设、库存变动、非生产性非金融资产）。金融交易按照金融工具的期限、风险程度和法律地位等进行分类，包括官方外汇储备、特别提款权、财政货币、在国外的存款、银行间净债权、支票存款和现金、定期和通知存款、货币市场共同基金股票、联邦基金及证券回购、债券（细分项为公开市场票据、国债、机构和政府支持证券、市政证券、企业债券和外国债券）、贷款（存款性机构贷款、其他贷款和预付款、抵押贷款、消费信用）、公司股票、共同基金份额、交易信用、人寿保险储备、养老金、应缴税费、非公司企业权益、海外投资、外商直接投资。

3. 资金流量表的表式

美国资金流量表的编制是以各分部门的资金流量表为基础汇总的，各分部门的资金流量表则来源于各部门的资产负债表和损益表。总体上看，美国的资金流量表表式是标准的部门交易矩阵，以机构部门为列，以交易项目为行，同时展示每个部门的资金来源和资金运用。表7-3展示了2015年美国资金流量表，从左到右各列部门依次是住户和非营利组织、非金融企业、州和地方政府、联邦政府、国内非金融部门、国内金融部门、国外、所有部门总和以及误差项。其中，国内非金融部门等于住户和非营利组织、非金融企业、州和地方政府、联邦政府之和。对每个部门，左列为资金运用，右列为资金来源。从上到下各行的交易项目按照非金融交易和金融交易的顺序排列。

表7-3　　2015年美国资金流量表　　单位：10亿美元

项目＼部门	住户和非营利组织		非金融企业		州和地方政府		联邦政府		国内非金融部门		国内金融部门		国外		合计		工具误差
	运用	来源	运用	来源	运用	来源	运用	来源	运用	来源	运用	来源	运用	来源	运用	来源	
总储蓄	—	2378.1	—	2172.0	—	184.8	—	-367.0	—	4367.9	—	251.7	—	465.4	—	5084.9	—
资本消耗	—	1465.3	—	1633.4	—	249.5	—	272.7	—	3620.9	—	196.4	—	—	—	3817.3	—
净储蓄	—	912.8	—	538.6	—	-64.6	—	-639.7	—	747.0	—	55.3	—	465.4	—	1267.7	—
总投资	2806.7	—	2151.1	—	150.4	—	-292.7	—	4815.5	—	349.2	—	133.6	—	5298.3	—	-213.3
私人资本支出	1897.8	—	2157.2	—	357.2	—	233.1	—	4645.2	—	238.0	—	0.0	—	4883.2	—	201.7
耐用消费品	1251.2	—	—	—	—	—	—	—	1251.2	—	—	—		—	1251.2	—	—
住宅建设	506.3	—	103.4	—	4.3	—	1.4	—	615.4	—	-0.3	—	—	—	615.2	—	—
非住宅建设	148.5	—	1915.1	—	343.1	—	262.6	—	2669.3	—	238.3	—	—	—	2907.6	—	—
库存变动	—	—	109.2	—	—	—	—	—	109.2	—	—	—	—	—	109.2	—	—
非生产性非金融资产	-8.3	—	29.4	—	9.8	—	-30.9	—	0.0	—	—	—	0.0	—	—	—	—
官方外汇储备	—	—	—	—	—	—	-6.4	0.0	-6.4	0.0	0.1	—	0.0	-6.3	-6.3	-6.3	—
特别提款权	—	—	—	—	—	—	—	0.0	—	0.0	0.0	—	—	—	0.0	0.0	—
财政货币	—	—	—	—	—	—	—	-0.0	—	-0.0	1.3	—	—	—	1.3	-0.0	-1.3
……																	

注：表中数据四舍五入。

值得注意的是，由于数据来源的多样性，部分统计数据可能无法精确匹配，造成理论上的恒等关系在资金流量表中出现偏差。为了描述这样难以说明问题来源的差值，美国的资金流量表还设置了误差项，误差项设置在每行的末尾，即对每个交易项目的资金来源与资金运用之差用误差项来表示。

（二）日本的资金流量表

日本银行（日本中央银行）发布的资金流量表只包括金融交易，实物交易部分包括在日本统计局发布的投入产出表中。本部分介绍的日本资金流量表特指金融交易的资金流量表。

1. 资金流量表的部门分类

日本资金流量表划分为六大部门：

（1）金融机构：包括中央银行、存款性公司、证券投资信托、保险和养老基金、其他金融中介机构、其他融资辅助机构。

（2）非金融企业：包括私有非金融企业和公共非金融企业。

（3）广义政府：包括中央政府、地方政府、社保基金。

（4）住户。

（5）为住户服务的私有非营利机构。

（6）国外部门。

2. 资金流量表的交易分类

日本资金流量表的金融交易有51个细项，主要包括：通货和存款（通货、存放中央银行款项、政府存款、可转让存款、定期和活期存款、存单、外币存款），贷款（中央银行贷款、短期贷款和支票、私有金融机构发放的贷款、公共金融机构发放的贷款、非金融机构发放的贷款、分期贷款、回购协议和证券借贷），债券（国债贴现票据、中央政府债券、地方政府债券、公司债券、金融债券、工业债券、外国居民发行的债券、商业票据、信托、结构性金融工具），股票和投资基金份额，保险、养老金和标准化担保，金融衍生工具和员工持股计划，信用货币，贸易信用和进出口交易信用，应收应付账款，对外直接投资（包括以证券形式），其他对外资产和负债。

3. 资金流量表的表式

日本资金流量表体系由金融资产负债余额表、交易表和调整表三张表组成。金融资产负债余额表主要反映各金融账户期末的资产负债存量。金融交易表记录当期金融交易的流量，是根据金融账户资产负债的变动情况编制的，直接反映了各机构部门当期对金融交易项目的资金运用和资金来源情况。在资金流量表对应的期间，由于金融交易项目的价格可能发生变化，因此，需要对金融交易项目价格变化引起的金融资产负债存量的变化进行测算，以真实反映随着金融交易产生的资金流动，即形成了调整表。

因此，期末的金融资产负债存量等于期初的资产负债存量、当期金融交易流量与当期的调整量之和。

与美国资金流量表的表式相似，日本资金流量表也是标准的部门交易矩阵，以机构部门为列，以交易项目为行。日本资金流量表对机构部门的细分程度是世界领先的，如对金融机构除前述的分类外，还将存款性公司分为国内持牌照的银行、国外银行、农业政策性金融机构、小企业金融机构，将证券投资信托分为集合管理信托、债券投资信托、股票投资信托，将保险分为人寿保险、非人寿保险（包括私营非人寿保险公司和标准化担保机构）、互助保险，将养老基金分为企业养老金（包括确定给付计划和固定缴款养老金计划）、其他养老金，将其他金融中介机构分为非银行（包括金融性公司和结构融资特殊目的公司及信托）、公共金融机构（包括财政贷款基金和国营金融机构）、金融交易商和经纪人（包括证券公司）。由于机构分类极为详细，日本资金流量表是由多张报表构成的报表体系，限于篇幅，本章未对日本资金流量表进行展示，该表由日本银行定期发布，可从日本银行网站获得。

编制方法上，日本的资金流量表也有独特之处。在编制资金流量表的过程中，一方面，通过对各部门的金融资产负债类型进行统计，将各部门的金融资产负债细分到各金融交易项目上，由于这种方法在资金流量表中表现为垂直方向上的分解，因此被称为“垂直法”；另一方面，对各金融交易项目的持有部门进行统计，将各金融交易的存量细分到各部门，由于这种方法在资金流量表中表现为水平方向上的分解，这种方法被称为“水平法”。同时使用垂直法和水平法编制资金流量表，既克服了单一方法编制可能遇到的困难，也提高了数据的准确性。

（三）资金流量分析

基于资金流量表，国外学者从不同角度展开了分析。国际公认的资金流量分析方法是由美国学者Copeland创立的，1952年，Copeland发表论著《美国货币流量的研究》[①]，从货币流量的视角解释了1936—1942年美国的经济增长，创造性地将会计思想引入宏观经济分析中，形成了资金流量分析的框架。随后的几十年间，西方经济学界对资金流量分析进行了诸多探索。1958年，Dawson最

① Copeland, M.A., 1952, A Study of The Money flows in the United States[R], NBER, New York.

早提出建立资金流量模型[1]，构造国民经济各部门在金融资产交易项目上的供给和需求函数。1965年，Goldsmith尝试通过资金流量分析资本市场[2]，对美国债券市场（包括联邦政府债券、州和地方政府债券、企业债券）、股票市场和住房抵押贷款市场展开了深入分析。1983年，Klein将投入产出分析方法引入资金流量分析[3]。1994年，Christiano等通过研究资金流量探讨了货币政策的效果[4]。2004年，Dawson以泰国为例，通过分析资金流量阐释了1997年亚洲金融危机的成因[5]。

（四）美国、日本资金流量核算方法的启示

对美国、日本资金流量核算方法中先进的做法进行总结，一是对金融交易项目的分类更为细致，可以更精确地把握金融交易结构；二是依据核算期间内金融交易项目价格的变动设置调整表，排除了非交易因素导致的资金流动；三是同时使用“垂直法”和“水平法”编制资金流量表，两种方法互相印证，提高了数据的准确性。

二、中国资金流量核算

（一）资金流量表的部门分类

目前我国的资金流量表包括实物交易和金融交易两个部分，资金流量表（实物交易）由国家统计局编制，资金流量表（金融交易）由中国人民银行编制，统计对象被划分为五大部门。

1. 非金融企业部门

非金融企业部门是由所有非金融企业归并在一起形成的。非金融企业指主要从事市场货物生产和提供非金融市场服务的常住企业，它主要包括从事上述活动的各类法人企业。

---

① Dawson，J.C.，1958，A Cyclical Model for Post War United States Financial Markets[J]，American Economic Review.

② Goldsmith，R.W.，1965，The Flow of Funds in the Postwar Economy [M]，Columbia University Press.

③ Klein，L.R.，1983，Lectures in econometric，Amsterdam：North-Holland

④ Christiano，L.J.，M.Eichenbaum，and C.Evans，1994，“the Effects of Monetary Policy Shocks：Some Evidence from the Flow of Funds[R]，NBER working paper 1994.No.4699.

⑤ Dawson，J.C.，2004，“The Asian Crisis and Flow-of-Funds Analysis”，Review of Income and Wealth，Vol.50，No.2，pp.243-260，June.

2．金融机构部门

金融机构部门是由所有金融机构归并在一起形成的。金融机构指主要从事金融媒介以及与金融媒介密切相关的辅助金融活动的常住单位，它主要包括中央银行、商业银行和政策性银行、非银行信贷机构、证券机构、保险机构及其他金融机构。

3．政府部门

政府部门是由所有政府单位归并在一起形成的。政府单位指在我国境内通过政治程序建立的、在一特定区域内对其他机构单位拥有立法、司法和行政权的法律实体及其附属单位。政府单位的主要职能是利用征税和其他方式获得的资金向社会和公众提供公共服务。通过转移支付，对社会收入和财产进行再分配。它主要包括各种行政单位和非营利性事业单位。

4．住户部门

住户部门是由所有住户归并在一起形成的。住户是指共享同一生活设施、部分或全部收入和财产集中使用、共同消费住房、食品和其他消费品与消费服务的常住个人或个人群体。

5．国外部门

国外部门是由所有非常住单位归并在一起形成的。所有不具有常住性的机构单位都是非常住单位。

（二）资金流量表的交易分类

我国资金流量表（实物交易）对交易的分类有：净出口，增加值，劳动者报酬，生产税净额，财产收入（细分项为利息、红利、地租和其他），初次分配总收入，经常转移（细分项为所得税财产税等经常税、社会保险缴款、社会保险福利、社会补助和其他），可支配总收入，最终消费（细分项为居民消费和政府消费），总储蓄，资本转移（细分项为投资性补助和其他），资本形成总额（细分项为固定资本形成总额和存货增加），其他非金融资产获得减处置，净金融投资。

我国资金流量表（金融交易）对交易的分类有：通货、存款（细分项为活期存款、定期存款、财政存款、外汇存款和其他存款），证券公司客户保证金，贷款（细分项为短期贷款与票据融资、中长期贷款、外汇贷款、委托贷款和其他贷款），未贴现的银行承兑汇票，保险准备金，金融机构往来，准备金，证券（包括国债、金融债券、中央银行债券、企业债券和股票），证券投资基金份额，库存现金，中央银行贷款，其他（净），直接投资，其他对外债权债务，国际储备资产及国际收支错误与遗漏。

（三）资金流量表的表式

与国际通用表式相同，中国资金流量表采用的也是部门交易矩阵式表。每列记录各机构部门在各交易项目上的资金来源和运用情况，每行记录各交易项目的资金流动在各机构部门间的分配情况。表7–4展示了2014年中国资金流量表（实物交易），表7–5展示了2014年中国资金流量表（金融交易），由于资金流量表数据的滞后性，2016年国家统计年鉴中的资金流量表只更新至2014年。

根据资金流动的原理，资金流量表中应反映的恒等关系对中国资金流量表也依然适用，如每个交易项目上各部门的资金来源之和等于资金运用之和，每个交易项目上某一部门的资金来源之和等于其他部门的资金运用之和。而由于我国实物交易和金融交易的资金流量在两张表中反映，因此每个部门在各交易项目上的资金来源之和等于资金运用之和的关系在资金流量表（金融交易）中并不适用，各部门在金融交易项目上的资金运用与资金来源之差称为净金融投资。对非金融企业部门和金融机构部门，通常金融交易项目的资金运用小于资金来源，即净金融投资为负，对政府部门和住户部门，通常金融交易项目的资金运用大于资金来源，即净金融投资为正，这反映了金融中介对融资的作用。

此外，中国资金流量表在编制过程中就考虑了各种数据来源间产生误差的原因，对误差进行了分析并选择更可靠的来源作为基础数据，因此未设置误差项（如美国）或调整表（如日本）。

（四）中国资金流量分析

国内资金流量分析起步于20世纪90年代，目前国家统计局公布的中国资金流量表可追溯到1992年。其中实物交易部分由国家统计局编制，金融交易部分由中国人民银行编制。基于资金流量表，国内学者从资金流量表的编制方法、资金流量视角下的宏观经济金融分析、资金流量分析模型等方面进行了有益的探索。

表7-4 2014年中国资金流量表（实物交易）

（单位：亿元）

机构部门 交易项目	非金融企业部门		金融机构部门		政府部门		住户部门		国内合计		国外		合计	
	运用	来源	运用	来源	运用	来源	运用	来源	运用	来源	运用	来源	运用	来源
一、净出口												-16151.6		-16151.6
二、增加值		392751.1		46665.2		47757.3		156800.4		643974.0				
三、劳动者报酬	162388.2		13687.5		41014.1		109675.1	328347.4	326764.9	328347.4	1837.9	255.4	328602.8	328602.8
四、生产税净额	69823.0		5366.8		305.0	78643.1	3148.3		78643.1	78643.1			78643.1	78643.1
五、财产收入	50388.7	26991.2	54602.9	48901.3	6313.1	19498.1	9360.1	24508.8	120664.7	119899.3	12868.5	13633.9	133533.2	133533.2
（一）利息	25099.4	22932.7	50599.0	47897.4	6313.1	8057.4	9301.5	20255.4	91312.9	99142.9	8912.8	1082.8	100225.7	100225.7
（二）红利	18131.2	3955.7	1628.8	1003.9		4224.0		1980.9	19760.0	11164.6	3955.7	12551.1	23715.7	23715.7
（三）地租	5810.8					5869.4	58.6		5869.4	5869.4			5869.4	5869.4
（四）其他	1347.3	102.7	2375.1			1347.3		2272.4	3722.4	3722.4			3722.4	3722.4
六、初次分配总收入		137142.3		21909.3		98266.4		387473.1		644791.1				
七、经常转移	22113.2	1233.2	10642.0	4655.6	52827.7	76135.6	45534.8	49171.6	131117.8	131205.9	2525.2	2437.1	133643.0	133643.0
……														

表7-5　　2014年中国资金流量表（金融交易）　　（单位：亿元）

机构部门 / 交易项目	非金融企业部门		金融机构部门		政府部门		住户部门		国内合计		国外		合计	
	运用	来源	运用	来源	运用	来源	运用	来源	运用	来源	运用	来源	运用	来源
净金融投资	-64014		8918		20393		50328		15624		-15624			
资金运用合计	78893		316636		39895		88407		523831		15592		539423	
资金来源合计		142908		307717		19502		38079		508207		31216		539423
通货	152		269	1688	34		1132		1587	1688	101		1688	1688
存款	42993		13828	130364	31870		44788		133478	130364	2220	5334	135698	135698
活期存款	-255			12364	7668		4952		12364	12364			12364	12364
定期存款	19994			74886	15523		39369		74886	74886			74886	74886
财政存款				5531	5531				5531	5531			5531	5531
外汇存款	8894		1443	6608	17		309		10663	6608	1279	5334	11942	11942
其他存款	14359		12385	30975	3131		159		30034	30975	941		30975	30975
证券公司客户保证金	3267		1115	8169	1603		2045		8029	8169	140		8169	8169
……														

资金流量表的编制方法上，王洋等（2008）提出以企业现金流量表为基础，通过特定的汇总方法展示货币在住户、非金融企业、金融机构和政府间的循环路径，进而编制出宏观资金流量表的思路[①]。刘妍琼等（2014）基于1992—2009年统计年鉴数据编制了“部门X交易”金融资金流量表，并探索使用资金流量表进行预测，编制出2010—2011年“部门X交易”金融资金流量矩阵的延长表[②]。刘瑞兴（2015）编制了资金流量表各机构部门间的系数矩阵[③]。

资金流量视角下的宏观经济金融分析方面，李扬等（2007）分析了中国居民、企业和政府的储蓄率[④]；蒋萍等（2012）研究了中国涉外交易反映的国外部门在国民收入分配中的参与和资金在金融交易项目上的流动过程[⑤]；魏众（2014）研究了中国宏观初次分配和再分配格局、劳动者报酬偏低、政府部门财产性收入与房地产市场的相关性、居民财产性收入占比偏低等问题[⑥]；李静萍（2015）探讨了中国金融机构提供的融资对实体经济的促进作用[⑦]。

资金流量分析模型的建立上，胡秋阳（2010）借鉴投入产出分析模型建立了资金关联模型[⑧]；李宝瑜等（2014）提出建立包含4个机构部门模型、2个金融产品模型、4个部门与产品交叉模型的资金流量表模型体系[⑨]；张帅等（2014）设计了中国金融资金流量矩阵表延长模型，改善了资金流量表数据较为滞后的弊端，有效提高了资金流量表的应用价值[⑩]。

第三节　金融部门资金流量核算

在本章第二节中，已对有代表性的发达国家和我国金融部门资金流量核

① 王洋，柳欣．资金流量核算的新方法 [J]. 统计与决策，2008（3）：9-12.

② 刘妍琼，许涤龙．金融资金流量表的编制及预测 [J]. 统计与决策，2014（19）：42-45.

③ 刘瑞兴．部门间资金流量表系数矩阵的编制及应用—宏观经济环境对金融部门资金流量的长期影响分析 [J]. 经济统计学，2015，（2）：33-44.

④ 李扬，殷剑峰．中国高储蓄率问题探究——1992—2003 年中国资金流量表的分析 [J]. 经济研究，2007，（6）：14-26.

⑤ 蒋萍，贾帅帅．基于矩阵式资金流量表的涉外交易考察 [J]. 统计研究，2012，（4）：58-65.

⑥ 魏众 .2000—2011 年中国宏观分配格局中的问题分析——基于资金流量表的分析 [J]. 经济学动态，2014（11）：8-14.

⑦ 李静萍．中国金融部门融资对实体经济增长的影响研究 [J[. 统计研究，2015，（10）：21-31.

⑧ 胡秋阳．投入产出式资金流量表和资金关联模型 [J]. 数量经济技术经济研究，2010，（3）：133-146.

⑨ 李宝瑜，李原．资金流量表模型体系的建立与应用 [J]. 统计研究，2014，（4）：3-12.

⑩ 张帅，李宝瑜．中国金融资金流量矩阵表延长模型研究 [J]. 统计研究，2014，（6）：3-10.

算做了介绍，从金融部门统计的应用性出发，本节将详细阐述我国资金流量表（金融交易）的编制方法，并从金融业综合统计视角下提出金融部门资金流量核算的新框架。由于本书第四章已对金融资产和负债做了较完整的介绍，本节对金融交易项目的概念阐释将相应简化。

一、中国金融部门资金流量核算方法

我国资金流量表（金融交易）的编制共有20个项目，36个细分项，根据交易项目的范围和主要参与部门划分，可分为国内金融交易项目和国外金融交易项目。

（一）国内金融交易项目

1. 净金融投资

从金融交易角度看，净金融投资是金融资产的增加额减金融负债的增加额之后的差额，反映机构部门或经济总体资金富余或短缺的状况。每个部门的净金融投资数值等于金融交易项目的资金运用合计减去资金来源合计。由于净金融投资体现了对金融交易项目的资金投入，是一种资金的运用，因此统一记录在资金运用账户，当净金融投资为负时，表示该部门是资金的融入方。

2. 资金运用合计

该账户记录各部门对各金融交易项目的资金运用之和。

3. 资金来源合计

该账户记录各部门从各金融交易项目获得的资金来源之和。

4. 通货

在中国，货币由中央银行（中国人民银行）发行，因此通货是中央银行的负债，在资金流量表中表现为金融机构部门的资金来源。但中央银行的资产负债表中货币发行是总量数据，无法识别货币在各机构部门间的分布，因此，需开展货币流通量调查，对住户、企业、金融机构和政府持有的现金量进行推算，并以中央银行发布的货币流通量为总控制数。

5. 存款

由于存款业务的特殊性，我国只有存款类金融机构可以吸收存款。根据中国人民银行最新发布的《金融机构编码规范》（2014年9月19日），存款类金融机构包括银行、城市信用合作社（含联社）、农村信用合作社（含联社）、农村资金互助社和财务公司。

中国人民银行对存款类金融机构进行制度化的数据采集，将各项存款分为境内存款和境外存款，境内存款又细分为个人存款（包括活期储蓄存款、定期储蓄存款、结构性存款），单位存款（包括活期存款、定期存款、保证金存款、结构性存款），国库定期存款和非存款类金融机构存款。通过对存款的所有人和类型进行细分，就可以得出各机构部门分类别的存款量。

6. 证券公司客户保证金

证券公司客户保证金是在证券公司开户的账户中用于证券交易的全部资金。通过对证券公司账户的所有人进行分类，可以明确客户保证金的来源，统计各机构部门的资金来源和使用。

7. 贷款

与存款业务不同的是，除存款性金融机构外，部分非存款性金融机构（如小额贷款公司）也可以从事贷款业务。

中国人民银行对从事贷款业务的金融机构也进行制度化的数据采集，将各项贷款分为境内贷款和境外贷款，境内贷款又分为短期贷款（包括个人贷款及透支、单位贷款及透支、非存款类金融机构贷款），中长期贷款（包括个人贷款、单位贷款、非存款类金融机构贷款），票据融资、融资租赁和各项垫款。通过对贷款的发放对象和类型进行细分，就可以得出各机构部门分类别的贷款量。

8. 未贴现的银行承兑汇票

银行承兑汇票本质上是银行对企业的一种信用支持，当对银行承兑汇票进行贴现操作时，银行承兑汇票就转化为贷款，应当计入银行贷款项目。因此，未贴现的银行承兑汇票才真实反映了银行承兑汇票项目上的资金流动。

由于银行承兑汇票只涉及企业和银行两个部门，资金流量表中只有非金融企业和金融机构两个部门在该交易项目上产生资金流量。当银行开立承兑汇票时，在资金流量表中表现为金融机构部门的资金运用和非金融企业部门的资金来源，而银行承兑汇票的出票人应于汇票到期前将票款足额交存其开户银行，因此当银行兑付汇票时，在资金流量表中表现为金融机构部门的资金来源和非金融企业部门的资金运用，这两个过程的资金流量是完全相等的。

承兑汇票是商业银行的表外业务，未贴现银行承兑汇票的数据是通过商业银行表内表外并表后得出的。中国人民银行对金融机构的该项业务进行统计。

9. 保险准备金

我国的保险准备金是指对人寿保险准备金和养恤基金的净权益、保险费预付款和未结索赔准备金。企业和个人运用资金向金融机构购买保险或参与政府统筹的各类保险，因此保险准备金项目是非金融企业部门和住户部门的资金运用，是金融机构部门和政府部门的资金来源。

保险公司和政府统筹保险的规模反映了金融机构部门和政府部门在该项目上的资金来源。通过对向保险公司购买保险和参与政府统筹保险的企业和个人进行区分，可以分别得出非金融企业部门和住户部门在该项目上的资金运用。中国保监会和全国社会保障基金是该项目的数据来源。

10．金融机构往来

金融机构往来指各金融机构之间的资金往来，包括同业存放款和同业拆借款。所谓的"同业"范围很广，是金融业的概念，包括商业银行、信用社、财务公司、证券公司、保险公司等各类金融机构。同时，金融机构往来可分为国内同业往来和国外同业往来，外国经营外汇业务的银行，为方便国际业务收付，通常会在国内银行开立存款账户，属于国外部门和国内金融机构之间的资金往来，称为"国外同业往来"。

在金融机构往来项目上产生资金流动的只有金融机构部门和国外部门，该项目可通过银行信贷收支报表中"银行业存款类金融机构往来""借款及非存款类金融机构拆入""非存款类金融机构存款"等科目及细分项核算。中国人民银行对商业银行的该项业务进行统计。

11．准备金

准备金指各金融机构在中央银行的存款及缴存中央银行的法定准备金。准备金是为了保证客户提取存款和资金清算的需要。法定准备金的缴存比例是由中央银行确定的，法定存款准备金率也被视为中央银行传统的货币政策工具之一。超出法定准备金的存款称为超额准备金。

准备金项目的资金流动表现为中央银行的资金来源和存款类金融机构的资金运用，因此只涉及金融机构部门。该项目的数据从中国人民银行的资产负债表中可直接获得。

12．证券

证券包括债券和股票。根据发行主体的不同，目前我国金融市场上的债券可分为国债（中央政府发行）、金融债券（金融机构发行）、中央银行债券（中国人民银行发行）、企业债券（非金融企业发行）。债券交易的数据可从中央国债登记结算有限责任公司和中国银行间市场交易商协会获得。通过对债券的发行人、持有人和类型进行细分，可以得出各机构部门对债券项目的资金运用和资金来源。

目前我国股票的发行主体涵盖非金融企业和金融机构，这两个部门通过股票获得资金，同时也运用资金购买股票，而住户部门和政府部门则只表现为资金运用。此外，随着我国金融市场的逐步开放，国内机构和个人可以投资国外股票，国外机构和个人也可以投资国内股票，因此国外部门既表现为资金的来源，也表现为资金的运用。股票交易的数据可从中国证监会（来源于中国证券登记结算有限责任公司）获得。通过对股票的发行人、持有人和类型进行细分，可以得出各机构部门对股票项目的资金运用和资金来源。

13．证券投资基金份额

非金融企业、金融机构、政府、住户、国外均可投资证券投资基金份额，因此上述部门都表现为资金的运用，而证券投资基金是由基金公司管理和运作的，因此表现为金融机构部门资金的来源。证券投资基金份额数据可从中国证监会（来源于基金管理公司和中国证券登记结算有限责任公司）获得。通过对证券投资基金的发起人和持有人进行细分，可以得出各机构部门对证券投资基金份额项目的资金运用和资金来源。

14．库存现金

资金流量表中库存现金的概念是单指金融机构的库存现金，库存现金和存款准备金、流通中货币共同构成基础货币。除国内金融机构外，国外部门也有库存人民币，因此该项目通常表现为国内金融机构部门的资金来源和资金运用、国外部门的资金来源，其他部门不涉及此项。

库存现金的数据可从各金融机构的统计报表中获得，中国人民银行对该项目进行统计。

15．中央银行贷款

中央银行贷款指中央银行向各金融机构的贷款，主要包括再贷款和再贴现。中央银行作为最后贷款人，为实现货币政策目标向商业银行发放再贷款。再贴现是中央银行通过买进商业银行持有的已贴现但尚未到期的商业汇票，向商业银行提供融资支持的行为。再贴现是中央银行传统的货币政策工具。

中央银行贷款业务只在中央银行和商业银行间发生，因此该项目表现为金融机构部门的资金来源和资金运用，数据可从中国人民银行获得。

16．其他（净）

该项目主要用于核算参与范围和主体较为有限的金融交易，如期货、期权等金融衍生品，私募股权基金等金融产品。

（二）国外金融交易项目

国外金融交易项目需借助国际收支平衡表完成，国际收支平衡表分经常项目、资本和金融项目、储备资产、净误差与遗漏四个项目编制，经常项目是指货物、服务、收益及经常性转移等交易，因此与资金流量表（金融交易）相对应的是资本和金融项目，资金流量表（金融交易）针对国外金融交易设置了四个项目。

1. 直接投资

资金流量表中的直接投资是指国际直接投资，包括我国在外直接投资和外国在华直接投资。国际直接投资是一国的自然人、法人或其他经济组织单独或共同出资，在其他国家的境内创立新企业，或增加资本扩展原有企业，或收购现有企业，并且拥有有效管理控制权的投资行为。

直接投资通常是企业行为，因此该项目表现为国内非金融企业的资金来源（数值为外国在华直接投资）和资金运用（数值为我国在外直接投资），国外部门的资金运用和资金来源。数据可从国际收支平衡表中直接获得。

2. 其他对外债权债务

其他对外债权债务是指除已有的贷款、金融机构往来、债券等债权债务外国内部门与国外部门的债权债务性交易，如延期付款、贸易信用等。

国内非金融企业部门、金融机构部门、政府部门和国外部门均可能产生债权债务，都会有资金来源和资金运用。国内住户部门不产生债权债务。该交易项目的数据可从国际收支平衡表中资本和金融项目的资产和负债数据汇总得出。

3. 国际储备资产

国际储备资产指可用于弥补或调节国际收支不平衡的储备资金。包括黄金、外汇、特别提款权、在国际货币基金组织的储备头寸、基金信贷等。国际收支平衡表中，负号表示储备资产增加，正号表示储备资产减少。

国际储备资产由中央银行负责管理，在中央银行资产负债表上属于中央银行资产，且该项目是在与国外部门的往来中产生的，因此资金流量表中该项目表现为国内金融机构部门的资金来源和国外部门的资金运用。

4. 国际收支错误与遗漏

国际收支平衡表是采用复式记账法编制的，每一笔业务在借方和贷方都有体现。由于国际收支平衡表各账户的统计数据来源尚未统一、业务记录时间不统一、人为误差等多种因素，表中借方和贷方总额可能不相等。为了平衡国际收支表，设置了净误差与遗漏项。

资金流量表中，将国际收支错误与遗漏项计入国内非金融企业部门的资金来源和国外部门的资金运用。

二、金融部门资金流量核算的新框架

（一）金融业综合统计视角下的金融部门资金流量核算

基于金融业综合统计视角，本书提出了一个新的金融部门资金流量核算框架。除已有的标准资金流量表外，金融业综合统计将全面掌握金融业各细分行业间的资金流动情况，编制出全金融机构部门资金流量表和全机构部门金融交易资金流量表。

表7-6展示了全金融机构部门资金流量表，表中的每一行代表各个行业从其他行业获得的资金，每一列代表各个行业对其他行业的资金运用。全金融机构部门资金流量表通过揭示金融业内部的资金运动路径真实反映了金融业混业经营情况和宏观政策效果，有利于防范和化解金融风险、提高宏观调控的针对性。若对各细分行业再进行分解，就可以监测系统性重要金融机构的运营，评估此类金融机构的稳健性，维护金融稳定。

表7-6　　全金融机构部门资金流量表

资金运用 资金来源	银行业	证券业	保险业	……	互联网金融平台	资金运用合计
银行业	—					
证券业		—				
保险业			—			
……				—		
互联网金融平台					—	
资金来源合计						

再进一步，通过金融业综合统计也可以编制出全机构部门金融交易资金流量表。如表7-7所示，对各部门在金融交易项目上的资金来源和资金运用进行汇总，并明确交易对手，就可以了解资金的流入部门和流出部门。表中的每一行代表各部门从其他部门获得的资金，每一列代表各部门对其他部门的资金运用。全机构部门金融交易资金流量表能够全面反映社会各机构部门间的资金融通情况。

表7–7　全机构部门金融交易资金流量表

资金运用 / 资金来源	部门 1	部门 2	……	部门 n	资金运用合计
部门 1	——				
部门 2		——			
……			——		
部门 n				——	
资金来源合计					

（二）金融部门资金流量分析展望

科学深入地分析金融部门资金流量需要突破现有不利因素的制约。目前对金融部门资金流量分析的制约主要体现在数据质量和分析方法两方面。

从数据质量上说，由于我国资金流量统计起步较晚，对各机构部门及其子部门的交易（特别是金融交易）信息掌握得不够全面，导致一是在编制资金流量表的过程中将机构部门和交易项目划分得较为笼统、宽泛，只能提供总量数据，不利于对各部门间的交易情况和资金流向展开深入分析。二是我国游离于正规金融体系之外而又具有资金融通功能的“影子银行”规模巨大，当前对这部分主体的资金流动情况还无法准确统计，大大降低了资金流量表数据的准确性。三是资金流量表各细项数据可获性低，也较为滞后，难以满足资金流量分析的时效性要求。另外，编制资金流量表的过程中存在对一些交易项目的估算，其估算方法也未公布，不利于研究者了解数据的来源①。

从分析方法上说，主要在于分析的深度和广度不够。这固然有一部分原因要归于数据质量，如子部门交易数据的缺失造成微观层面资金流量分析困难，但更重要的原因还是我国资金流量分析方法尚不成熟，学界的关注度也不够。当前对资金流量的分析仍以简单的描述性统计分析为主，缺乏能客观解释因果关系的计量经济模型。前文所述对建立资金流量表模型的探索也集中在资金流量表的编制方面，并非开拓新的资金流量分析方法。此外，与国际研究相比，我国资金流量分析涉及的领域还较为有限，如评价货币政策效果乃至为制定货币政策提供依据，研究证券市场的资金融通效率等，资金流量分析的功能还没有得到体现。

政府部门和学者正在作出努力。近年来“社会融资规模”概念的提出，就是对拓宽资金流量统计口径、提高资金流量数据质量的一次有益尝试。社会

① 贝多广，骆峰．资金流量分析方法的新应用 [J]. 经济研究，2006，（2）：92-103.

融资规模包括人民币贷款、外币贷款、委托贷款、信托贷款、未贴现的银行承兑汇票、企业债券、非金融企业境内股票融资、保险公司赔偿、投资性房地产和其他金融工具融资十项指标，能够为资金流量表补充金融交易信息。更重要的是，习近平总书记在《中共中央关于制定国民经济和社会发展第十三个五年规划的建议》的说明中指出，要统筹负责金融业综合统计，通过金融业全覆盖的数据收集，加强和改善金融宏观调控，维护金融稳定。这对提升金融部门资金流量数据的准确性将起到关键作用。金融业综合统计体系一旦完善，金融业各部门、各金融交易项目的数据统计都将水到渠成，大大提高资金流量数据质量，也便于开展各类分析。

从发达国家资金流量分析的历史经验和我国资金流量分析的发展趋势来看，未来对金融部门资金流量的分析将主要集中在研究货币政策、防范金融风险、维护金融稳定、提高金融服务效率等方面。如对资金流量总量的关注将有别于单纯的广义货币M_2调控，中央银行可从货币总量调控转变为货币流量调控，甚至可以对具体的金融交易项目或部门开展调控。对住户部门、企业部门和金融机构部门的资金流量分析可以了解杠杆率的大小及杠杆的来源，及时防范高杠杆的风险，也可以掌握企业和住户融资情况，分析金融结构，有针对性地完善金融服务。对政府部门的资金流量分析可以了解政府资产负债率，防止盲目扩张和透支式发展。对国内部门和国外部门的资金流量分析可以监测资本流动情况，有利于在资本市场逐步开放的形势下合理引导资本流动。总的来说，资金流量分析将不再只被视为一种数据来源，而成为一种独立且意义重大的分析方法。

Chapter 8

第八章 | 金融业增加值核算

金融业增加值是从事金融中介服务和相关附属活动新创造的价值，核算一定时期内金融部门生产经营活动的最终成果，反映金融部门对国民经济增长所作出的贡献。根据《国民经济行业分类》（GB/T 4754—2011）对金融业界定的四大分类[①]标准，金融业增加值的核算对象包括四个方面：一是提供金融中介服务所直接收取的服务费用；二是与存贷款相关的金融业务的利差收入；三是在金融市场提供金融资产交易服务的所得；四是提供与保险和养老金相关的金融服务所得。

第一节　现行金融业增加值核算方法

金融业增加值核算方法可分为生产法和收入法两种，通常采用收入法进行核算，生产法核算的金融业增加值仅做理论验证。从核算频度看分为普查年度核算、一般年度核算和季度推算。普查年度的金融业增加值核算最为准确，通常作为金融业增加值核算的基准，对一般年度金融业增加值核算进行校准。季度金融业增加值则是借助金融业发展的关键指标推算得到。

① 主要包括货币银行服务、资本市场服务、保险业和其他金融活动四大类。

一、核算对象

《国民经济行业分类》（GB/T 4754—2011）对金融业范围的界定和分类为货币银行服务、资本市场服务、保险业和其他金融活动4个一级分类，中央银行服务等21个二级分类和货币银行服务等29个三级分类。其中“货币银行服务”包括所有的中外资商业银行、农村信用社、农村资金互助社等，“其他非货币银行服务”包括消费金融公司、汽车金融公司、贷款公司（小额贷款公司）、货币经纪公司，“其他未列明金融业”包括金融资产管理公司、保单贴现公司、金融结算公司等。

《国民经济行业分类》中金融业分类（GB/T 4754—2011）见表8-1。

表8-1　《国民经济行业分类》中金融业分类（GB/T 4754-2011）

一级分类	二级分类	三级分类
货币金融服务	中央银行	中央银行服务
	货币银行	货币银行服务
	非货币银行	金融租赁服务
		财务公司
		典当
		其他非货币银行服务
	银行监管服务	银行监管服务
资本市场服务	证券市场服务	证券市场管理服务
		证券经纪交易服务
		基金管理服务
	期货市场服务	期货市场管理服务
		其他期货市场服务
	证券期货监管服务	证券期货监管服务
	资本投资服务	资本投资服务
	其他资本市场服务	其他资本市场服务
保险业	人身保险	人寿保险
		健康和意外保险
	财产保险	财产保险
	再保险	再保险
	养老金	养老金
	保险经纪与代理服务	保险经纪与代理服务
	保险监管服务	保险监管服务
	其他风险活动	风险和损失评估
		其他未列明保险活动

续表

一级分类	二级分类	三级分类
其他金融活动	金融信托与管理服务	金融资产管理公司等
	控股公司服务	金融控股公司等
	非金融机构支付服务	第三方支付公司等
	金融信息服务	金融信息服务
	其他	其他未列明金融业

目前统计局在核算金融业增加值时，将金融业分为银行业、证券业、保险业和其他金融活动，分别从人民银行、银监会、证监会、保监会和其他主管部门获取财务数据，分行业核算增加值。由于部分数据缺失和收集的局限性，核算范围并没有覆盖全部金融业。

二、核算方法

从核算方法上看，年度核算使用直接计算法，利用基础资料计算金融业增加值；季度核算采用间接推算法，利用人民币存贷款余额和其他金融活动营业税、股票交易额以及保费收入等相关价值量指标进行推算。

（一）年度核算

普查年度依据翔实的数据资料，全口径核算各行业生产总值；非普查年度的核算方法与普查年度保持衔接，但较普查年度存在数据缺口，故部分参数使用上一次普查年度的核算结果。

现价增加值即利用从各部门获取的翔实资料计算。现价增加值核算公式：金融业现价增加值=劳动者报酬+生产税净额+固定资产折旧+营业盈余，上述四个指标分别来自银行业、证券业、保险业和其他金融活动。

不变价增加值核算以现价增加值为基础，采用价格指数缩减与物量外推相结合的方法计算。不变价增加值核算方法：金融业不变价增加值=（银行业现价增加值÷银行业缩减指数）+（证券业现价增加值×股票成交量指数）+（保险业现价增加值÷保险业缩减指数）+（其他金融活动现价增加值÷银行业缩减指数）。

其中，银行业采用价格指数缩减法，缩减指数主要是利用当期固定资产价格指数和居民消费价格指数加权平均测算；证券业采用物量外推法，利用股票成交量的发展速度外推计算；保险业采用物量外推与价格指数缩减相结合的办法；其他金融活动用银行业缩减指数缩减。

（二）季度核算

季度核算与年度核算有两个不同点：一是使用间接推算法，二是先计算不变价增加值，再推算现价增加值。

首先，根据相关价值量指标增长速度推算当期金融业增加值增速，其次，以当期金融业增加值增长速度推算不变价增加值，再乘以当期定基价格指数，计算得到现价增加值。

金融业增加值季度增速是按金融业大类，分别根据人民币存贷款余额和其他金融活动营业税、股票交易额和保费收入等推算得到。简而言之，金融业增加值用银行业的存贷款余额、证券业的股票交易额和保险业的保费收入三大元素为基础乘以相关系数进行推算而得。计算公式为：

当期金融业不变价增加值=上年同期金融业不变价增加值×（1+当期金融业不变价增加值增长速度）

当期金融业不变价增加值增长速度=〔当期银行及其他金融活动不变价增加值增长速度×（上年年度银行及其他金融活动不变价增加值÷上年年度金融业不变价增加值）〕+〔当期证券业不变价增加值增长速度×（上年年度证券业不变价增加值÷上年年度金融业不变价增加值）〕+〔当期保险业不变价增加值增长速度×（上年年度保险业不变价增加值÷上年年度金融业不变价增加值）〕

根据上述公式换算，当期金融业不变价增加值增长速度=

$$f_1\times(\frac{1+t_1}{p}-1)\times r_1+f_2\times(\frac{1+m_2}{p}-1)\times r_2+f_3\times(\frac{1+m_3}{p}-1)\times r_3$$

其中，

f_1，f_2，f_3表示银行业及其他金融活动、保险业、证券业的国家换算系数[①]，p表示当期价格指数[②]；

r_1，r_2，r_3分别表示上年年度银行业及其他金融活动、证券业和保险业增加值分别占上年金融业增加值的比重；

t_1表示人民币存贷款余额现价增长速度和其他金融活动营业税现价增长速度的加权平均，m_2表示当期股票交易额现价增长速度，m_3表示当期保费现价增长速度。

---

① f_1= 上年年度银行及其他金融活动不变价增加值增长速度 ÷ 上年年度相关指标不变价增长速度；f_2 = 上年年度国家证券业不变价增加值增长速度 ÷ 上年年度证券业不变价增长速度；f_3= 上年年度国家保险业不变价增加值增长速度 ÷ 上年年度保险业不变价增长速度。

② p=（当期固定资产投资价格指数＋当期居民消费价格指数）÷2

地方统计局目前对金融业增加值季度推算相对国家推算要更简单，直接选取“当期人民币存贷款余额”来作为相关的价值量指标推算金融业现价增加值。基本计算公式为：

当期金融业增加值=上年同期金融业增加值×当期人民币存贷款发展速度×调整系数

当期人民币存贷款余额现价发展速度=（当期人民币存款余额+当期人民币贷款余额）÷（上年同期人民币存款余额+上年同期人民币贷款余额）

调整系数=上年年度金融业现价增加值发展速度÷上年年度人民币存贷款余额现价发展速度

显然，在各年的存、贷款利率之差不变的情况下，采用上述方法计算季度金融业现价增加值有一定的合理性。

我国现行金融业增加值核方法体系见表8–2。

表8–2　　我国现行金融业增加值核方法体系

<table>
<tr><td rowspan="3">核算频度</td><td>普查年度核算</td><td>全面调查、全口径核算金融业增加值</td><td>金融业现价增加值 = 劳动者报酬 + 生产税净额 + 固定资产折旧 + 营业盈余</td></tr>
<tr><td>一般年度核算</td><td colspan="2">主要采用收入法，以调查和普查年度数据为基础进行推算</td></tr>
<tr><td>季度核算</td><td>相关价值量指标推算法</td><td>金融业增加值 = 上年同期金融业增加值 × 相关价值量指标的现价发展速度</td></tr>
<tr><td rowspan="2">核算方法</td><td>生产法</td><td colspan="2">金融业增加值 = 金融业总产出 – 金融业中间消耗。总产出等于金融中介服务活动的虚拟服务收入加上辅助性金融活动的实际服务费收入；中间消耗与其他行业基本相同</td></tr>
<tr><td>收入法</td><td colspan="2">金融业增加值 = 劳动者报酬 + 生产税净额 + 固定资产折旧 + 营业盈余</td></tr>
</table>

第二节　现行金融业增加值核算存在的问题

通过对我国现行金融业增加值核算范围和方法的梳理，发现目前金融行业核算中主要存在机构覆盖不全、数据归并中指标衔接性不强和季度推算准确性较差等问题。

一、数据归并中统计与会计科目的衔接

金融业增加值的统计核算科目由统计部门制定，包括劳动者报酬、生产

税净额、固定资产折旧和营业盈余四个部分。而会计核算科目由商业银行根据会计准则制定，与统计核算科目并不完全一致，这集中反映在营业盈余方面。统计核算中营业盈余包含营业利润、公允价值变动收益和工会经费。而从商业银行方面看，营业盈余还包括投资收益。另外，持有到期金融资产产生的利息收入的归并，不同银行的做法有所不同，有的归入利息收入，有的归入投资收益。而根据统计核算的规定，投资收益不包含在金融业增加值内。随着金融创新的发展，收益结构趋于复杂，统计核算科目包含的收益内容滞后于现实金融业发展的情况，故难以全面涵盖商业银行实际所有的盈利会计核算科目，如有些银行公允价值变动收益项下包含了很多二级科目。

二、核算对象的金融业态的全覆盖

随着金融业态逐步拓宽，出现一些从传统行业细分出来从特定金融业务的组织，如小额贷款公司、融资性担保公司、第三方支付公司；还有从事新兴金融业务的组织，如金融要素市场[①]、各类股权投资基金；还有一些以实业为主兼营金融业务的企业组织，如以产业控股集团形式成立下属企业从事金融业务的财务公司。根据《国民经济行业分类》（GB/T4754—2011）标准，融资性担保公司、金融要素市场（如交易商协会）等新型金融机构尚未纳入金融业分类标准中。

三、季度核算的推算法的准确性

季度核算法推算的逻辑基础在于增加值与相关价值指标的相关性。在金融形势变化不平稳时，季度核算方法的准确性会受到影响，尤其是在货币政策环境变化较大的年度。如2009年，在应对国际金融危机一揽子措施的刺激下，银行业存贷款增速迅猛，全年存贷款增速均超过30%，当年以存贷款增速为基础推算的金融业增加值也快速增长。但由于货币环境宽松，商业银行的议价能力减弱，盈利水平与存贷款增速并不同步，由此导致金融业增加值被高估。

其他金融活动增加值是用银行业存贷款增速进行推算。随着金融市场的发展，这部分金融活动迅速发展，简单套用银行业存贷款增速对其增加值核算会影响增加值核算的准确性。特别是信托业务，由于近两年商业银行为规避信贷管理，将一部分信贷业务通过信托方式转移到信托公司，使信托公司业务规模

① 主要包括药品交易所、农畜产品交易所、农村土地交易所、股权转让中心、航运交易所、金融资产交易所等。

增长较快。如2014年末，安徽省最大的国元信托公司资金信托规模比上年同期增长24.89%，高于同期商业银行存贷款增速。

现行金融业增加值核算存在的主要问题见表8–3。

表8–3　　现行金融业增加值核算存在的主要问题

存在问题	主要表现
统计与会计核算科目衔接性较低	随着金融创新的发展和收益结构日趋复杂，银行公允价值变动收益项下包含多个子科目，统计核算科目包含的收益内容滞后于现实金融业发展的情况，较难完全涵盖商业银行实际所有的盈利会计核算科目。
	商业银行会计核算过程中，将持有到期金融资产产生的利息收入有的归入利息收入，有的归入投资收益。而根据统计核算的规定，投资收益不包含在金融业增加值内。
核算机构范围不全	融资性担保公司、银行卡清算机构、金融要素市场、住房公积金中心等货币金融服务尚未纳入金融业增加值核算范围。
	银行表外业务尚未纳入金融业增加值的核算。
	中国银联等具有金融中介服务的特征，尚未划至“金融业”门类下。
季度核算方法结果不够准确	存贷款余额增速敏感度不高，通常商业银行盈利水平与存贷款增速并不同步。
	相关价值量指标代表性不强，推算中简单套用银行业存贷款增速，会影响增加值核算的准确性。

第三节　金融部门增加值核算

金融业综合统计调查项目作为金融部门统计的实践，从统计对象、核算频度和核算方法三个方面完善了金融业增加值的现行核算，实现了对金融业增加值的全面核算。以安徽省金融业综合统计数据为例，遵循《货币与金融统计手册和编制指南》和《国际会计核算准则》对基础数据进行并表，完成了十大类2121家机构金融业综合统计资产负债表和损益表的编制工作，具有完备的数据基础。因此，基于金融业综合统计改进金融业增加值核算方法，以期克服现行金融业核算方法存在的缺陷和不足。

一、核算原则

（一）数据归并准则遵循国际标准

安徽省金融业综合统计框架包括资产负债表和损益表两张报表，其中资产负债表中由于存在同业往来、表外业务、上下级机构营运管理拨付、自营外汇汇兑差额款项等，导致初始期表内资产方总额和负债总额重复统计。金融业综合统计并表工作在遵循国际准则[①]基础上，剔除以上科目在资产方和负债方重复计算部分，真实反映地方金融业资产和负债总额，并根据会计学原理明确科目口径，使得会计核算与统计科目衔接一致，真实反映地方金融业资产、负债及金融业增加值情况。

（二）核算对象宽口径覆盖金融业态

以《国民经济行业分类》（GB/T 4754—2011）界定的机构单位为基础确定统计对象，分类为银行业、证券业、保险业和其他金融活动，具体包括银行业、证券业、保险业金融机构，典当公司、融资性担保公司、融资租赁公司、小贷公司、第三方支付公司。机构覆盖范围分类并不拘泥于统计对象的机构属性，而是以是否提供金融服务功能为判断依据。例如，住房公积金发挥着房屋信贷的功能，且拥有独立完整的财务账户，虽然业务经营是委托商业银行进行，但并不反映在银行的损益表中，故也将其纳入统计范围，并将其作为金融业增加值的核算对象。

（三）核算方法依据明确

依据《中国非经济普查年度GDP核算方案（2010年修订版）》中明确的银行业、证券业、保险业机构和典当行的收入法增加值核算方法，将其他机构的生产经营方式与已明确方法的四个行业对比，再参考会计核算方法而设计。使用的劳动者报酬、生产税净额、累计折旧和营业盈余的数据来自各类机构的损益表和费用明细表。分项来看，方案中四个行业的劳动者报酬、生产税净额和累计折旧的计算原则相同，故其他机构的这三项依照相同的计算原则。较为不同的是营业盈余的计算原则：一是银行业和证券业的营业盈余中不包含投资收益，而保险业和典当行包含；二是典当行的营业盈余中包含减值准备，而其他三个行业不包含。参考其他机构的业务模式，融资性担保公司营业盈余采用保险业的计算方法。融资租赁公司、第三方支付公司、小额贷款公司和住房公积金采用银行业计算方法。

基于综合统计的金融业增加值核算方法的改进之处见表8–4。

① 主要依据 IMF 货币银行统计原理、《货币与金融统计手册和编制指南》和《国际会计核算原则》

表8–4　　基于综合统计的金融业增加值核算方法的改进之处

项目	改进之处	具体情况
统计范围	统计机构范围更全，每年实时更新	宽口径覆盖整个金融部门，既包括银行业、证券业和保险业金融机构，同时包括金融控股公司、融资性金融机构等新型金融机构，甚至包括住房公积金中心等
统计内容	统计内容更广泛	统计金融业各机构资产负债表、损益表和其他业务发生统计。不仅核算金融业增加值，还能核算金融部门资产负债表和损益表
核算频度	数据按月采集，按季核算	按月采集全机构、全口径报表，以金融业综合统计损益表为数据源，可按季直接计算金融业的现价增加值
核算方法	核算方法更规范，数据归并更标准	依据《中国非经济普查年度GDP核算方案（2010年修订版）》原则，根据其明确的银证保及典当的核算方法，将其他机构生产经营方式与已明确方法的四个行业对比，再参考会计核算方法而计算
数据并表	遵循国际准则	遵循《货币与金融统计手册和编制指南》和《国际会计核算准则》的基础上，旨在剔除重复计算部分，真实反映金融业资产和负债及增加值情况
保险业增加值核算更合理	改变增加值为负的不合理情况	尝试估计累积保费产生的投资收益，用地区的资金来源与总公司的投资收益率来估算地区的投资收益，还原地区保险公司的营业利润

二、金融业综合统计与季度推算的比较

金融业综合统计是按照宽口径核算损益表收集数据，相当于是每季对金融业损益表进行“普查”，并在季后20天左右完成金融业增加值核算工作。以2015年数据为例，2015年安徽省金融业增加值为982.0亿元，占全省地区生产总值的4.5%，占服务业地区生产总值的12.0%。从收入法看，营业盈余占51.6%，劳动者报酬占33.6%，生产税净额占12.5%，折旧占2.3%；从行业看，银行业增加值占金融业增加值的77.5%，证券业占7.0%，保险业占8.9%，其他金融活动占3.3%，住房公积金占3.3%。从各季度增加值累计核算结果来看，金融业增加值占地区生产总值的比重在2015年处于递减态势，说明金融业经营状况逐季变差。其中，银行业、保险业和住房公积金产出的下降较为明显，主要是受经济增速下行、互联网金融竞争加强和基准利率下调等因素影响，银行业的传统存贷业务受到较大影响，继而净利润降低，增加值减小。

通过对安徽省统计局季度增加值核算结果（参见表8–5）与本文基于金融业综合统计数据源核算结果的比较（参见表8–6）可以看出，安徽省统计局核算的金融业增加值数据要大于本文宽口径核算结果，误差率高达27.9%。分季度来看，2015年第四季度安徽统计局核算的金融业增加值占GDP比重的误差最大。

表8-5　2015年安徽省分行业增加值及占比[1]　单位：%

季度＼行业	基于综合统计宽口径金融业增加值核算结果						统计局核算结果	误差率
	合计	银行业	证券业	保险业	其他金融活动	住房公积金		
第一季度	6.96	5.44	0.34	0.61	0.33	0.23	7.42	6.61
上半年	5.43	4.29	0.39	0.42	0.12	0.14	5.18	-4.60
前三个季度	5.14	4.07	0.34	0.44	0.13	0.16	4.94	-3.89
全年	4.46	3.46	0.31	0.40	0.15	0.15	5.70	27.90

注：其他金融活动包括金融资产管理公司、第三方支付公司、融资租赁公司、融资担保公司、典当行和小额贷款公司。

（一）核算方法比较

从二者核算方法比较来看，统计局季度核算中估算金融业增加值的方法相对简单，它是以周期性的普查数据为核算基础。在季度增加值核算中，“当期人民币存贷款余额现价发展速度”和“调整系数”的计算公式存在一定的不妥之处。主要表现在：一是“当期人民币存贷款余额现价发展速度”是两个时点指标期末水平的比值，而非当期存贷款平均余额的比值，因此不能准确反映金融机构的存贷款余额实时变动情况。二是从“调整系数”看，由于一段时期存贷款利率可能会频繁调整，“人民币存贷款余额”没有固定的变化趋势，“调整系数”并不能准确反映金融业增加值变化趋势。而基于金融业综合统计所计算的金融业增加值，是依据《中国非经济普查年度GDP核算方案（2010年修订版）》中的收入法直接计算的结果。所使用的劳动者报酬、生产税净额、累计折旧和营业盈余的数据来自各类机构当期统计的损益表和费用明细表，数据准确及时。

（二）核算范围比较

从二者核算范围比较来看，非普查年度核算中，金融业所包含的机构更新不及时，不能随着金融业态多元化发展及时变更，因此不论是核算还是推算都会存在遗漏。而基于金融业综合统计数据源来计算的金融业增加值，由于采用的是月度/季度的全面统计，可获得的数据能及时更新，且能随着金融业态的多元化发展，新金融机构能及时纳入核算范围。

（三）核算内容比较

从核算内容上来看，基于金融业综合统计数据源核算，不仅从收入法角

① 数据来源于安徽省统计局核算处

度可以准确核算四大项目情况：营业盈余、劳动者报酬、生产税净额及累计折旧；同时可以细分不同行业：银行业、证券业、保险业、其他金融活动、住房公积金等。而推算法所计算的季度金融业增加值仅是一个笼统的大数，无法从核算项目及行业上进行细分，核算内容相对粗糙、不准确。

表8–6　季度金融业增加值基于金融业综合统计核算与推算法的比较

项目	基于金融业综合统计核算	推算法核算
核算方法	数据来源于及时更新的损益表和费用明细表，采用收入法增加值直接计算	以周期性的普调数据为推算基础，采用相关价值量指标进行推算
核算范围	采用月度全面统计，及时更新可能获得的数据指标和新金融机构	非普查年度核算的机构和数据指标不能及时更新
核算内容	可以准确核算细化项目及不同行业情况，即分银行业、证券业、保险业、其他金融活动、住房公积金等行业的营业盈余、劳动者报酬、生产税净额及累计折旧核算	推算法所计算的季度金融业增加值是一个笼统的大数，无法从核算项目及行业上细分

三、金融业增加值的核算

（一）遵循国际标准对基础数据进行归并

应在研究国内外相关统计法规和准则基础上，实现全金融业机构资产负债表合理合规的并表工作。金融业综合统计在机构上覆盖银行业、证券业、保险业、典当、担保、小贷公司等各类金融机构以及各行业交叉环节，只有保证综合统计数据的统一性、准确性，才能保证金融统计数据的客观真实性，为持续深入做好金融业综合统计工作奠定基础。实现金融统计数据标准化，增强宏观经济数据和金融统计数据的协调性，提高统计数据和微观元数据的一致性。

（二）推动金融业综合统计建立更加完善的信息平台

《国民经济行业分类》（GB/T 4754—2011）中金融业基本已囊括具有金融服务功能的活动单位，但仍有三个方面的缺口：一是对部分泛金融活动未明确归属，如融资性担保公司、融资租赁公司和住房公积金；二是未考虑互联网金融的纳入，如众筹、P2P等；三是未将表外业务纳入。现在传统金融机构通过表外业务进行筹资、融资、投资业务的比重越来越大，这部分金融活动创造的价值也在不断增大。建议统计部门依托人民银行金融业综合统计信息平台，将金融业损益指标作为增加值收入法的基础数据，扩充对金融业增加值的核算对象，将泛金融机构、互联网金融和金融机构的表外业务纳入，完善金融业增加值的核算口径。

目前季度金融业增加值的核算方法并不能真实体现金融业的总产出，原因有三：一是我国现行季度金融业增加值计算方法是基于《国民经济行业分类》（GB/T 4754—2002），以银行业、证券业和保险业为主要核算对象，而《国民经济行业分类》（GB/T 4754—2011）对金融业分类标准尽管变化较大，有所改进，但尚不能体现新型金融业态对金融业增加值的贡献；二是人民币存款余额、证券交易额和保费收入等相关指标与GDP相关性不高（王媛，2011），用此三项指标推算季度金融业增加值准确度有待商榷。建议统计部门借助人民银行金融业综合统计平台，实现按季对金融业机构损益等数据的“普查”，完成金融业增加值的生产核算，保障数据高频度的同时，提高数据的准确性。

（三）结合国际标准和区域发展实际改进核算方法

收入法现价增加值核算使用了累计折旧、劳动者报酬、生产税净额和营业盈余四个项目。其中，劳动者报酬是劳动者从事生产活动而获得的各种形式的报酬，主要包括货币性工资、实物性工资和社会保险费三项。SNA2008中对劳动者报酬的定义除了以上三项，还包括雇员的股票期权。生产税净额指生产税减去生产补贴后的差额，生产税指生产者因从事生产活动中使用某些要素而向政府缴纳的各种税金、附加费和规费，主要包括营业税、增值税、车船使用税、印花税等。建议将雇员股票期权加入劳动者报酬核算口径中，准确衡量劳动者报酬和生产税净额在增加值创造中的贡献，为收入分配账户提供更为全面的数据支撑。

（四）加快金融基础设施，建设提供全面可靠的核算数据

我国金融业已从单一的银行业，演变为银行、证券、保险等多业并存的大金融业。金融业的变化突破了我国传统的建立在单一银行业基础上的传统金融统计，相应要求金融统计要向大金融业为基础的综合统计转变。《中共中央关于制定国民经济和社会发展第十三个五年规划的建议》的说明中指出，“要研究和借鉴国外的经验，统筹负责金融业综合统计，通过金融业宽口径覆盖的数据收集，加强和改善金融宏观调控，维护金融稳定。”金融业综合统计是对金融部门的资产、负债、损益以及风险情况的统计。从统计内容上，既包括资产负债业务，也包括表外业务；既包括存款、贷款、结算等传统业务，也包括衍生产品和结构型产品业务。金融业综合统计通过对全部金融运行量化信息的全面、系统地收集和整理，为金融业增加值实现高频、准确核算提供数据源。要适应现代经济金融发展的需要，需推动金融统计从分散的专业部门统计向统一的、标准化的综合性统计转变。

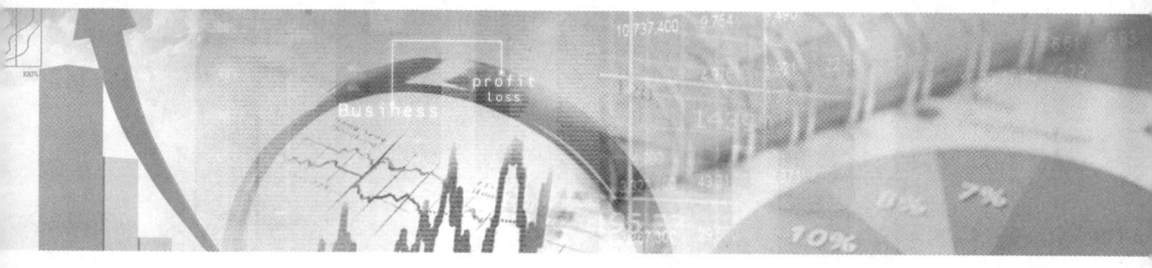

Chapter 9

第九章 | 金融稳健指标体系构建

本章在金融部门统计的基础上，结合金融业综合统计数据源结构，构建符合我国国情的金融稳健指标体系，以期对我国金融的稳健性水平进行客观而全面的评估，准确观察和把握当前我国金融稳健状况，为相关政策的制定和实施提供量化依据。

第一节　金融稳健统计现状

一、背景

20世纪90年代以来，经济金融全球化步伐的加快，为传统金融产业带来了活力，提高了金融效率，繁荣了金融市场，同时也给各国产生了巨大的金融风险。据世界银行统计，20世纪70年代至今，有93个国家前后出现了117起系统性银行危机，9次较大的国际金融危机，尤其是墨西哥、东南亚、美国等国家先后爆发的金融危机给全球经济的发展造成了严重的危害，有的甚至引发政治和社会危机。鉴于金融危机的爆发对经济产生的严重危害，各国政府和世界性金融组织深刻认识到金融稳健对市场经济有效运行的重要作用，各国中央银行也极其注重维护金融的总体稳健。国际清算银行（BIS）最先于1999年创立了“金融稳定论坛”，同年，世界银行（WB）联合IMF创建了“金融部门评估规划”，旨在加强评估和监测成员国的金融稳健状况。还有许多国家的中央银行，如法国、丹麦等都开始通过定期公布金融稳定报告来评估本国金融的稳健状况。我国自改革开放以来，经济建设成就显著，政治和社会的稳定为金融稳健提供了坚实的基础。2003年，我国政府为加强对银行业系统的监管，对金融监管制度进行了重大调整，成立中国银监会，同时，对《中国人民银行法》进行了修改，明确和强化中国人民银行预防和处置金融风险，维护金融稳定的职能。

2007年由美国次贷危机引发的国际金融危机与当下尚未结束的欧洲债务危机，在剧烈冲击了世界各国经济的同时，也对我国的金融稳健产生了深刻影响，使得人们更加认识到金融稳健的重要性。如何评价金融体系稳健性以及形成相应的预警系统成为国际性组织（如IMF与世界银行）、国际联盟（如欧元区）以及各个国家与地区关注的焦点问题。尤其是2015年以来，我国多个重要经济指标，如工业增加值、生产资料价格指数等表现趋冷，国内经济出现下行风险，进而加大了金融体系的风险。2016年，《中共中央关于制定国民经济和社会发展第十三个五年规划的建议》明确指出："加强金融宏观审慎管理制度建设，加强统筹协调，改革并完善适应现代金融市场发展的金融监管框架，健全符合我国国情和国际标准的监管规则，实现金融风险监管全覆盖。"因此，开展基于金融稳健的理论与实证研究，对丰富金融稳健理论体系，加强宏观审慎管理，防范金融风险，具有重要的理论和现实意义。

目前，对我国金融稳健性评估的研究主要侧重于定性分析上，对金融稳健指标的选取，以及金融稳健评估方法并没有过多涉及。定量分析也是近几年才出现的，主要以银行脆弱性指数或者金融脆弱性指数作为金融稳健性的替代变量对我国金融稳健性进行测度，这些指数从不同的侧面反映了我国金融稳健性的程度，没有从整体上对金融稳健性展开全面的度量。因此，构建金融稳健指标体系，对我国金融的稳健性水平进行客观而全面的评估，不仅可以准确观察和把握当前我国金融稳健状况，还能为相关政策的制定和实施提供依据，对于维护我国金融业的安全和避免金融风险具有重要的现实意义。

二、国际准则

20世纪90年代金融危机频发，促使IMF等国际机构积极倡导发展金融稳健统计，加强对金融体系稳健性的监测。IMF于1999年9月召集各国金融监管当局、主要金融机构和有关国际组织的代表在其总部举行了一次咨询会，研讨如何有效地衡量金融运行的稳健性。接着，IMF就如何找出宏观审慎分析中较为重要的指标对其成员国和区域国际组织进行了一次调查，并根据调查结果于2001年6月建立了一套新的金融统计指标体系，命名为"金融稳健指标"。2002年9月，

IMF编制并发布了《金融稳健性指标编制指南（草稿）》；在广泛征求专家、学者及各成员国意见的基础上，2003年底，IMF在修订后正式发布了Financial Soundness Indicators（FSI）指标体系，并在多个国家推广应用；2006年，IMF出版了《金融稳健性指标编制指南》（Financial Soundness Indicators Compilation Guide），详细描述了指标体系中各个基础指标的概念与数据处理方法，并提供了指标编制技术的标准参照。由于金融稳健指标涵盖了几乎经济金融体系的方方面面，设计简明实用，并且各个国家、地区可以根据自己金融发展状况来灵活选取其中的相关指标等优点，使其日益成为国际上通用的金融稳健评估测量标准。

三、国际实施情况

当前，世界上许多国家应用IMF的评估体系来评估本国的金融稳健情况，如法国、加拿大、比利时等，而更多的国家则是在金融稳健性指标体系的基础上，结合实际国情建立自身的金融稳健评估体系。

（一）美国宏观金融稳定监测指标体系

美国的宏观金融稳定监测指标体系主要分成宏观经济指标和综合微观金融性指标两类。宏观经济指标主要是衡量宏观经济与金融体系的稳健状况及其相互关系的指标。从金融业的角度，该类指标又可以分成货币政策和金融监管两个层次。综合微观金融性指标主要包括一些反映金融业特别是金融机构当前财务及其运行状况的指标。

（二）欧洲中央银行（ECB）宏观审慎指标体系

2006年，欧洲中央银行以IFM提出的金融稳健性指标为基础，针对欧盟成员国，构建了一套包含各指标的基于银行业合并数据的宏观审慎指标体系。2008年，ECB又对该指标体系进行了补充和完善。这套指标体系大致可以分为银行内部指标、危机传导因素指标以及对银行系统产生影响的宏观经济指标三类，用以度量和监控整个欧元区的金融体系稳定性。这套指标体系分成8大层次多达200个指标，与IMF金融稳健指数相比，ECB宏观审慎指标体系增加了更多的指标数目和与银行系统有关的指标。

（三）日本中央银行金融稳健评估体系

日本中央银行金融稳健评估体系主要由四部分组成：一是评估日本金融体系面临的外部环境；二是评估金融中介机构，包括贷款市场的发展等内容；三是从宏观金融风险指标、金融市场以及非银行类私人金融机构部门风险等三个方面对金融体系面临的风险进行全面而细致的评估；四是采用IMF推荐的压力测试方法评估金融体系的抗压能力。[①]

四、金融稳健统计的发展方向

FSI2006发布后，被各国广泛应用于金融风险监控，如中国、美国、澳大利亚、比利时、巴西、加拿大、丹麦、法国、挪威、瑞典和英国等的中央银行都据此进行金融稳健性评估，并定期向IMF报告，接受相关的监督和指导。从国际范围看，编制和发布FSI指标的国家越来越多，一些成员国与专家建议将部分FSI指标纳入数据公布特殊标准（SDDS）。2008年12月IMF执委会第七次数据标准评估会议一致同意将部分FSI纳入SDDS，作为鼓励类指标。

但是进入21世纪以来，金融体系出现了一些新的变化与特点。例如，金融全球化与跨界业务迅速发展，外国银行、直接跨境银行交易、证券市场外国投资等对本国金融体系影响上升，市场、机构投资者、NBFI重要性上升，复杂结构性产品、风险转移工具、表外活动与项目、OTC市场交易等重要性也显著上升。为此，金融稳健统计应重点加强以下方面。

一是识别和监管经济金融发展趋势，更好地把握金融体系的新特点与新动向，积极弥补信息缺口，为脆弱性监测提供关键数据。

二是充分认识不同国家的标准、做法和统计资源差异，积极研究和评估一国金融稳健性与脆弱性的实质内涵，确保FSI体系的有效性。

三是着眼于建立一个开放、弹性的框架，包括关键指标和数据编制，以便持续改进完善，确保FSI体系的先进性，供各国选择使用。

四是从国际视角审视本国金融体系的稳定性与风险，全球金融稳健对国别分析越来越重要。

五是扩展FSI评估框架，如合并范围、覆盖领域等，新增危机显示尚缺乏的一些关键指标，包括总杠杆、房地产和住户指标等，其中，首先应增加非银行金融机构关键指标，其次考虑纳入有关流动性和市场的指标。

① 沈军，谭晓微 . 金融稳定评估国际比较与中国案例 [J]. 亚太经济，2014 年第 6 期 .P27-33

第二节　金融稳健指标体系

2006年，IMF在修订后的FSI体系的基础上公布了《金融稳健性指标编制指南》，对金融稳健性代表指标的选取、指标含义以及相应的数据处理手段进行了详细的说明介绍，旨在为各国金融机构构建FSI体系提供框架性的指导。IMF提出的金融稳健性指标包括12个核心类指标和27个鼓励类指标。

一、核心类指标

核心类指标通常可以在大多数国家适用，可以依照本国金融体系的数据得到与分析目的关联性较高的核心类指标集中的基础指标。[①]表9–1给出了金融稳健性评估体系的核心类指标。

表9–1　　金融稳健性指标：核心类指标

存款吸收机构	
资本充足性	监管资本 / 加权风险资产
	一级监管资本 / 加权风险资产
资产质量	不良贷款扣除准备金 / 资本
	不良贷款 / 总贷款
	贷款部门分布 / 贷款总额
收益与盈利水平	资产回报率
	股本回报率
	利差收入 / 总收入
	非利息费用 / 总收入
流动性	流动性资产 / 总资产以及短期负债
	流动性资产 / 短期负债
对市场风险的敏感程度	外汇净头寸 / 资本

（一）资本充足性

当面临金融体系中的系统性风险时，存款吸收机构中资本的充足程度体现

① 印重．金融稳定、通货膨胀与经济增长 [D]. 吉林大学博士论文，2014.

了面对金融风险的抵御能力，同时也能够验证是否具备在亏损状态下保持正常运作的能力。

（二）资产质量

资产质量决定了金融机构所面临的信用风险，而信用风险则是决定金融机构稳健性的重要指标之一。在IMF的指标体系中，金融机构中的不良贷款比例和信贷资产集中度能够反映金融机构的资产质量。

（三）收益与盈利水平

金融机构的盈利水平往往与该机构抵抗风险的能力密切相关，金融机构的盈利水平越高，抵抗风险的能力就越高。资产与资本回报率以及（非）利息收入占金融机构总收入的比例能够全面地评价该金融机构的收益与盈利水平。

（四）流动性

作为金融危机最为直接的原因，金融机构的流动性水平将直接决定该金融机构的生命力。一旦金融机构面临现金流不足以满足客户提款和偿债需求的时候，金融机构就将不得不应对挤兑危机，这种危机将迅速蔓延，金融机构甚至面临破产的危险。

（五）对市场风险的敏感程度

金融机构面对市场风险的反应速度和处置能力同样是金融机构稳健性的重要指标之一。其中，市场风险主要指利率风险和汇率风险。

二、鼓励类指标

由于世界上各个国家的社会发展阶段和经济发展水平参差不齐，这就注定了各个国家的经济体制和金融制度上存在差异。鉴于此，IMF为了提高其金融稳健性指标体系的普遍适用性，以及在全球范围内各个国家金融稳健程度的可比性，对核心类指标进行适当的补充，提出了评估体系的鼓励类指标，用来度量金融市场各微观主体，衡量金融市场的风险程度，其度量范围不仅包括银行，还包括非银行类的金融机构以及其他相关部门。具体而言，金融市场的微观参与主体包括：存款吸收机构、非银行金融部门、非金融公司部门、私人部门、市场流动性以及房地产市场。表9–2给出了IMF金融稳健性评估体系的鼓励类指标。

表9–2　　　　金融稳健性指标：鼓励类指标

存款吸收机构	资本 / 资产	非银行金融部门	资产金融体系 / 总资产
	大额风险暴露 / 资本资产		资产 /GDP
	按地区分布的贷款 / 全部贷款	非金融公司部门	总负债 / 股本
	衍生工具总资产头寸资本		股本回报率
	衍生工具总负债头寸资本		利润 / 利息和本金支出
	交易收入 / 总收入		外汇风险暴露净额 / 股本
	人员支出 / 非利息支出		破产保护申请数
	参考贷款利率与存款利率差	私人部门	居民债务 /GDP
	最高与最低同业拆借利率差		居民还本付息支出 / 收入
	客户存款 / 全部贷款	市场流动性	证券市场的平均价差
	外汇计值贷款 / 总贷款		证券市场日均换手率
	外币计值负债 / 总负债	房地产市场	房地产价格
	股本净敞口头寸 / 资本		住房房地产贷款总贷款
			商业房地产贷款总贷款

（一）存款吸收机构

鼓励类指标基于核心类指标，全面系统地评估了银行体系内蕴含的金融风险，通过设立13个基础指标，分别评估了金融体系中的资本充足性、资产质量、收益与盈利水平、流动性、外汇风险、权益市场风险、衍生产品风险暴露等7个方面的内容。

（二）非银行金融部门

随着此类机构的不断发展壮大，金融体系稳健性水平受其影响也越来越大，其经营风险水平将更深刻地反映到金融体系之中。非银行金融部门的鼓励类指标集用来测度非银行金融机构对整个金融体系稳健性的影响情况，主要考虑了非银行金融部门在整个金融体系的规模。

（三）非金融公司部门

此类机构的运营情况决定了一国经济金融体系的运行状态。一般情况下，企业经营亏损将降低金融体系的资产质量，进而导致金融体系潜在风险的增加。此类部门的鼓励类指标集用来测度经济体系中的一般企业对整个金融体系稳健性的影响情况，评估了金融体系的杠杆率、收益与盈利水平、债务偿还能力和外汇风险。

（四）私人部门

居民个人的贷款规模同样能够显著影响金融体系的稳健水平，居民过高的负债率将造成金融体系内部的潜在风险。此类部门的鼓励类指标用来测度私人部门对整个金融体系稳健性的影响情况，具体评估了金融体系中的杠杆率和债务偿还能力。

（五）市场流动性

纵观世界金融危机史，可以说几乎每次金融危机的爆发都源于金融市场的过度投机，而通过评估与监测金融市场的各个子市场，可以有效地识别和防范金融风险。此类鼓励类指标用来度量金融市场子市场对整个金融体系稳健性的影响情况，主要评估金融体系中的流动性情况。

（六）房地产市场

众所周知，房地产泡沫是导致金融危机的重要原因。房地产市场与金融行业之间存在异常紧密的关系，这使得监管部门对房地产市场给予了极大的重视。此类鼓励类指标用来测度房地产市场对整个金融体系稳健性的影响情况，主要评估了金融体系中的房地产价格与房地产风险。

三、分析框架

宏观压力测试分析是IMF金融稳健性指标体系的主要分析工具。所谓宏观压力测试，就是针对一些异常但又可信的宏观经济冲击，采用仿真模拟技术，来模拟这些来自外部的冲击对于金融系统稳定性的影响。压力测试一般分为情景压力测试和敏感性压力测试。其中，情景压力测试是在假设利率、汇率、股价、信用等多种风险因素变化时，金融机构或金融系统出现的脆弱性情况；敏感性压力测试则较为简单直接，通过观察当风险参数瞬间变化一定单位量时，机构投资组合市场价值的变化情况来进行分析。宏观压力测试分析是典型的事先度量法，主要有五个步骤：第一，考虑需要列入分析范围的金融机构和相关资产；第二，设计合理的压力测试情形，审慎地考虑选取风险的类别（如市场风险、信用风险、流动性风险等），不同宏观经济冲击的类型、参数初值的设定以及压力测试的持续期间等；第三，对不同风险因子的稳健性进行评价；第四，综合各种风险因子脆弱程度的分析，反映各不同风险因子间可能存在的关联关系；第五，评估整个金融体系的风险承受力和对冲击的反馈。[1]

① 张忠永，朱乾宇．金融稳定评估和压力测试的国际比较与经验借鉴 [J]. 银行家，2009（8）.102-106.

同时，IMF依照骆驼评级（CAMELS）对核心类指标进行分析，通过五级评分制（1级最高，5级最低），从有关经营和反映财务业绩、财务状况、经营稳健性和合规性等方面（资本充足率、资产管理质量、管理因素、收益和资金流动性、市场风险敏感度）进行分析评级。各构成要素都按1～5的级别排序，对每一部分的等级进行加权求和可获得一个复合等级，其变化范围也是从1～5，通过复合等级来评价存款吸收机构的经营和管理水平，以此衡量稳健性。评级分为个别项目评级和综合项目评级。

第三节　金融稳健统计的重构

2008年国际金融危机的悄然爆发使得FSI体系面临巨大的冲击和挑战。第一，FSI体系是对20世纪90年代的金融危机作出反应而发展出来的，但金融体系脆弱性问题在2007年美国次贷危机中依旧暴露，并随之演变为百年一遇的国际金融危机，FSI体系的有效性受到挑战；第二，FSI体系一直是IMF监管体系的主体内容，但该体系作为危机早期预警指标时总体表现不佳，FSI体系无法为金融稳定分析提供充分信息；第三，FSI体系部分核心指标持续甚至在市场条件出现恶化后仍然继续发出金融体系稳健的信号，未能准确揭示风险趋势；第四，FSI体系对非银行金融机构（NBFI）数据的收集极不完全，无法准确捕捉其风险信息。鉴于以上情况，国际社会已开始对FSI体系进行反思，以进一步发展金融稳定统计和加强金融脆弱性监测。①

在借鉴国内外现有关于金融稳健评估指标的研究成果以及安徽省金融业综合统计实践的基础上，我们构建了我国金融稳健统计指标体系②，如表9-3所示。

该指标体系以金融部门统计对象的两张表——资产负债表和利润表为依托，根据金融部门统计对象稳健运行的特征，从资本充足性、资产质量、盈利能力、流动性风险、市场风险五个方面构建中国金融稳健指标评价体系。

① 陈梦根 .FSI 体系发展的回顾与展望：基于年国际金融危机的分析 [J]. 经济统计学（季刊），2014（1）. 14-24.

② 王静 . 我国金融稳健性监测指标体系构建研究 [J]. 技术经济与管理研究，2013（1）. 99-102.

表9–3　　　　中国金融稳健指标体系

一级指标	二级指标			
	银行	证券	保险	信托及其他机构
资本充足性	资本 / 资产	核心净资本 / 表内外资产总额	资产 / 负债	资产 / 负债
	一级资本 / 资产	净资本 / 风险资本准备	偿付能力充足率	已获利息倍数
	股权净敞口头寸 / 资本	净资产 / 负债	未决赔款准备金率	风险准备金率
资产质量	不良贷款扣除资本金 / 资本	融资（含融券）金额 / 净资本	资产认可率	不良资产比率
	外汇贷款 / 总贷款	持有一种债券规模 / 总规模比例前五名	保费增长率	总资产周转率
	拨备覆盖率	持有一种权益类证券的成本 / 净资本比例前五名		
盈利能力	利润总额 / 资产总额	净资产利润率	净资产利润率	净资产利润率
	非利息收入 / 总收入	营业收入 / 总资产	营业收入利润率	信托报酬率
流动性风险	流动性资产 / 总资产	流动覆盖率	速动比率	流动性资产 / 总资产
	流动资产 / 短期负债	净稳定率	应收保费率	速动比率
	客户存款 / 总（非银行间）贷款	速动比率		
市场风险	外汇敞口头寸 / 资本	自营权益类证券及证券衍生品 / 净资本	再保险率	信托资产 / 总资产
		自营固定收益类证券 / 净资本	违约率	担保比率
		委托资产倍率		

第一，资本充足性。金融业企业必须持续符合规定的资本充足标准，以满足其流动性需要并抵御与吸收潜在风险。其中，存款类金融机构以资本/资产、一级资本/资产、股权净敞口头寸/资本等指标衡量；证券机构以核心净资本/表内外资产总额（资本杠杆率）、净资本/风险资本准备（风险覆盖率）、净资产/负债等指标衡量；资本充足性在保险机构表现为偿付能力，指保险机构偿还债务的能力，主要以资产/负债、偿付能力充足率、未决赔款准备金率等指标衡量；信托及其他机构主要以资产/负债、已获利息倍数、风险准备金率等指标衡量。

第二，资产质量。资产质量决定了金融业企业所面临的信用风险，而信用风险则是决定金融业企业稳健性的重要指标之一。其中，存款机构主要以不良贷款扣除资本金/资本、外汇贷款/总贷款、拨备覆盖率等指标衡量；证券机构主要以融资（含融券）金额/净资本、持有一种债券规模/总规模比例前五名、持有一种权益类证券的成本/净资本比例前五名等指标衡量；保险机构主要以资产认可率、保费增长率等指标衡量；信托及其他机构主要以不良资产比率、总资产周转率等指标衡量。

第三，盈利能力。金融业企业的盈利能力与抵抗风险的能力密切相关，盈利水平越高，抵抗风险的能力就越高。其中，存款机构主要以利润总额/资产总额、非利息收入/总收入等指标衡量；证券机构主要以净资产利润率、营业收入/总资产等指标衡量；保险机构主要以净资产利润率、营业收入利润率等指标衡量；信托及其他机构主要以净资产利润率、信托报酬率等指标衡量。

第四，流动性风险。流动性风险作为金融危机最为直接的原因，流动性状况直接决定了金融业企业的生命力。其中，存款机构主要以流动性资产/总资产、流动资产/短期负债、客户存款/总（非银行间）贷款等指标衡量；证券机构主要以流动覆盖率、净稳定率、速动比率等指标衡量；保险机构主要以速动比率、应收保费率等指标衡量；信托及其他机构主要以流动性资产/总资产、速动比率等指标衡量。

第五，市场风险。金融业企业面对市场风险的反应速度和处置能力是金融业企业稳健性的重要指标。其中，存款机构主要以外汇敞口头寸/资本衡量；证券机构主要以自营权益类证券及证券衍生品/净资本、自营固定收益类证券/净资本、委托资产倍率指标衡量；保险机构主要以再保险率、违约率等指标衡量；信托及其他机构主要以信托资产/总资产、担保比率等指标衡量。

多层级多指标的指标评价体系从不同角度衡量了我国金融稳健性，但需确定体系内各个指标的权重，最终形成衡量金融稳健性的综合评价。现有文献一般通过主观赋值法或客观计算法来确定各个指标的权重。主观赋值法一般考虑专家意见，采用专家打分法来确定各个指标的权重，该方法简单易行，但结果会随着打分人的主观看法而改变。客观计算法以线性方法分析计量各个指标权重，但各个指标从不同角度反映会计信息质量，两者之间并非完全线性关系，因此也会降低结果的准确性。鉴于此，我们吸收两者的优点，采用主观赋值和客观计算相结合的层次分析法来获得各个指标的权重。层次分析法能够利用主观的逻辑判断和客观的精确计算，确保决策过程的条理性和科学性，增强结果的客观可信性。

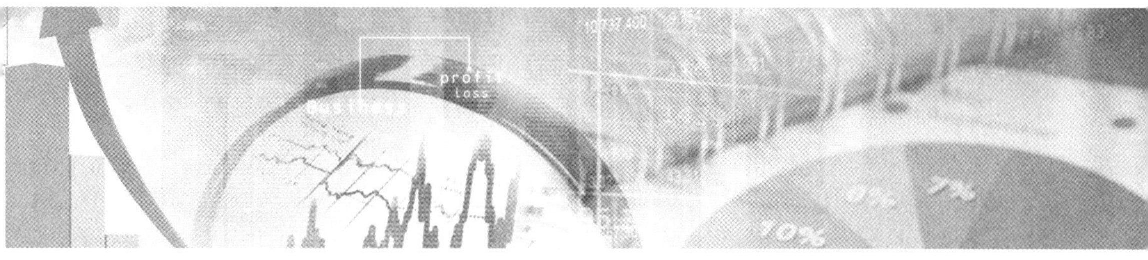

Chapter 10

第十章 | 金融部门数据质量评估与公布标准

本章主要介绍金融部门数据质量评估与公布标准，基于IMF所采用的数据公布特别标准（SDDS）及数据公布通用系统（GDDS），详细阐述了IMF开发的数据质量评估框架（Data Quality Assessment Framework，DQAF）和统计数据公布标准，梳理了我国金融部门统计数据质量评估实践及统计透明度和标准的发展进程，并提出我国金融部门数据质量控制体系的构建思路。

第一节　数据质量评估的总体框架

一、数据质量评估的内容要点与框架

IMF的数据质量评估框架（DQAF）提供了对统计数据质量进行定性评估的一种方法。DQAF中融合了国际普遍认可的良好统计实践和联合国官方统计基本准则、数据公布特别标准（SDDS）及数据公布通用系统（GDDS）中所采用的概念和定义，使用者通过对照这些内容，可以得出对相关数据质量的评估结论。

2003年7月IMF开发了（DQAF）和7个专用框架。DQAF适用于所有的专用框架，并为专用框架提供基础。目前IMF已经为国民账户统计、消费物价指数、

生产者价格指数、政府财政和公共部门债务统计、货币统计、国际收支和国际投资头寸统计、外债统计等建立了专项评估框架。每个专项评估框架都包括“质量的前提条件”和“保证诚信、方法健全性、准确性和可靠性、适用性、可获得性”等方面，并对各个方面分层次拟定了非常明确、具体的评估标准，专用框架的评估标准更加详细、可操作性更强。自IMF颁布DQAF后，十分注意根据统计的发展进行修订和完善。为了反映国际统计的发展，尤其是国际标准方法的更新，2012年5月，IMF发布了7个专项评估框架的新版本。

二、DQAF 的基本内容

DQAF的内容着重于与数据质量相关的统计体系管理、核心统计程序和统计产品的特征。整个评估框架分为六个部分，第一部分是保障数据质量的法律和制度环境（先决条件），其余五个部分具体分析数据质量的五个维度。

（一）质量的先决条件（Prerequisites of Quality）

尽管它本身不是衡量数据质量的一个维度，但这组要素和指标却担当着保证统计数据质量的先决条件或制度前提一样的角色。值得注意的是，该部分的评估标准主要针对的是统计工作中的众多机构，如国家统计局、中央银行或财政部门等。这些先决条件包含以下要素：

（1）法律和制度环境。统计环境是能够支持统计数据的。

（2）资源。各种资源与统计程序的需求相匹配。

（3）相关性。统计数据包含所研究领域的相关信息。

（4）其他数据质量管理措施。

（二）诚信的保证（Assurances of Integrity）

这个维度描述了“统计体系应建立在与统计数据收集、编辑和公布环节中的客观性原则相一致的基础上”的一种观念。它包括关于确保统计政策和实践中的专业性、透明度和民族性的相关制度安排。三个要素如下：

（1）专业性。统计政策与实践是以专业性原则为指导的。

（2）透明度。统计政策与实践是透明的。

（3）民族性。统计政策与实践有民族性标准作为指导。

（三）方法的健全性（Methodological Soundness）

这个部分贯穿了“统计产品的方法论基础应当是健全的，并且这种健全性能够通过遵循国际认可的标准、指导方针或良好实践来获得”的思想。该质量维度必须是与特定数据集相联系的，体现不同数据集所采用的不同方法。这个维度含有以下四个要素：

（1）概念和定义。所使用的概念、定义与国际通行的统计框架相一致。

（2）范围。数据范围与国际认可的标准、指导方针及良好实践相一致。

（3）分类或分区。数据分类/分区系统与国际认可的标准、指导方针及良好实践相一致。

（4）计量基础。流量/存量的估价和记录与国际认可的标准、指导方针及良好实践相一致。

（四）准确性和可靠性（Accuracy and Reliability）

在这个维度中，体现了“统计数据能够充分地描述经济现实”的思想。具体内容包括原始数据能为统计数据的编辑提供充分的基础；统计方法是正确的；原始数据、中间数据和统计结果定期受到评估而且是有效的，并含有对数据修订的研究。这部分的五个要素是：

（1）原始数据。可利用的原始数据能为统计数据的编制提供适当的基础。

（2）原始数据的评估。原始数据定期受到评估。

（3）统计方法。统计方法符合健全统计程序的要求。

（4）中间数据及统计结果的评估与验证。中间数据及统计结果是定期评估和验证的。

（5）修订政策。作为数据可靠性的标尺，修订政策附着于所提供的信息。

（五）适用性（Serviceability）

这个维度提出了关于统计数据应能够涵盖目标领域相关信息、能够在合理的期限内及时公布、数据内部以及与其他主要数据集之间应当一致并附有定期修订政策等要求。这里包含三个要素：

（1）期限与及时性。数据提供的时限应符合国际数据公布标准。

（2）一致性。数据在数据集内部、前后期之间以及与其他主要数据来源/统计框架之间相互一致。

（3）修订政策与实践。数据修订遵循了定期与公开的程序。

（六）可获取性（Accessibility）

该维度是关于确保数据和元数据在易于使用和无偏的基础上以一种清楚和可以理解的方式提供、元数据是实时更新和相关的以及可以获取便捷和专业性的服务支持等需求的。这个维度对应的要素为：

（1）数据的可获取性。数据以清楚的和可以理解的方式提供，数据公布的形式充分，数据在无偏的基础上提供。

（2）元数据的可获取性。可获得实时更新和相关的元数据。

（3）对数据使用者的帮助。数据使用者可以得到便捷、专业性的服务支持。

三、层级式结构的说明

DQAF采用的是层级式结构，从综合评估框架中所描述的全部数据集共有的质量维度，延伸到专项评估框架中适用于特定数据集的更为详细的内容，即对数据质量评估标准从一般到具体，再到更为详尽的一种描述过程。

具体来看，无论是综合框架还是专项框架，都首先在第一层级定义了保证数据质量的先决条件（Prerequisites）和衡量数据质量的五个维度（Dimensions）——诚信的保证、方法的健全性、准确性和可靠性、适用性以及可获取性；然后再分别将第一层级的每个部分细化为第二层级的评估要素（Elements）和第三层级的评估指标（Indicators），进一步解释说明统计数据应当符合的条件或具备的特征。不同的是，各专项评估框架在评估要素的基础上继续深化了评估标准，针对各个数据集提出了其特有的焦点问题（Focal Issues）以及描述（在评估焦点问题时应当考虑的）质量特征的要点（Key Points）。

四、我国金融部门统计数据质量评估的实践

（一）银行监管统计数据质量管理的实践

为全面总结金融部门统计数据质量管理的先进经验，提出既符合实际又有一定前瞻性的标准和要求，推动统计数据质量的持续、全面提升，2011年中国银监会制定了《银行监管统计数据质量管理良好标准（试行）》，标准的总体框架包含组织机构及人员、制度建设等5方面要素、15项原则、61条具体标准，涵盖了统计数据质量管理的主要方面。

1. 组织机构及人员

组织机构及人员包括组织领导、归口管理、岗位设置、团队建设4项原则、15条具体标准，主要对董事会和高管在数据质量管理中的职责，以及管理体制、监管统计岗位设置和团队建设方面设定了标准。

2. 制度建设

制度建设包括管理制度、业务制度2项原则、7条具体标准，主要是对银行建立全面、科学和有效的监管统计管理制度和业务制度设定了标准，为数据质

量管理和监管统计工作提供规范和依据。

3. 系统保障和数据标准

系统保障和数据标准是对数据质量管理流程化和标准化的要求，包括基础系统、监管统计系统、数据标准3项原则、14条具体标准，对银行业务及管理基础系统以及监管统计系统在全面覆盖、数据质量控制功能和灵活性方面提出了标准和要求，使数据质量管理的流程能够通过标准的信息化得以物化。

4. 数据质量的监控、检查与评价

数据质量的监控、检查与评价包括日常监控、监督检查、考核评价3项原则、14条具体标准，内容主要是对银行建立有效的数据质量监控体系、统计现场检查制度和考核评价体系提出了标准和要求，从机制方面直接加强对数据质量的约束和激励。

5. 数据的报送、应用和存储

数据的报送、应用和存储包括数据报送、分析应用、资料存储3项原则、11条具体标准，内容主要是对银行报送环节、分析应用和存储提出了标准和要求，通过分析应用和扩大共享，提高附加值，形成数据质量管理的良性循环。

评估先由银行业金融机构进行自评，监管机构在此基础上对银行进行外部评估。评估结果划分为4档，分别为符合、大体符合、较不符合和不符合。

（二）安徽省金融统计数据质量评估的实践

金融统计数据质量长期缺乏定量化评估，不能确切说明金融统计数据质量整体状况。2011年开始，安徽省通过强化量化评估方法，持续开展了金融统计数据质量评估工作。该工作将抽样调查与统计检查相结合，既实现了对金融统计制度执行情况的定性评价，也实现了对金融统计数据质量的定量评估，对全面把握金融数据质量，进一步提升金融统计工作效能发挥了积极作用。

安徽省金融统计数据质量评估工作总体按照IMF开发的DQAF进行，并根据统计检查获得的第一手资料进行定性与定量相结合的综合评价。定性评价方法采取统计执法检查的形式，按法定程序对金融机构统计制度执行情况进行检查，根据检查结果进行总体定性评估，分为好、较好、一般、差四个等级。定量评估方法采用抽样调查方式，抽样调查兼具针对性、时效性与经济性，也是IMF推荐认为比较好的方法；通过采取不重复随机抽样方式，按照机构类型进行分组，确定符合统计抽样理论的样本数量，根据样本单位统计指标误差情况，进行分组推断、评估被调查机构总体数据质量状况。

第二节 统计数据公布标准

一、透明度问题与标准实施

（一）IMF制定GDDS、SDDS的背景

长期以来，许多国家都规定政府机构和企业必须定期向股东和公众公布金融数据，但是没有相应的机构专门监督管理各个国家经济数据的公布情况。对于像金融市场这种高度依赖于准确数据的行业来说，市场是不完整的，并且信息严重滞后，这对整个国家的资源配置和定价产生了极为不利的影响。为了应对这种情况，国际社会一致要求IMF 制定经济金融数据统计公布的标准。

1994 年墨西哥金融危机导致国际金融市场剧烈动荡，因缺乏有效的墨西哥经济金融统计数据，IMF 未能在危机爆发前察觉，危机爆发后不能及时对墨西哥制定援助计划和经济调整方案。1997 年，东南亚爆发金融危机，显示全球系统重要性金融机构之间经济统计数据存在很大的差异，极大影响了监管层和IMF等机构对东南亚金融形势的分析，IMF 和各国政府再一次认识到对其成员国经济和金融统计数据的生产和公布进行规范的必要性。

在国际金融市场的需求压力和各国政府的要求下，IMF 开始重新评估其在稳定国际金融市场中所应承担的新责任， 并逐步开始采取新的措施及对策，制定了两个层次的数据发布标准：第一层是为那些已经参与或正在谋求参与国际金融市场的国家（包括多数工业化国家和一些新兴市场国家）制定的标准SDDS。第二层为所有尚未达到SDDS要求的成员国制定的另外一套标准GDDS。1996年4月和1997年12月，SDDS和GDDS分别制定完成，由成员国自愿认报。截至2015 年10 月，GDDS 共有113 个参与国，SDDS 共有65 个参与国。

（二）透明度的概念与内涵

透明度即信息的公开程度，是指在通俗易懂、容易获取和及时的基础上让社会大众了解政策目标，政策的法律、机构和经济框架，政策决定过程及其原理，与政策相关的数据和信息，以及政策制定机构的责任范围。无论是私人部门还是政府机构，统计数据的披露都是提高透明度的一项重要内容。

一般而言，所有的公共性机构都会涉及透明度的问题，如企业，特别是股份制企业的运营运作与股东的利益休戚相关，经合组织（OECD）就对公司治理中的信息披露和透明度的原则作出明确规定，要求“公司治理框架应确保及时、准确披露公司的所有重大事项，包括财务状况、业绩、所有权和公司的治理”。并对信息披露的基本内容、外部审计、披露渠道作出了明确的规定。

在现代社会中，政府运作的透明度是国民应有的知情权的体现，甚至是一个国家文明、民主和开放程度的体现。政府部门的运行与宏观政策的制定不但与社会大众的福利最大化息息相关，而且社会大众对政策目标和政策工具的更多理解，也有利于政策预期效应的实现。在经济全球化的今天，由于全球贸易和融资活动的国际化，对宏观政策的兴趣已跨出一国公众的范围，为国际经济组织、大跨国公司所关注。

针对财政政策和货币金融政策透明度的需要，1999年9月，IMF通过《货币与金融政策透明度良好行为准则：原则宣言》，对中央银行和金融监管机构应该努力提高货币和金融政策透明度的目标进行了原则性规定。2007年IMF通过的《财政透明度良好行为准则》修订本，从明确政府财政管理职责、公开预算程序、方便公众获得信息、确保真实性四个方面为财政透明度提供了一个综合框架，并督促其成员国遵守执行。

（三）统计标准的实施

国民经济核算是宏观经济数据的生产体系。国民经济核算最早出现在20世纪40年代的荷兰和英国，1953年联合国公布的《国民核算表及补充表体系》（System of National Account，SNA）是国民经济核算体系的第一个国际化标准。在SNA发展演变的过程中，曾出现过与之平行存在的物质产品平衡表体系（MPS）。MPS服务于高度集中的计划经济管理体制的需要，曾在十几个社会主义国家实行过。20世纪80年代后期以来，随着社会主义国家纷纷向市场经济体制转变，国民账户核算体系以其强大的生命力取代物质产品平衡表体系，成为世界各国采用的国民经济核算的通用标准。中国从1992年起，逐步转轨采用联合国等编制的SNA。

SNA产生和发展的直接动因是国际可比性。SNA演变的四个版本（1953年版、1968年版、1993年版和2008年版）都非常强调统计标准与准则的“国际化”和经济统计的可比性。目前广为使用的1993年版的SNA体系称其发展过程反映了“SNA和其他国际统计标准化之间的日趋协调一致”，“包括两条主线——国民经济核算的发展和统计业务的‘国际化’”。其中心框架至少追求两个目标：

首先，通过为一国的国民经济核算人员提供指导，设法帮助该国发展自己的国民经济核算，以避免再去寻找、试验那些别国已经尝试过的做法。其次，力求在不同国家的国民经济核算账户之间实现国际可比性，以方便世界范围内的经济和社会分析。

SNA是一个规范国民经济总量指标核算的数据生产体系，其总体框架由一套逻辑严密、协调一致而完整的宏观经济账户、资产负债表组成，它们的基础是一套符合国际惯例的概念、定义、分类和核算规则。经过多年的发展，在联合国、IMF、OECD等国际组织的不懈努力下，截至2013年在实体经济部门（包括GDP核算、劳动力统计、生产指数和价格指数）、财政部门、金融部门、对外部门（包括国际收支、官方储备资产、商品贸易、国际投资头寸、外债和汇率）、人口统计等领域都已经形成了一整套较为完备的账户体系和统计指导规范。这些统计账户手册互相补充，协调一致，成为体系。可以说，统计数据的国际标准已基本形成并得到了世界各国的认同和使用。

随着经济社会的发展，对统计信息的需求也在不断扩充，统计的内容和范围也在动态发展、扩展。反思2008年的国际金融危机，统计信息缺失（Information Gaps）使包括经济管理当局（中央银行、金融体系监管者等）在内的经济行为主体无法及时、准确、全面地衡量金融体系风险所在，这是国际经济社会的普遍共识。在20国集团（G20）于2009年为应对金融危机、弥补信息缺口的四个建议中，有三个集中于数据收集方面：监测金融体系的风险积聚、提升跨境金融联系的信息、监测国内经济抵御外部冲击的脆弱性。弥补这三个方面的数据不足，有些需要发展新的统计制度框架，有些需要在既有的统计框架下加强对统计数据的收集。

统计数据最终要服务于宏观经济分析、制定经济政策和国际比较的需要，必须要向社会公布。但是，长期以来，国际社会并没有一个标准统一的数据公布系统，各国政府对经济数据公布的实效、范围、渠道、方式以及数据质量的规定各不相同，极大地影响到数据的使用，特别是在国际比较上的使用效果。在中国，由于长期以来对统计数据的使用方面强调保密，强调服务于政府，而对政府统计数据的公共产品的性质认识不够，对政府统计数据的透明度也就重视不够。IMF制定的GDDS和SDDS便是目前为止正在被各国政府所采用的标准统一的两个不同层次的数据公布系统，其在数据的统计核算环节之外，形成了一套为国际社会接受的数据公布规范。

（四）我国统计透明度和标准的发展进程

中国于2002年4月15日正式加入GDDS，并一直按照IMF开发的GDDS不断改进统计数据编制和发布制度。SDDS和GDDS均为IMF制定的数据公布标准，二者框架基本一致，但SDDS对数据覆盖范围、公布频率、公布及时性、数据质量、公众可得性等方面要求更高，并且需按标准公布实体经济、财政、金融、对外和社会人口五个部门的数据。

2014年11月，中国在G20布里斯班峰会上郑重承诺，将采纳IMF制定的SDDS。此后，中国成立了由国家统计局牵头，中国人民银行、财政部、海关总署和国家外汇管理局共同参与的部际SDDS工作领导小组及办公室。经中国国务院批准，中国人民银行于2015年10月6日正式通报中国采纳IMF制定的SDDS的决定。这标志着中国已完成采纳SDDS的全部程序，将按照SDDS标准公布相关统计数据。采纳SDDS有利于提高宏观经济统计数据的透明度、可靠性和国际可比性；有利于进一步摸清宏观经济家底，为国家宏观经济决策提供及时、准确的依据；有利于国际社会和公众对中国经济的深入了解，提升中国参与全球经济合作水平。

2014年3月，中国人民银行正式发布《银行数据标准定义规范》（JR/T 0105—2014），规定了银行业金融机构对数据标准的统一定义规范，提出了银行数据标准定义框架以及各属性规范；《银行数据标准定义规范》的实施，对提高银行业数据管控水平，规范银行业数据标准的定义，统一银行业数据属性的描述，促进银行间数据共享等方面具有重要指导意义。2016年6月，金融行业标准《存款统计分类及编码》（JR/T 0134—2016）、《贷款统计分类及编码》（JR/T 0135—2016）正式发布，这是我国金融统计标准化建设核心内容之一，是促进国家经济金融数据协调一致的重要措施。这两项标准在总结存款、贷款业务和统计工作的基础上，采用国际通行的标准和准则，结合当前存款产品、信贷市场的创新发展，从统计标准角度界定了存款、贷款的内涵和外延，诠释了概念，细化了分类，建立了科学、规范、全面、实用的分类体系并设计了统一编码。标准的发布有助于提升金融统计数据质量，提高微观经营数据与宏观管理数据的协调性，促进宏观调控政策、金融监管政策与企业经营策略之间的一致性。

二、数据特征：范围、频率和及时性

GDDS、SDDS主要涉及实际、财政、金融、对外和社会人口五大统计部门，具体内容包括数据的范围、频率和及时性，公布数据的质量，公布数据的完整性和公众获取四个部分。对其每一项内容，GDDS、SDDS都提出了较为严格的要求，并列举了两到四种良好做法，作为各国数据编制和公布系统的目标。

（一）GDDS标准

1. 统计范围

GDDS将国民经济活动划分为5大经济部门：实际部门、财政部门、金融部门、对外部门和社会人口部门。对每一部门各选定一组能够反映其活动实绩和政策以及可以帮助理解经济发展和结构变化的最为重要的数据类别。系统提出了五大部门综合框架及相关的数据类别和指标编制、公布的目标，鼓励以适当的、反映成员国需要和能力的频率和及时性来开发和公布指标。选定的数据类别和指标分为规定的和受鼓励的两类。

表10-1　GDDS的数据规范：综合框架

核心框架	范围、分类和分析框架	受鼓励的扩展	频率	及时性
国民账户	编制和公布全套的名义和实际国民账户总量和平衡项目，得出国内生产总值、国民总收入、可支配总收入、消费、储蓄、资本形成、净贷款、净借款。编制和公布有关的部门账户以及国家和部门的资产负债表		年度	10～14个月
中央政府操作	编制和公布交易和债务的综合数据，需强调：（1）包括所有的中央政府单位；（2）使用适当的分析框架；（3）建立一整套详细的分类标准（税收和非税收收入、经常性和资本性支出、国内及国外融资），并适当细分（根据债务持有人、债务工具和币种）	广义政府或公共部门操作数据，在那些地方政府或公共企业操作具有重要分析或政策意义的国家尤其鼓励	年度	6～9个月
广义货币概览	编制和公布综合的数据，需强调：（1）包括所有的存款公司（银行机构）；（2）使用适当的分析框架；（3）建立对外资产和负债、按部门分类的国内信贷以及货币（流动性）和非货币债务构成的分类标准		月度	2～3个月
国际收支	编制和公布综合的国际收支主要总量数据和平衡项目，包括：货物和服务的进口和出口、贸易差额、收入和转移、经常项目差额、储备和其他金融交易、总余额，并适当进行细分	国际投资头寸和总体经济外债数据（如果这些数据具有重要的分析和政策意义）	年度	6～9个月

规定的数据类别包括：（1）来自综合框架中的核心部分，如实际部门的国民账户总量，财政部门的中央政府预算总量，金融部门的广义货币和信贷总量，对外部门的国际收支总量。（2）追踪分析统计类目，如实际部门的各种生产指数，财政部门的中央政府财政收支和债务统计，金融部门的中央银行分析

账户，对外部门的国际储备和商品贸易统计。（3）与该部门相关的统计指标，如实际部门的劳动市场和价格指数统计。（4）社会人口数据，包括人口、保健、教育、卫生等方面的统计。

除规定的数据类别以外，GDDS鼓励成员国发布更多的统计信息，以增强成员国经济实绩和政策的透明度。如实际部门列出储蓄、国民总收入指标，财政部门列出利息支付和偿债预计统计等。

GDDS将选定的数据类别分为规定性和鼓励性两类，目的是给予成员国公布统计数据一定的灵活性。鼓励性一类是要成员国争取发布的，条件不具备的可以暂不发布。数据类别下构成要素，有些后面注明“视具体情况”，即成员国认为该项统计不符合本国实际的，可以不编制发布。

2. 公布频率

公布频率是指统计数据编制发布的时间间隔。某项统计数据的公布频率需要根据调查、编制的工作难度和使用者的需要来决定。系统鼓励改进数据的公布频率。GDDS对列出的数据类别的公布频率作了统一规定。例如， GDDS要求国民账户体系、国际收支平衡表按年公布，广义货币概览按月公布，汇率则每日公布。

3. 公布及时性

公布及时性是指统计数据公布的速度。统计数据公布的及时性受多种因素制约，如资料整理和计算手续的繁简，数据公布的形式等。GDDS规定了间隔的最长时限。如按季度统计的GDP数据规定在下一季度内发布，按月度统计的生产指数规定在6周至3个月内公布。

GDDS规定的发布周期和发布及时性还列出一些灵活处理和变通的办法。GDDS的数据规范：数据类别和指标见表10–2。

表10–2　　GDDS的数据规范：数据类别和指标

数据类别	核心指标	鼓励编制的指标	频率	及时性
实际部门				
国民账户总量	国内生产总值（名义和实际）	国民总收入、资本形成、储蓄	年度（鼓励季度）	6 ~ 9个月
生产指数	制造业或工业		月度	所有指标都为6周至3个月
	初级产品、农业或其他指标		（视具体情况）	
	视具体情况			
价格指数	消费者价格指数	生产者价格指数	月度	1 ~ 2个月
劳动力市场指标	就业、失业，工资/收入，视具体情况		年度	6 ~ 9个月
财政部门				

续表

数据类别	核心指标	鼓励编制的指标	频率	及时性
实际部门				
中央政府预算总量	收入、支出、差额和融资，视具体情况进行细分（根据债务持有人、债务工具和币种）	利息支付	季度	1个季度
中央政府债务	内债和外债，视具体情况适当细分（按币种、期限、债务持有人和债务工具）	政府担保债务	年度（鼓励季度）	1～2个季度
金融部门				
广义货币和信贷总量	对外净头寸、国内信贷、广义或狭义信贷		月度	1～3个月
中央银行总量	储备货币		月度	1～2个月
利率	短期和长期政府债券利率、政策性可变利率	货币或银行间市场利率及一系列存贷款利率	月度	高频率(如月度)出版物的一部分
股票市场		股票价格指数（视具体情况）	月度	高频率(如月度)出版物的一部分
对外部门				
国际收支总量	货物和服务的进口和出口、经常账户差额、储备、总差额	总体经济的外债和偿债数据（视具体情况）	年度（十分鼓励季度）	6个月
国际储备	以美元标价的官方储备总额	与储备有关的负债	月度	1～4周
商品贸易	总进口和总出口	较长时间的主要商品的分类	月度	8周至3个月
汇率	即期汇率		每日	高频率(如月度)
社会人口数据				
人口	人口；人口增长率；城市人口；农业人口；人口性别；人口的年龄构成		各国公布频率会各不相同	各国及时性不尽相同
保健	每个医生照顾人口数；预期寿命；婴儿/儿童/产妇死亡率			
教育	成年人文盲率、学生—教师比率、小学/中学入学率			
贫困状况	获得洁净水的情况、卫生；每个房间居住的人数；收入分配；最低收入标准以下的家庭数			

（二）SDDS的标准

1. 统计范围

SDDS将国民经济活动划分为4大经济部门：实际部门、财政部门、金融部门、对外部门，鼓励公布人口总量数据，但只作为附表。与GDDS一样，SDDS对每一部门各选定一组能够反映其活动实绩和政策以及可以帮助理解经济发展和结构变化的最为重要的数据类别。选定的数据类别分为：必须的、受鼓励的和“视相关程度”三类。

必须的数据类别包括：（1）综合统计框架，如实际部门的国民账户、财政部门中的广义政府或公共部门的运作、金融部门中银行体系的分析账户以及对外部门中的国际收支账户。（2）跟踪性数据种类，如实际部门中的生产指数，财政部门中的中央政府的运作，金融部门的中央银行分析账户等。（3）与部门有关的其他数据种类，如实际部门的劳动市场和价格统计、金融部门中的利率和对外部门中的汇率。

除必须公布的数据外，特殊标准还提供了一些受鼓励的指标和“视相关程度”指标。例如，国民账户中的储蓄、国内总收入是受鼓励的指标，股票市场中的股票价格指数为“视相关程度”指标。与GDDS数据分类目的相似，SDDS将选定的数据类别分为必须的、受鼓励的和“视相关程度”三类，目的也是给予成员国公布统计数据一定的灵活性。鼓励性一类是要成员国争取发布的，条件不具备的可以暂不发布。“视相关程度”一类，成员国认为该项统计不符合本国实际的，可不编制发布。

2．公布的频率和及时性

SDDS在数据公布频率和及时性上，提出了相当高的要求，目的是使成员国以最快的频率、最高的时效性向社会公布统计信息，从而加强社会公众对经济运行的理解和把握。

SDDS：统计范围、频率和及时性见表10-3。

表10-3　SDDS：统计范围、频率和及时性

统计数据的范围			频率	及时性
		鼓励的种类或分项		
数据种类	分项			
实际部门				
国民账户：名义、实际和相关价格	按主要支出种类和生产部门计算的GDP	储蓄，国内总收入	季	季
生产指数	工业、初级产品，或部门（视相关程度）		月（或视相关程度）	6个星期（鼓励按月或视相关程度）
		前瞻性指标，如一些主要的综合性指标指数	月或季	月或季

续表

统计数据的范围			频率	及时性
		鼓励的种类或分项		
劳动力市场	就业、失业和工资 / 收入（视相关程度）		季	季
物价指数	消费物价和生产者或批发价格		月	月
财政部门				
广义政府或公共部门的运作（视相关程度）	收入、支出、余额和国内（银行及非银行）及国外融资	利息支付	年	2 个季度
中央政府的运作	预算账户：收入、支出、余额和国内（银行及非银行）及国外融资	利息支付	月	月
中央政府债务	国内和国外债务（分币种）（包括保值公债）（视相关程度）；分期限（视相关程度）；分是否有中央政府担保（视相关程度）	债务偿还的预测；对中长期债务的利息和分期偿还（最近 4 个季度是按季预测的，然后是按年）及对短期债务分期偿还的预测	季	季
金融部门				
	货币总量、公共和私人部门的国内信贷，对外头寸		月	月
	储备货币，公共和私人部门的国内债权，对外头寸		月（鼓励按星期	2 个星期（鼓励按星期）
	短期和长期政府债券利率，政策性可变利率	代表性存贷款利率	天	不严格要求
股票市场	股票价格指数（视相关程度）		天	不严格要求
对外部门				
国际收支	商品和服务，净收入流动，净经常转移，主要资本（或资本和金融）账户项目（包括储备）	外国直接投资和有价证券投资	季	季
国际储备	官方总储备（黄金、外汇、特别提款权和在基金组织的头寸）和美元官方负债	与储备有关的负债（视相关程度）	月（鼓励按星期）	周
商品贸易	出口和进口	较长时间间隔的主要商品细分	月	8 周（鼓励按 4 ~ 6 周）
国际投资头寸	直接投资、有价证券投资（包括股本和债务）、其他投资及储备	根据发行债券的货币种类和最初期限（如短、中、长期）进行细分	年	2 个季度（鼓励按季）
汇率	现期和 3 至 6 个月的远期市场汇率（视相关程度）		天	不严格要求

三、数据公布的质量、完整性及公众获取

（一）数据公布的质量

统计质量是个难以界定、不易评估的概念。为了便于检查，GDDS、SDDS选定两条规则作为评估统计数据质量的标准。一是成员国提供数据编制方法和数据来源方面的资料。资料可以采取多种形式，包括公布数据时所附的概括性说明、单独出版物和可从编制者得到的文件。同时也鼓励成员国准备并公布重要的关于数据质量特征的说明（例如，数据可能存在的误差类型、不同时期数据之所以不可比的原因、数据调查的范围或调查数据的样本误差等）。二是提供统计类目核心指标的细项内容及与其相关的统计数据的核对方法，以及支持数据交叉复核并保证合理性的统计框架。为了支持和鼓励使用者对数据进行核对和检验，规定在统计框架内公布有关总量数据的分项，公布有关数据的比较和核对。统计框架包括会计等式和统计关系。比较核对主要针对那些跨越不同框架的数据，例如，作为国民账户一部分的进出口和作为国际收支一部分的进出口的交叉核对。

与数据质量密不可分的是制定和公布改进数据的计划。所准备和公布的改进计划应包含所有数据缺陷的部门。统计当局应表明下述立场中的一个：（1）针对已发现缺陷的改进计划；（2）最近实施的改进措施；（3）国家认定不需再改进。

（二）公布数据的完整性

为了实现向公众提供信息的目的，官方统计数据必须得到用户的信赖；同时，统计使用者对官方统计的信任感归根到底是对官方统计数据编制机构的客观性和专业性的信任。而统计机构的工作实践和程序的透明度是产生这种信任的关键因素。因此，为了监督统计数据的完整性，GDDS 、SDDS规定了4条检查规则：一是成员国必须公布编制统计数据的条件和规定，特别是为信息提供人保密的规定。统计机构进行统计所依据的条件和规定可以有多种形式，如统计法、章程和行为规则，其中所包含的条件和规定可以针对统计单位与上级部门之间的关系，收集数据的法律权限，向公众发布所收集数据的要求等。为信息提供人保密是形成使用者对官方统计客观性信任的关键所在，GDDS 、SDDS建议在国家的统计立法和统计主管官员权限中反映出来，或者明文规定官方必须为个人调查答卷保密。二是关于数据公布前政府机构从内部获取数据的说明。GDDS要求开列数据编制机构以外的、可以在数据发布前获得数据信息的政府人员名单及职位。 三是政府部门在数据公布时的评述。列出数据发布后哪些政府

部门有资格进行评论，因为政府部门的评述不一定像官方统计编制机构那样具有很高程度的客观性，政府部门对数据的评论往往带有政治偏见。这种做法的目的是使公众了解这些评述的出处。四是必须提供数据修正方面的信息并提前通知统计方法的重大修改。为了增加统计数据编制机构做法的透明度，本项规范要求提供关于过去所做的修正以及今后可能修正的主要原因的信息。关于统计修正的主要原因的信息包括进行修正所遵循的原则和以往修正数据的幅度；在公布修正原则和修正后的数据之前，应先制定修正原则，然后再相应地修改数据。在建立统计制度过程中，统计方法会发生变化。事先通知可采取多种形式，至少应该在最后一次公布未修改数据时做简短说明，这种说明应指出将要作出何种修改以及从何处可以获得更详细的信息。

（三）公众获取

SDDS、GDDS对此制定了两项规划：一是成员国要预先公布各项统计的发布日历表。预先公布统计发布日程表既可方便使用者安排利用数据，又可显示统计工作管理完善和表明数据编制的透明度。GDDS鼓励成员国向公众公布最新信息的机构或个人的名称或地址。二是统计发布必须同时发送所有有关各方。官方统计数据的公布是统计数据作为一项公共产品的基本特征之一，及时和机会均等地获得统计数据是公众的基本要求。因此GDDS 、SDDS规定应向所有有关方同时发布统计数据，以体现公平的原则。发布时可先提供概括性数据，然后再提供详细的数据，当局应至少提供一个公众知道并可以进入的地方，数据一经发布，公众就可以公平地获得。

SDDS和GDDS的目的都是向成员国提供一套在数据采集和披露方面的指导标准，使各国在向公众提供全面、及时、容易获得和可靠的数据方面有共同的依据。SDDS和GDDS的区别在于，SDDS是一套数据公布的特殊标准，其对数据的覆盖范围、频率和时效有精确、具体的要求，其重点是频繁和及时地公布数据。而GDDS是一个数据公布的通用系统，它强调花时间改进数据，向更高的质量、更快的频率和更高的时效努力。因此，SDDS的成员国一般已经达到很高的数据质量标准，统计框架已经很充分和全面；GDDS的核心是提高数据质量，对更多的国家具有现实意义。

由于SDDS和GDDS的框架大致相同，其统计数据的核心框架和核心指标基本一致，只是在公布频率和公布及时性方面有些差异。IMF认为，GDDS可以作为实现SDDS的桥梁或跳板。

第三节　我国金融部门数据质量控制体系的构建

改革开放以来，我国金融统计的科学性和准确性不断提高，统计数据总体上反映着金融运行、经济社会发展的趋势。近年随着金融业快速发展，主体多元化、业务创新化、交易关联化趋势持续增强，而金融统计数据质量管理工作相对滞后。在推进金融业综合统计体系建设过程中，亟须借鉴IMF数据质量评估工作框架，建立全面适用的统计数据质量评估标准，改进统计体制、统计过程和统计产品，强化金融业综合统计数据质量管理，完善统计管理制度，健全数据质量控制体系，对于保证数据质量、夯实宏观决策的信息基础，具有重要而积极的意义。

一、建立金融统计法规和源数据采集体系

一是加快完善金融统计法律法规。目前，我国金融统计立法滞后于统计实践，迫切需要加快完善金融统计法律法规，增强金融统计的系统性、全面性和协同性。首先，加快《中国人民银行法》的修订，推动制定涵盖银行、证券、保险及各行业交叉环节的《金融统计管理条例》，奠定金融业综合统计的法律基础，清晰界定金融统计相关部门职责分工，实现统一、高效、方便、快捷的部门合作和信息共享。其次，理顺金融统计相关法律规定的衔接关系，《中国银行业监督管理法》《证券法》和《保险法》等法律涉及金融统计的相关条款相应修改，增强彼此的协调性和一致性。二是构建完善的金融统计制度体系。参照IMF统计局的保证诚信、方法健全性、准确性和可靠性、适用性、可获得性等质量标准，编制数据质量管理制度手册，建立质量评估标准，使之成为金融统计数据质量检测、监管的重要内容和依据。强化金融统计过程控制，优化数据生产流程，对数据从获取、存储、共享、维护、应用、消亡生命周期的每个阶段可能引发的数据质量问题，进行识别、度量、监控、预警等一系列管理活动，并通过改善和提高组织的管理水平使得数据质量获得进一步提高。

源数据的质量是统计的生命，要提高数据的准确性和可靠性就要制定和完善源数据收集方案，并且数据收集方案要开放和灵活；源数据要与国际公认的

定义、范围、分类、定值和记录时间保持一致；要及时提供并且定时评估源数据；结合大数据和云计算技术的发展，密切跟踪国际数据统计的发展方向，不断改进金融业综合统计方法和技术。统计覆盖范围要包括国际上要求统计并且有统计的项目，统计分类或部门划分要与国际标准接轨，并对国际上最新改进的地方也要跟进并及时改进。

二、成立数据质量评估机构

为了保证评估结果的公正性和客观性，有必要成立专门的统计数据质量评估机构，专职负责对金融业综合统计数据质量评估框架的制定、实施与管理。首先，机构的构成人员要求具有专业性和代表性，包括国内从事统计工作的人员、统计专家、学者以及相关的数据使用者，在必要的时候也要聘请一些国际组织或发达国家的统计专家和顾问；其次，这个机构自身也要建立起决策部门、执行部门、监督部门多方制衡的自我管理体制。该评估机构的主要任务是：（1）界定模板的范围和内容，即确定数据质量评估的对象；（2）参照GDDS和SDDS，明确数据质量标准；（3）参照现有的框架拟定模板，以IMF的DQAF为主要参照对象，并为它们建立配对关系；（4）制订人员培训计划，实施连续性职业培训政策。

在统计数据的编制过程中，针对金融业综合统计指标种类多、涉及面广、机构性质差异大的特点，亟须加强对数据来源和数据生产的管理和评价。在参照DQAF数据质量定性评估方法的基础上，综合运用专家意见、层次分析、样本抽样、统计分布检验等方法，构建数据质量调查和量化指标评价体系，实现定性评价和定量评价的有机结合、相互验证，全面分析和评价数据质量状况。将数据质量评估结论设定为三个等级：完全符合、基本符合、不符合；根据定性与定量评估结果，将统计数据与各项标准逐一比较，根据相符程度给出数据质量的评价等级，并对金融业综合统计体系总体数据质量情况进行汇总和评估，并在此基础上形成数据质量评估报告，明确主要质量问题、改进建议和后续行动项目。

三、促进金融统计标准化发展

一是采纳IMF数据标准和遵守相关国际规范，积极参与国际金融统计标准体系建设，促进统计方式与国际接轨，增强数据的可用性和可比性，有利于国际社会和公众对中国金融信息的深入了解，提升中国参与全球金融合作水平和成效。二是加快推进金融统计标准化建设，研究制定金融业标准化和综合统计监测框架，统一和规范金融统计的概念、方法、分类、计值和编码，在此基础上，建立机构上覆盖银行业、证券业、保险业等金融机构以及新型金融机构，业务上覆盖金融机构的表内、表外业务，一次采集、多方共享的金融业综合统计体系。三是在推进金融统计数据标准落地过程中，加强与其他国家和国际机构的官方统计交流，不断加大与学术界的互动，加快我国金融统计数据标准化建设进程。

采纳SDDS等国际标准，加快金融业综合统计数据公布体系完善进程，提高金融统计数据的质量、透明度、可靠性和国际可比性。一是在技术层面，拓展金融统计的指标体系和统计范围，并提高统计数据公布的频率和及时性，不断增加金融统计数据的透明度。二是在制度层面，加强与国际社会数据统计方式接轨，执行“谁统计、谁发布、谁负责”的问责制度，进一步提高数据统计质量，增强数据统计质量的国际信任度。同时，推动金融统计数据公布从“政府优先”原则逐步过渡到“统一获取”原则。目前我国公布的金融统计数据是先政府后社会，不符合国际标准，采纳IMF数据公布标准可以让政府部门和社会机构在同一时间获得金融统计数据。

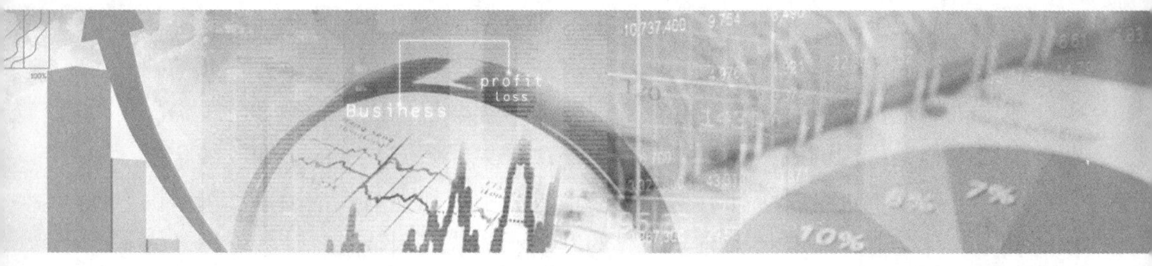

Chapter 11

第十一章 | 金融业综合统计实践

2009 年 IMF 和金融稳定委员会（FSB）发布《金融危机和信息缺口》，提出了“数据缺口”的概念，催生了全球的金融统计改革。在此背景下，中国金融部门统计改革方向是中国人民银行提出的建立“统一、全面、共享”的金融业综合统计体系，即以金融机构数据元为采集依据、以统计信息标准化为手段，对金融部门的资产、负债、损益以及风险情况的统计。

安徽省自 2013 年开展金融业综合统计试点，采取多样措施和渠道坚持依法统计，2015 年基本实现对金融部门机构的全面统计，从机构范围看，金融业综合统计是覆盖整个金融部门的统计，既包括银行业金融机构，也包括证券业和保险业金融机构，还包括金融控股公司、融资性金融机构等新型金融机构，甚至包括住房公积金中心、社保中心等对金融部门有重要影响的经济主体；从统计内容上看，既包括资产负债业务，也包括经营利润状况，与前文所述金融部门统计框架一致，因此本章基于安徽省金融业综合统计试点工作阐述金融部门统计在中国的实践。

第一节　金融业综合统计制度

当前，金融部门之间统计制度尚未统一，数据难以全面共享，对收集、整理金融各子部门标准化数据形成障碍，难以编制出金融部门资产负债表和概览，因此建立标准的统计制度对金融部门机构进行直接调查，是获取全面数据的有力途径。安徽省作为省级单位，建立《金融业综合统计地方调查项目》（金融业综合统计制度）作为区域性金融部门统计的法规依据和制度规范，首次尝试对全金融部门进行数据收集、整理和生产。

一、统计对象

金融业综合统计作为全口径统计，统计对象覆盖金融部门所有具有金融服务功能的机构，具体实践中统计对象的选择和分类分为两个过程，首先具体依据《货币与金融统计手册》（2014版）中金融部门机构的界定搜索所有可能的金融业机构，然后参考《国民经济行业分类》（GB/T4754—2011）中“J-金融业”中机构类型进行比照和分类，最后再根据数据来源和可得性的情况调整机构的范围和分类，总体而言依据国内机构监管和数据来源采取统计局的做法，将金融业机构分为四大类——货币金融服务、资本市场服务、保险业和其他金融活动，但具体机构和分类并不完全等同第三章所述，而是更倾向采用货币与金融统计的做法，因为我国的分法主要是根据数据来源分类，而IMF的分类依据的是机构资金的融通过程，在行业并表时能够准确地将重复数据剔除，精确地表达出金融部门内和与其他部门间的债务债权关系。

表11–1　　金融业综合统计对象与金融部门统计对象对比

金融业综合统计对象一级分类	金融业综合统计对象二级分类	金融部门统计对象二级分类	金融部门统计对象一级分类
中国人民银行	中国人民银行	中央银行	中央银行
银行业机构	银行	除中央银行外的存款性公司	其他存款性公司
	农村信用社	除中央银行外的存款性公司	其他存款性公司
	农村资金互助社	农村银行	其他存款性公司
	财务公司	财务公司	除保险公司和养老基金的其他金融中介机构 / 其他存款性公司
	信托投资公司	信托公司	专属金融机构和放贷人
	金融租赁公司	金融租赁公司	保险公司和养老金以外的其他金融中介
	汽车金融服务公司		保险公司和养老金以外的其他金融中介
	消费金融公司		保险公司和养老金以外的其他金融中介

续表

金融业综合统计对象一级分类	金融业综合统计对象二级分类	金融部门统计对象二级分类	金融部门统计对象一级分类
证券业机构	证券公司	承销商和交易商 / 经纪人和代理人	保险公司和养老金以外的其他金融中介 / 金融辅助机构
	期货公司	金融衍生工具公司	金融辅助机构
	基金公司	专业化的金融中介机构	保险公司和养老金以外的其他金融中介
	证券投资咨询公司	经纪人和代理人	金融辅助机构
	其他证券业机构	资产证券化工具 / 投资基金 / 公开交易所、证券市场、票据交换所	除保险公司和养老基金的其他金融中介机构 / 非货币市场基金
保险业机构	人寿保险公司	人寿保险公司	保险公司
	财产保险公司		保险公司
	再保险公司	再保险公司	保险公司
	保险资产管理公司	保险公司和养老基金的辅助机构	金融辅助机构
	养老金及企业年金		养老基金
	其他保险业机构	保险公司和养老基金的辅助机构	金融辅助机构
其他金融业	小额贷款公司	其他贷款公司	除保险公司和养老基金的其他金融中介机构
	金融控股公司	控股公司	专属金融机构和放贷人 / 金融辅助机构
	金融资产管理公司	资产管理公司和银行重组机构	除保险公司和养老基金的其他金融中介机构
	特殊目的载体	特殊目的载体	专属金融机构和放贷人
	典当行	放贷人	专属金融机构和放贷人
	融资担保公司	金融担保企业	保险公司
	融资租赁公司	金融租赁公司	除保险公司和养老基金的其他金融中介机构
	第三方支付公司	第三方支付处理器	金融辅助机构
	网络借贷公司	其他贷款公司	金融辅助机构
重要经济活动	住房公积金 / 住房金融公司	财务公司	其他存款性公司

从表11-1可以看出，金融业综合统计对象基本可以一一对应到金融部门机构，但部分机构可能出现对应到两类金融部门机构的情况，判断的基本原则是机构的经营业务和账务处理，下面详细介绍。

（一）财务公司

财务公司主要提供信贷给非金融性公司和住户。《货币与金融统计手册（2014版）》规定如果财务公司接受包括广义货币在内的存款，他们应划分入其他存款性公司，否则归类为除保险公司和养老基金的其他金融中介机构。在中国，财务公司根据银监会的管理规定是可以吸收存款的，属于银行业存款类机构，故归类为其他存款性公司。

（二）证券公司

证券公司在我国经营范围广泛，主要包括证券经纪、证券投资咨询、与证券交易证券投资活动有关的财务顾问、证券承销与保荐、证券自营、证券资产管理和其他证券业务。《货币与金融统计手册（2014版）》规定如果证券经纪人和其他安排证券买卖交易等不以自己的账户购买和持有证券的单位被分类为金融辅助机构，否则被归类为除保险公司和养老基金的其他金融中介机构。但是当证券公司既有代理业务，也有利用自身资产从事证券买卖时，可以考虑两种处理方式：（1）如果客户资金和自有资金是独立两个账户时，可以直接将自有资金账户内容归类到除保险公司和养老基金的其他金融中介机构，不考虑客户资金账户；（2）如果客户资金和自有资金同时使用同一账户，则按照资金占比，客户资金占比超过一半时归类入金融辅助机构，否则归类入除保险公司和养老基金的其他金融中介机构。

（三）其他证券业

其他证券业主要分为活动和机构，活动包括资产证券化工具和投资基金（如股权投资基金、产业基金等），前者属于除保险公司和养老基金的其他金融中介机构，后者属于非货币市场投资基金，共同属于其他金融性公司，但是归类的重要前提是此类金融活动拥有全套账户；机构指公开交易所、证券市场、票据交换所，为债务、股权证券和金融衍生品交易提供便利，如证券登记公司、交易商协会等。

（四）金融控股公司

金融控股公司是持有一批子公司资产为其主要活动的单位，即使所有的子公司都是非金融性公司，一般也归类为专属金融机构，但有一种特殊情况，即控股公司本身不进行资金融通，且其控制的所有或大部分子公司是金融性公司，则被列入金融辅助机构，如安徽省的兴泰控股公司。

（五）网络借贷公司

网络借贷公司（P2P）在我国属于相当新颖的资金融通平台，根据《网络借贷信息中介机构业务活动管理暂行办法》规定，网络借贷是指个体和个体之间通过互联网平台实现的直接借贷，简称P2P。该暂行办法将网络借贷公司定义为中介机构，鉴于网络借贷公司仅为平台通道，未涉及机构自有资产的运营，本书暂时将其对应到MFS中的金融辅助机构。而类似的A2P（资产到个人）是将流动性较高的资产证券化打包进行融资从而盘活机构存量，本书认为更适合归类为证券化工具。

（六）住房金融

住房公积金或者住房金融公司（全国仅芜湖惠民住房金融公司一家）是指关于住房贷款的全套账户，居民缴存的长期住房储金作为主要资金来源，向购买、建造、翻修、大修自住住房、集资合作建房的住房公积金存款人发放贷款作为主要资金使用。资金融通过程类似财务公司或银行，故此处暂时将其在小类上归为财务公司，在大类上归为其他存款性公司。

其他保险业机构主要指保险公司的辅助机构，如保险经纪公司、保险代理公司、保险公估公司等。

二、统计内容

金融业综合统计是以统计报表形式展开调查，调查内容分为资产负债核心指标和损益核心指标，围绕资产、负债和收入、支出设置，资产负债核心指标共606个，其中一级指标57个，二级指标190个，三级及以下指标359个。

（一）资产负债核心指标

金融业综合统计资产负债表的基础是《货币与金融统计（2014版）》中的金融资产与负债项目（以下简称金融资产与负债项目），根据第四章内容可以看出金融资产与负债基本是一一对应关系，仅有两处不同：一是货币黄金和特别提款权仅在资产方列示；二是应收款项和应付款项分别在资产方和负债方列示，其余项目均是同时在资产方和负债方列示。

相较标准的金融资产与负债项目，综合统计核心指标更易与现有金融统计体系和企业会计相衔接，便于数据的获取和解读。需要指出的是，在资产负债核心指标归类时并不依据科目名称，而是分析该指标资产的流动性和债权债务关系形式的法律特征。例如，贷款项目对应的指标内容较为丰富，资产方包括六类指标，均是具有资金融出功能的金融工具。

表11-2　　金融资产负债项目综合统计指标对应关系（一级指标）

金融资产与负债一级项目	金融业综合统计资产一级指标	金融业综合统计负债一级指标
货币黄金和特别提款权	交易性黄金	
通货和存款	现金	金融机构存放款项
	存放货币当局存款	单位及个人存款
	存放除货币当局外金融机构款项	国库定期存款
	存放除货币当局外金融机构款项	临时性存款
债务性证券	债券资产	债务证券负债
	票据	大额可转让存单
	大额可转让存单	其他证券负债
	其他债务证券	
贷款	拆放金融机构	中央银行借款
	单位及个人贷款	金融机构拆借
	买入返售资产	长期借款
	各项垫款	卖出回购资产
	融资租赁	境外筹资转贷款资金
	黄金、证券借贷	黄金、证券借贷
股票和投资基金份额	股权及投资基金份额	所有者权益
保险、养老金和标准化担保计划		保险技术准备金
金融衍生品和雇员股权激励	金融衍生品	金融衍生品
其他应收/应付款	拨付营运资金	拨付营运资金
	系统内资金往来	系统内资金往来
	系统外资金往来	系统外资金往来
	应收款项	应付款项
	预付款项	预收款项
	其他	其他
	自营外汇	自营外汇
		减值准备
委托代理	代理证券	代理财政存款
	代理发放银团贷款	代理证券
	代理外汇及黄金买卖	代理银团贷款资金
	委托贷款及委托投资	代理外汇及黄金买卖
		委托存款及委托投资基金

表11-2特别地增加了“委托代理”项目，一是因为目前金融统计中是将部分代理业务视作表内业务，二是在将委托代理类视作表外业务时，其必将是其

他部门的表内资产与负债，为了避免其他部门账套不全的情况，此处增设这类科目便于全部门编制资产负债表时获取更为准确全面的基础数据。

（二）损益核心指标

金融业综合统计损益表的基础是收入分配账户中收入与支出的相关项目，着力表现出营业盈余、折旧、劳动者报酬和生产税净额四方面内容，其中折旧较为简单，其余三项内容涉及的指标较多。核心指标共68个，一级指标5个，二级指标30个，三级及以下指标33个。需要注意的是，营业盈余体现的是来自资本、自然资源和劳动力的经济利益和来自就业的收入。

营业盈余按照会计核算准则等于营业收入减去营业支出，营业支出主要由财务及管理费、劳动者报酬和生产税构成，前文已经详细介绍，此处主要阐述金融各行业的营业收入类型，而主营业务收入的不同反过来也是金融行业划分的一种依据。

金融业分行业主营业务收入见表11–3。

表11–3　　金融业分行业主营业务收入

金融业综合统计对象二级分类	主营业务收入
银行	利息收入
农村信用社	投资收益（含债券投资利息收入）
农村资金互助社	利息收入
财务公司	利息收入
信托投资公司	手续费及佣金收入
金融租赁公司	利息收入 / 手续费及佣金收入
汽车金融服务公司	利息收入
消费金融公司	利息收入
证券公司	手续费及佣金收入
期货公司	手续费及佣金收入 / 期权费收入
基金公司	基金管理费收入 / 投资收益
人寿保险公司	保费收入
财产保险公司	保费收入
再保险公司	分保费收入
保险资产管理公司	资产管理费收入
其他保险业	代理佣金收入 / 咨询费收入 / 公估费收入
小额贷款公司	利息收入
金融资产管理公司	投资收益（含债券投资利息收入）
特殊目的载体	

续表

金融业综合统计对象二级分类	主营业务收入
典当行	利息收入
融资担保公司	担保费收入 / 追偿费收入
融资租赁公司	租赁收入
第三方支付公司	预付卡发行与受理收入
网络借贷公司	利息收入
住房公积金 / 住房金融公司	利息收入

三、统计方法

金融业综合统计是一项跨行业的金融统计工作，为了准确全面生成符合国际和国内标准的数据，必须同时满足《货币与金融统计手册（2014版）》、货币银行统计和《企业会计准则（2006版）》等，本段先简述数据处理的基本原则，具体流程将在第三节重点阐述。

（一）数据收集

本书参考法人统计的原则，依据属地原则。以安徽省为例，如果机构在省内的法律形式是法人，则省级人民银行直接对法人进行统计，地市人民银行对其分支机构统计，如果机构的法律形式是分支机构，又分为两种情况：仅存在一级分支机构情况下，当地人民银行直接对同一级内所有分支机构进行统计；若存在两级分支机构的情况下，当地人民银行直接对最高级别的分支机构进行统计，下级人民银行统计下一级分支机构。

（二）数据汇总

数据汇总分为两个维度：一是行业维度，即汇总各子行业报表，然后由各子行业报表生成全金融业报表；二是地区维度，即汇总各子区域全金融业报表，然后由各子区域报表生成母区域金融业报表。一般情况下，要求这两类维度下生成的总表应该是一致的，在具体实践中采用哪种维度汇总，需要根据数据使用需求而定。

我国现行金融统计是交叉维度、分层汇总，自上而下看先分行业再分地区汇总，故金融业综合统计参照此方法，首先各子地区分行业汇总，然后在母地区分行业再汇总各子地区数据。

金融业综合统计报表生产流程见图11-1。

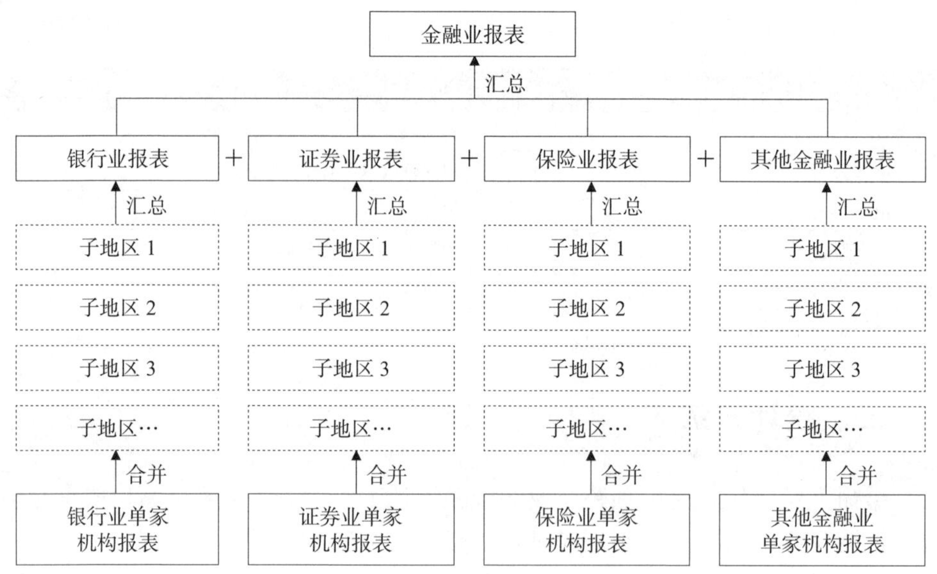

图 11–1 金融业综合统计报表生产流程

（三）数据合并

数据合并剔除两类数据：一是同业往来数据，不计入最终资产负债表；二是机构总部与分支机构间的往来数据。如果从国家层面实施金融业综合统计，则可以直接对机构总部即法人机构进行统计，获取的数据均为母公司与子公司合并后的报表数据，但安徽省仅为省级单位，法人机构相对较少，更多的是各类金融业机构的分支机构，故第二类情况更多的考虑是省级分支机构与地市分支机构间的资金往来数据的剔除。银行业、证券业和保险业机构体系较为复杂，处理方式如下：

银行业子部门之间的大量借入和贷出活动，经济意义与涉及其他部门的银行中介活动的经济意义不同，在银行业信贷收支统计中，所有同业往来交易（包括同业存贷款、同业拆借、买入返售同业资产、卖出回购同业负债）都从指标中分离出去，这与IMF的货币银行统计的原则相符，故在其他金融子部门账户核算中，与银行业保持一致，各子部门的金融资产、负债中都不包含同业往来交易，以保证合并后一组数据主要反映该组机构与其他类别单位之间的交易。同时，金融部门的子部门在金融交易中所起的作用不具有较高的同质性，故在编制金融部门金融账户时，子部门数据加总时并不需要进行轧差处理，即组内数据汇总需要遵循轧差合并原则，组间数据直接汇总使用。

证券业考虑到省级机构与其子机构之间的内部往来都在安徽省内发生，虚增资产项目，故先汇总所有省级机构的报表，然后汇总无省级机构的所有营业部的报表，取这两个部分的汇总报表作为证券业的原始资产负债表和损益表。

保险业机构都是在安徽的省级机构，故直接汇总省级机构的报表作为保险业的原始资产负债表和损益表；其他金融机构的行业报表采用16个地市的汇总数作为原始资产负债表和损益表。

第二节 金融业综合统计系统建设

系统建设作为统计信息电子化的基础建设，一方面实现数据采集、加工和处理的标准化、流程化、规范化，另一方面实现数据质量的有效控制，以期满足IMF对金融统计提出的“数据质量评估”要求。

一、金融业综合统计数据采集平台建设

统计信息系统是在传统的人工统计工作的基础上，应用统计理论、系统工程、现代信息技术，以网络建设为基础，以数据采集、统一软件平台、数据库体系建设为重点，全面推进统计信息资源建设，提高统计信息化水平和公共服务水平。它的目标包括建立与信息化发展相适应的工作方式，实现统计管理的标准化和完成统计方式的信息化。

一个完整的统计信息系统通常具有数据收集与输入、数据存储与传输、数据处理与输出、数据分类与再加工、查询与统计分析等功能。为了实现统计信息化建设的目标，需要从统计信息系统建设、信息安全保障、系统管理等方面进行建设。

（一）系统设计原则

1. 标准与规范

国家统计局编发有各类信息统计编码规范和分类标准，在统计信息系统中严格遵守和使用国家标准，有利于规范数据的分类，方便数据的采集。统计信息系统中使用的国家标准主要有行政区划代码、国民经济行业分类、统计用区划和城乡划分代码、三次产业划分规定、公有和非公有控股经济的分类办法等。不同的统计信息系统还会涉及其他编码规范和标准，做到应有尽有。

2. 业务需求

好的业务需求是好的统计信息系统的开始，信息的一切功能设计都源于业

务需求。业务需求要解决的就是“我有什么”和“我要什么”。

我有什么：一切用户（报数机构）能够提供的数据都是统计信息系统的资源。那么，要明确的就是数据的类别、格式、规范、周期等，如资产负债表，需要明确的是表格的模板、数据的归属、数据的取值范围或集合、报表的周期，以及每一种可能的变化等。

我要什么：就是希望从信息系统中得到的数据、表格、图形等，以及展示的方法、周期。这些数据、表格、图形是统计信息系统通过对现有数据的分类加工处理得到的。

业务需求需要明确的另一个重要任务是数据是如何得到的，即我们通常说的计算公式、数学模型等，有了这些才能完整地描述系统中数据的处理流程。程序员要做的工作是将你的业务需求转换成计算机语言。

3. 数据结构

统计数据在计算机中是保存在数据库中的，数据库是将我们的数据分类保存在一张张二维表中，数据库的设计就是要合理设计每一张表及对表间关系进行必要的定义，如表中每一列的属性、长度、取值范围、表与表的依赖关系等。好的数据结构设计不仅可以方便数据的存储、查询，有效地节约存储空间，还有利于系统功能的扩展。我们把上面介绍的每一种标准代码存放在不同代码表中，把对用户的定义存放用户表中，等等。比较常见的系统逻辑结构是基于J2EE的多层分布式的B/S软件架构，如图11–2所示。

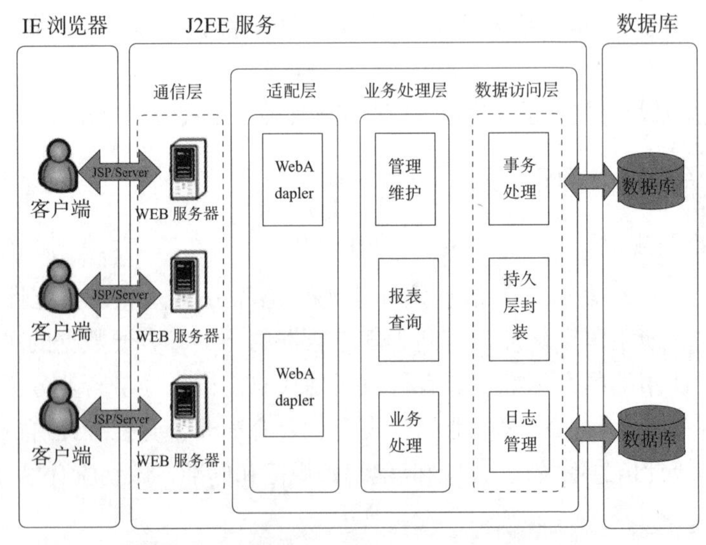

图 11–2　基于 J2EE 的多层分布式的 B/S 系统架构

（二）系统主要功能和权限

系统的功能主要有数据报送、报表校验、机构管理等，分别针对金融业机构（以下简称机构）、人民银行合肥中心支行（以下简称合肥中支）及辖内地市机构（以下简称地市中支）开放。

安徽省金融业综合统计数据采集平台主要功能和权限见表11–4。

表11–4　　安徽省金融业综合统计数据采集平台主要功能和权限

功能	权限	备注
互联网登录	合肥中支、地市中支和机构	登录后，人民银行系统管理员与各机构统计员的系统界面应不同
数据报送	机构	包括模板下载、数据录入、Excel 导入、Excel 查看、Excel 报送五个过程
数据校验	机构	包括逻辑校验和勾稽校验
数据审核	合肥中支、地市中支	合肥中支可以查看全省数据，地市中支仅查看本辖数据
数据打包导出	合肥中支、地市中支	合肥中支可以打包全省数据，地市中支仅打包本辖数据
系统管理	合肥中支、地市中支	包括机构注册管理、用户管理、权限管理、模板管理、报表管理等
互联网数据定时删除	合肥中支、地市中支	根据保密性原则，互联网不留数，每月报表收齐后，管理员可手动删除互联网上的报表数据，或者系统定时自动删除数据
数据备份	合肥中支、地市中支	合肥中支可以备份全省数据，地市中支仅备份本辖数据
系统参数设置	合肥中支、淮南中支	

其中，数据报送过程中不同行业的机构所下载填报的模板不同，根据行业会计业务制定分行业报数模板；报表管理具体分为报表归属关系设置和平衡管理设置。

（三）业务功能框架

互联网平台业务流程见图11–3。

系统要求可靠性和可用性高，要求7×24小时不间断工作，平均无故障时间为1个月，系统的可使用率应保持在总运行时间的99%。下面主要介绍几个重要的流程内容。

1. 机构设置

人民银行为辖内报数机构设置基本信息时使用，以组织机构代码为唯一身份标识，建立机构基本信息，包括机构名称、组织机构代码、金融机构编码、统计人员信息、所属国民经济行业分类。

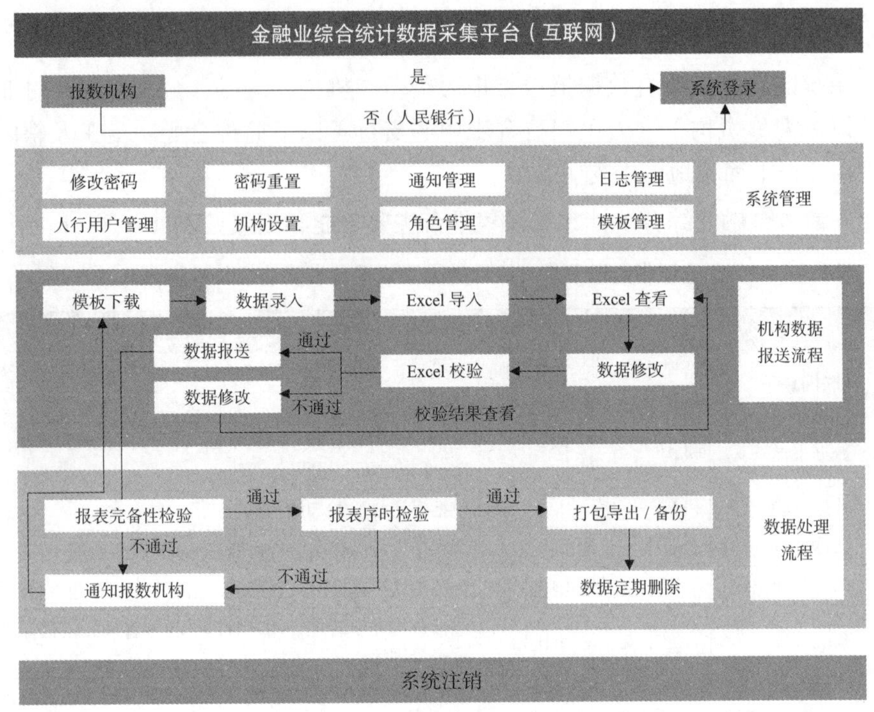

图 11-3　互联网平台业务流程

2．密码重置

人民银行合肥中支可以重置全省任何一家机构的密码，地市中心支行只能重置本市机构的密码，重置后为初始密码：××××××××。

3．模板管理

模板类型分为资产负债核心指标、损益核心指标；币种分为人民币、外币；按行业分，每类行业机构登录进入系统仅可下载本行业所适用的模板。模板上传功能仅合肥中支使用，每年年初更新一次模板。

4．EXCEL校验

机构点击校验功能后，系统自动校验报表总分关系、取值区间、逻辑关系等，校验结果会通过对话框提示，不通过的结果也会直接显示。

5．报表完备性检查

锁定时间、地区和行业，可查看全部机构本年报送情况和本月未报机构，未报机构同时显示联系人信息，合肥中支可查看全省报表报送情况，地市中支仅查看本辖机构报送情况。

6. 报表序时查询

锁定指标、时间段、地区和行业，勾选机构，可以出现时间段内该指标的变化情况，用于检查异常值是否存在。

7. 数据定期删除

为保证互联网数据的安全性，在备份数据后，会按季删除数据，若是出现需要修正历史数据的情况，可以通过备份文件恢复文件完成修正。

8. 安全控制

通过授权控制、角色类型对操作员权限进行控制，同时采用用户密码管理和数据库密码管理，从而达到保障数据和系统安全的目的。

二、金融业综合统计数据管理系统建设

业务网系统一方面与互联网系统在行业归属、机构信息、指标体系相衔接，实现分行业分地区的数据汇总、报表的生成和指标的查询；另一方面与数据存储平台连接，可以直接将原始数据和加工过的数据上传到FTP服务器上存储，实现数据的二次备份，保证数据的安全性和完整性。

（一）系统设计原则和目标

操作界面布局简洁，用户体验较好，只需要简单的培训即可完成操作，各按钮选项均有详细的解释。数据接口规范开放，系统按照金融统计数据库结构设计，与金融统计数据完全兼容，可以读取金融统计数据查询结果、EXCEL模板、IJ文件及互联网报数系统导出的数据等多种格式的数据源。系统功能全面缜密，根据试点工作需要，结合人民银行合肥中心支行和各地市试点工作的业务需求开发，适应省级、地市级人民银行使用，功能全面，涵盖采集、汇总、转换、报表、查询等多项实用功能，满足金融业综合统计需要，并可以适应未来金融业综合统计机构范围进一步变化的需要。

数据管理系统有别于互联网数据收集系统，采用C/S架构，开发工具采用Visual Studio .net 2005，数据库工具为 Microsoft Access 2003，并可移植到SQL Server数据平台上，操作系统要求为32位操作系统，包括Windows XP或者Windows 7-32Bit。

C/S软件架构见图11–4。

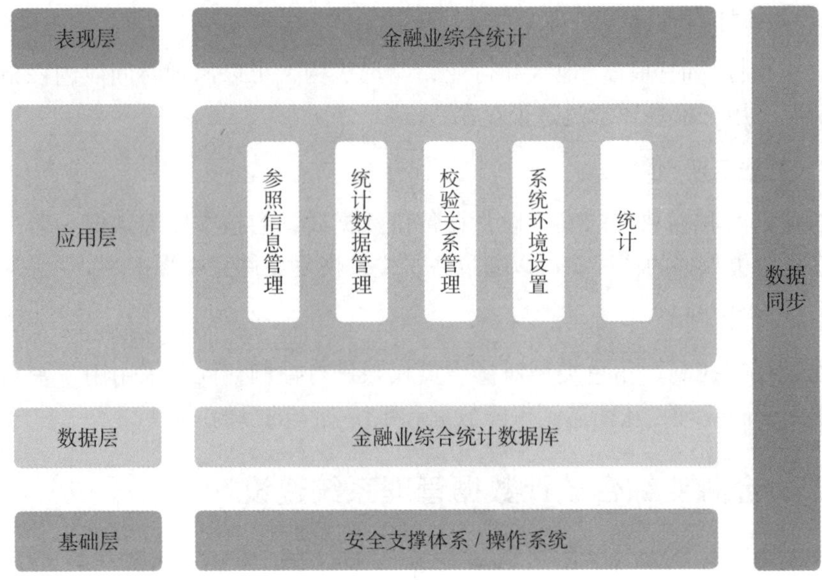

图 11-4 C/S 软件架构

（二）系统主要功能

1．金融业综合统计指标维护

该功能包括维护金融业综合核心统计指标信息、维护金融业综合统计核心指标与全科目统计指标的转换关系。

2．标准化金融机构编码维护

该功能包括维护报数机构的机构代码、名称、地区、报数属性等信息，以及金融机构编码的层级关系。

3．数据转换

该功能将全科目统计指标转换成金融业综合统计核心指标数据，转换的公式由统计指标维护功能设置。

4．数据录入与校验

实现金融业综合统计数据录入与修改，根据系统管理员的指定，只显示当前查看的机构适应的指标。数据查看方式用户可选择单列查看和整表查看。单列查看可以同时看到某一类数据的多期数据，整表查看可以同时查看核心指标的人民币、外币、本外币3列数据。数据录入界面还可以实现单价机构数据的校验，以检查数据是否符合逻辑校验关系。

5．数据汇总

该功能可以根据用户的指定，实现数据的加总。比如，用户可以指定汇总C银行业的存款类金融机构、安徽省的数据，也可以同时汇总D银行业非存款类金融机构、淮北市的数据，系统会根据用户选择的参数自动判断把哪些机构的数据加总进来。

6．报表定义

统计人员可根据需求，自由定义报表的行、列、点的取数公式，取数方式包括取余额、增量、增幅，比较数的基期可以选择上期、年初、上年同期等，可以支持锁定地区、锁定机构、锁定机构和地区等类型的报表。报表项目的取数关系可以重复使用，提高报表定义效率。还可以在一定规则的前提下自由定义报表的格式。

7．报表生成

根据报表定义功能中用户定义的报表，生成数据，填充到用户定义的报表格式中。报表生产效率较高，平均生成一张报表仅需约5秒钟。

8．统计数据接口文件生成与读取

目前参照金融统计数据集中系统的接口规范（待金融业综合统计数据接口规范出台后调整），生成和读取数据接口文件；支持数据的批量导入和导出。

9．数据远程存储

根据数据存储工作需要，数据准备完成后，可以通过本功能将本地区的数据快速上传到调查统计处指定的FTP服务器上，只需一键操作即可，省时省力。

10．数据查询

该功能可以查询系统中存储的历史数据，可设置时间范围、指标、机构、地区等查询要素，查询结果可直接产生相应图表。

（三）业务功能框架

业务网系统最主要目标功能是数据的汇总和报表的生成，在分地区、分行业的前提基础上，机构的行业归属和地区归属是最基础的管理内容，故需要保证业务网的参照信息规则与互联网的参照信息规则一致。

1．汇总机构行业归属管理

金融业综合统计互联网和业务网系统首先都遵循《国民经济行业分类

（2011版）》将证券业分为证券公司、基金公司、期货公司和投资咨询公司4个二级子类，保险业分为人身保险、财产保险、再保险等8个二级子类，其中人身保险分为人寿保险、健康保险和养老保险3个三级子类。互联网的机构信息会维护到行业的三级子类，保证业务网汇总时可以汇总到三级子类。互联网的机构信息会维护到机构的上级机构，避免业务网汇总时出现数据重复加总，如汇总证券公司数据时仅使用各证券公司最高一级机构数据。

2. 汇总机构地区归属管理

机构参照信息中的地区属性按照地区编码锁定，任何一家机构存在唯一地区属性，上一级地区汇总是将下一级地区的机构汇总数再次汇总。

3. 报表管理

此部分为报表定义、报表生成和报表管理，报表定义和报表管理功能仅人民银行合肥中心支行使用，报表生成对所有用户开放，其中合肥中心支行可生成全辖数据，地市中心支行仅生成本辖报表。

业务网平台业务流程见图11–5。

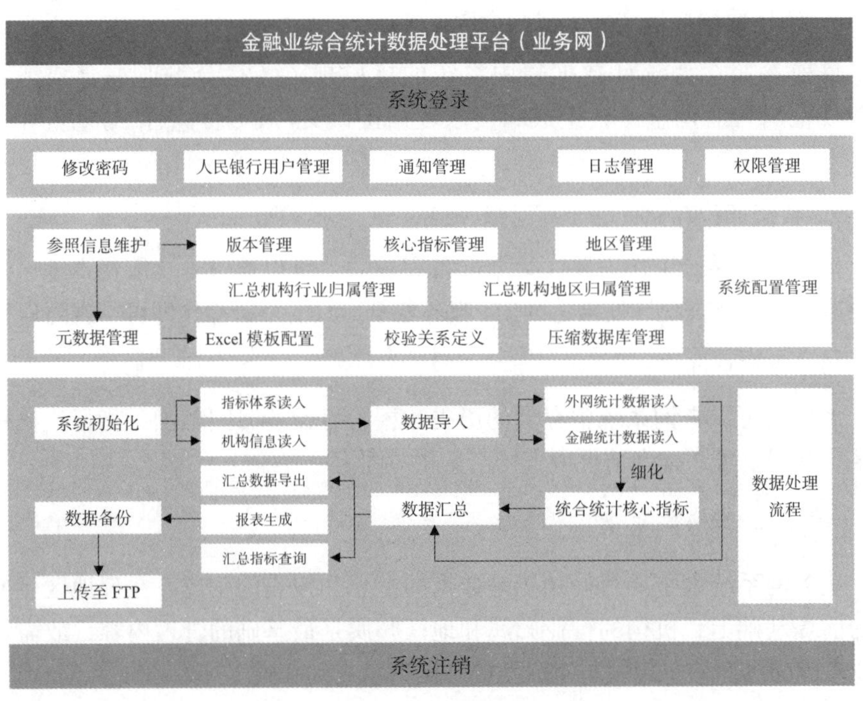

图 11–5　业务网平台业务流程

三、数据安全与保密

网络技术的快速发展，网络的广泛应用，为统计信息系统建设提供了基础，这在一定程度上是统计管理手段的巨大进步，但同时也给统计信息系统安全带来了新的问题和挑战。由于信息数据的处理与相关业务程序都依赖于安全的统计信息系统，而统计信息系统本身及系统运行的外部环境等不同程度地存在着各种安全隐患，会给系统本身带来一定的风险。因此，加强统计信息系统的安全风险研究及防范已经显得尤为重要。

由于互联网/内联网系统的分布式、开放性等特点，系统的安全性问题更加突出。导致网络会计信息系统出现安全问题的因素主要体现在以下几个方面：一是对网络硬件的威胁，这主要指那些恶意破坏网络设施的行为，如偷窃、无意或恶意毁损等；二是对网络软件的威胁，如病毒、木马入侵，流量攻击等；三是对网络上传输或存储的数据进行的攻击，如修改数据、解密数据、删除破坏数据等。这些威胁有很多，可能是无意的，也可能是有意的，可能是系统本来就存在的，也可能是我们安装、配置不当造成的，有些威胁甚至会同时破坏我们的软硬件和存储的宝贵数据。如CIH病毒在破坏数据和软件的同时还会破坏系统BIOS，使整个系统瘫痪。

威胁主要来自以下几个方面：

一是无意过失。如管理员安全配置不当造成的安全漏洞，有些不需要开放的端口账户密码设置过于简单，用户将自己的账户密码轻易泄漏或转告他人，或几人共享账户密码等，都会对网络安全带来威胁。

二是恶意攻击。这是我们赖以生存的网络所面临的最大威胁。此类攻击又可以分为以下两类：一类是显在攻击，它有选择地破坏信息的有效性和完整性，破坏网络的软硬件系统，或制造信息流量使我们的网络系统瘫痪；另一类是隐藏攻击，它是在不影响用户和系统日常工作的前提下，采取窃取、截获、破译等方式获得机密信息。这两类攻击均可对计算机网络系统造成极大的危害，并导致机密数据的外泄或系统瘫痪。

三是系统漏洞。网络操作系统和其他工具、应用软件不可能是百分之百的无缺陷和无漏洞，尤其是我们既爱又恨的Windows系统，这些漏洞和缺陷就是病毒和黑客进行攻击的首选通道，无数次出现过的病毒造成的重大损失和惨痛教训，就是由我们的漏洞所造成的。黑客侵入网络的事件，大部分也是利用漏洞进行的，其造成的后果很多都不堪设想。

基于上面种种威胁，如何提高网络信息系统安全性，是统计信息系统建设面临的重要课题。安装防病毒系统、关闭不必要的端口、虚拟网技术、数据加密技术等是我们通常的选择。除此以外，相对常用而又简单的措施是防火墙技术。

防火墙的基本功能是根据一定的安全规定，检查、过滤网络之间传送的报文分组，以确定它们的合法性。它通过在网络边界上建立起相应的通信监控系统来隔离内外网络，以阻止外部网络的侵入。

总之，统计信息系统建设是一项系统工程。其实质是围绕统计核心业务，综合运用现代统计学和信息科学的有关原理，以现代计算机技术、网络技术以及信息处理技术等信息技术手段，实现统计信息的采集、传输、处理、发布和使用全过程的信息化。

第三节　报表合并和轧差原则

报表合并的前提是明确报表间的从属关系，一般分为包含关系和相关关系，若两张报表数据存在包含关系，合并时仅统计母级报表，若存在相关关系，合并是同时统计两张报表后再轧差掉重复部分的数据。金融业综合统计数据源主要是各类机构的资产负债表和利润表，利润表数据仅存在包含关系，不存在相关关系，处理方式较为容易，资产负债表数据既有包含关系也有相关关系，需要对直接汇总数据进行一定的轧差调整，避免数据的重复计算，下文详细介绍金融部门资产负债表的编制原则。

一、基本原则

金融部门资产负债表反映的是特定时点上金融业整体的金融资产和非金融资产的存量价值，它与政府部门资产负债表、住户部门资产负债表、企业部门资产负债表和国外部门资产负债表共同组成一个经济体的资产负债表。

（一）基本流程

机构的资产负债表需按先工具后部门转换成标准报告格式（Standard Report Reform，SRF），首先汇总证券业资产负债表（2SR）、保险业资产负债表（3SR）和其他金融性公司资产负债表（4SR），再转化生成银行业资产负债表（1SR），最后与汇总产生的证券业资产负债表（2SR）、保险业资产负债表

（3SR）和其他金融性公司资产负债表（4SR）合并，生成金融部门资产负债表（SRF）。

金融部门资产负债表模板（SRF）见表11-5。

表11-5　　　　　　　　　金融部门资产负债表模板（SRF）

资产负债项目	本期余额	比上期			
		本年	上年	同比增减	同比增速
一、资产合计					
（一）金融资产合计					
1. 现金					
2. 存款					
3. 债务性证券					
4. 贷款					
5. 买入返售资产					
6. 股权及投资基金份额					
7. 金融衍生产品					
8. 应收及预付款					
9. 其他					
（二）非金融资产					
二、负债及所有者权益合计					
（三）负债合计					
1. 存款					
2. 债务性证券					
3. 贷款					
4. 卖出回购资产					
5. 保险技术准备金					
6. 金融衍生产品					
7. 各项准备					
8. 应付及预收款					
9. 其他					
（四）所有者权益					
其中：实收资本					

（二）统计指标与会计科目的对应关系

SRF需以权责发生制为基础，按市价计值，在工具不频繁交易的情况下，公允价值用作市场价值的近似值。

现金：对应资产核心指标中的“现金”，一般与会计指标“库存现金”对应。

存款：资产方包含资产核心指标中的“存放货币当局款项”和“存放除货币当局外金融机构款项”，一般与会计指标“活期存款”“定期存款”等对应；负债方包括负债核心指标中的“金融机构存放款项”“单位及个人存款”“国库存款”“临时性存款”“大额可转让存单”“代理财政存款”和“财政性存款”，其中单位及个人存款对应保险会计科目“保户储金及投资款”，住房公积金会计科目“委托存款”。

债务性证券：资产方包含资产核心指标中的“债券资产”和“其他债务资产”，一般对应会计科目“交易性金融资产”“可供出售金融资产和“持有至到期投资”的子项“债券投资”或“债权投资”等；负债方包括负债核心指标中的“债务证券负债”和“其他证券负债”，一般对应会计科目“应付债券”等。

贷款：资产方包含资产核心指标中的“票据”“单位及个人贷款”“拆放金融机构”“各项垫款”“融资租赁”和“黄金、证券借贷”，各项子统计指标名称基本与会计科目对应。特别地，“单位及个人贷款”对应证券会计科目“融出资金”，保险会计科目“保户质押贷款”、住房公积金和融资担保会计科目“委托贷款”，其他类机构会计科目“抵押贷款”或“质押贷款”等；“证券借贷”对应证券会计科目“融出证券”。负债方包含负债核心指标中的“金融机构拆借”“长期借款”“境外筹资转贷款资金”和“黄金、证券借贷”。

买入返售资产/卖出回购资产：资产方对应资产核心指标“买入返售资产”；负债方对应负债核心指标“卖出回购资产”。

股权及投资基金份额：对应资产核心指标中的“股权及投资基金份额”，一般对应会计科目“股权投资”和“投资基金份额”。

保险技术准备金：对应负债方核心指标“保险技术准备金”，指保险会计科目“保险准备金”，融资担保会计科目“未到期责任准备金”和“未决赔款准备金”。

金融衍生品：资产方和负债方均对应资产负债表核心指标中的“金融衍生品”。

应收及预付款/应付及预收款：资产方对应资产核心指标中的“应收款项”和“预付款项”；负债方对应负债核心指标中的“应付款项”和“预收款项”。

其他：资产方和负债方均包含资产核心指标中的“系统内往来”“系统外往来”“外汇买卖”“代理证券”和“其他资产/负债”，其中“系统内往来”“系统外往来”“外汇买卖”“代理证券”均为资产方和负债方抵消后的单方净值；负债方的“其他负债”为平衡项，取值使得取净值后的资产负债表满足平衡。

金融业统计指标与会计科目对应关系见表11–6。

表11-6　　金融业统计指标与会计科目对应关系

统计指标	会计科目（资产方）	会计科目（负债方）
现金	库存现金	
存款	活期存款＋定期存款	活期存款＋定期存款＋保户储金存款（保险）＋委托存款（公积金）
债务性证券	（交易性金融资产＋可供出售金融资产＋持有至到期投资）－债券投资	应付债券
贷款	单位及个人贷款＋融出资金（证券）＋保户质押贷款（保险）＋委托贷款（住房公积金、融资担保公司）＋抵押贷款（典当、租赁）	借款
买入返售资产／卖出回购资产	买入返售资产	卖出回购资产
股权及投资基金份额	股权投资	所有者权益
保险技术准备金		保险技术准备金
金融衍生品	金融衍生品	金融衍生品
应收及预付款／应付及预收款	应收款＋预付款	应付款＋预收款

二、部门资产负债表合并

首先规范金融部门作为一级母部门，银行业、证券业、保险业和其他金融性公司作为二级母部门，银行、证券公司、保险公司、典当公司等则作为三级子部门，单家机构则作为四级子机构。三级子部门资产负债表由单家机构报表汇总形成，称为过程一，仅部分指标取净值，其他指标直接加总；二级母部门资产负债表由三级子部门合并形成，称为过程二，需要进行数据的轧差；一级母部门资产负债表由二级母部门资产负债汇总形成，称为过程三，不需要对数据进行任何处理，直接加总。

整个数据汇总合并的过程中较为复杂的为过程二，需要对数据进行一定程度的轧差，原则是剔除同业往来形成的重复数据。轧差的前提是有各类金融活动的交易对手信息，才能完成同业往来数据的剔除。为此，金融业综合统计资产负债核心指标中对存款、贷款、债务性证券、股权及投资基金份额、买入返售资产/卖出回购资产等指标按照交易对手进行了细化，具体包括货币当局、银行业存款类金融机构、银行业非存款类金融机构、证券业金融机构、保险业金融机构、交易及结算类金融机构、金融控股公司、特定目的载体、其他金融机构、境内非金融企业、广义政府、境内个人和境外13类交易对手。较会计科目颗粒度更为细致，一般需要机构依据账务明细表进行划分。

二级母部门资产负债表合并前先将其三级子部门数据汇总，然后去除各类指标中同业往来数据，如形成银行业资产负债表时，需要先将银行、财务公司、信托公司等机构的SRF汇总，然后将同业存款、同业拆借、买入返售同业资产等数据分别从相应的指标中剔除，形成反映银行业与金融业机构和非金融部门间的资金往来。

金融部门资产负债表生成过程见图11–6。

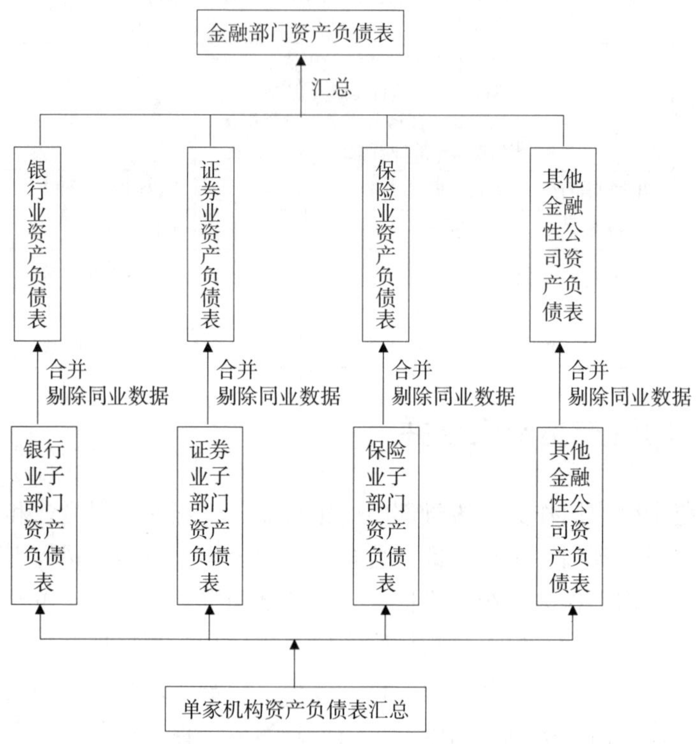

图 11–6　金融部门资产负债表生成过程

三、安徽金融部门统计实践

安徽省实施的金融业综合统计即为金融部门统计在我国的先行试探，统计对象覆盖所有具有金融服务功能的实体或准实体，其中，实体机构包括银行业金融机构、证券业金融机构、保险业金融机构、典当行、融资性担保公司、融资租赁公司、小额贷款公司、金融资产管理公司、第三方支付公司、互联网金融公司，准实体业务包括住房公积金；统计内容为资产负债指标和损益指标，完全反映金融性公司资金的存量和流量变化。

（一）机构资产负债表内涵

以资产负债表为例，报表表式按金融工具、币种、流动性、交易对手国别和所属国民经济部门五个维度分类（见附录）。金融工具类型在第二节已经详细介绍，下面详细介绍其他四个维度分类。

1．币种

金融市场的交易伴随着资金的流动，当交易双方所持工具的计价货币不同时，货币兑换发生。对一国来说，外币交易经常发生，并且可能同时与几种外币计价的持有工具发生交易，统一资产的计价方式是登录的首要条件。

本书此处的币种仅简单分为人民币和美元两种，人民币视为本币，美元需要折算成人民币，具体的外币交易会计处理和外币财务报表的折算与《企业会计准则第19号——外币折算》保持一致。

（1）外币交易的处理。外币交易应当在初始确认时，采用交易发生日的即期汇率将外币金额折算为记账本位币金额；也可以采用按照系统合理的方法确定的、与交易发生日即期汇率近似的汇率折算。

资产负债表日外币货币性项目，采用资产负债表日即期汇率折算，因资产负债表日即期汇率与初始确认时或者前一资产负债表日即期汇率不同而产生的汇兑差额，计入“自营外汇”科目。以历史成本计量的外币非货币性项目，仍采用交易发生日的即期汇率折算，不改变其记账本位币金额。

（2）外币财务报表的折算。资产负债表中的资产和负债项目，采用资产负债表日的即期汇率折算，所有者权益项目除“未分配利润”项目外，其他项目采用发生时的即期汇率折算。折算产生的外币财务报表折算差额，在资产负债表中所有者权益项目“年度损益调整”下单独列示。

实践中常遇到的问题是，当存在不同外币计价的工具时的处理，我们采取的方式是首先将非本币的资产全部折算成美元计价的资产，然后在月末再将所有美元资产折算成人民币计价资产，这与海关的进出口数据的处理方式相同，保持美元作为唯一外币计价单位。

2．流动性

流动性是金融资产与负债分类的基本表，首先根据流动性不同将资产与负债分别按照流动性从高到低划分成28类，以资产为例，第一项为流动性最高的通货，第二项为可以较易兑换成通货的存款，具体类别见表11–6。每类金融资产与负债二次分类同样按照流动性划分，以存款为例，分为活期存款和定期存款。

债券资产/负债和股权及投资基金份额属于证券类资产/负债，严格按照《企业会计准则第22号——金融工具确认和计量》中流动性从高到低的划分进行二次分类：以公允价值计量且其变动计入当期损益的金融资产，交易性金融资产，可供出售金融资产和持有至到期投资。如此的分类方式便于计算机构的流动性比率。

3. 交易对手国别和部门分类

交易对手分类统计的目的在于衡量一个经济体内和与外部间的资金流动渠道，是监测风险跨境、跨市场传递的主要途径。

实践中交易对手分类分为三个层次：一是分国别，属于境内机构还是境外机构；二是分所属国民经济部门；三是将金融部门按行业细分。

资产负债交易对手划分类型见表11–7。

表11–7　　资产负债交易对手划分类型

交易对手一级分类	交易对手二级分类	交易对手三级分类
境内	政府（包括中央银行）	
	金融性公司	银行业存款类机构
		银行业非存款类机构
		证券业机构
		保险业机构
		交易及结算类机构
		金融控股公司
		特殊目的载体
		其他金融性公司
	非金融企业	
	住户部门	
境外	国际组织	
	政府	
	金融性公司	中央银行
		银行业机构
		其他金融性公司
	非金融企业	
	住户部门	

实践中，交易对手的划分一是可以用于观察部门间、部门内资金流动，提供资金流量表的编制数据；二是可以用于部门间数据轧差，剔除机构间交易，

衡量总量，提供概览的编制数据；三是测算一个经济体内与其他经济体间的资金流动，提供具体的金融交易总量和结构的资金流量表的编制数据。尤其是将交易对手按照国民经济分类详细划分，既能支持按照交易对手特点分析风险敞口，更可以监测风险的传递渠道和外溢程度。

依据明细的交易对手指标对汇总数据进行轧差合并，即可求得不同层次的资产负债表和概览，每张表也相应表达出不同的经济含义，用于分析整个经济体和各部门的总量和风险。

4．国民经济部门分类

《国民经济核算体系（2008）》（SNA2008）规定：经济体分为五个部门——政府、金融性公司、非金融企业、住户及非营利性机构；《货币与金融统计手册和编制指南》（MFSMCG）则将“住户部门”与“非营利性机构”合并为一个部门，即“其他居民部门”，这与实践中金融机构账务中不区分住户账户和非营利性机构账户统一。本书中鉴于数据可得性，也将经济部门分为四类：政府、金融性公司、非金融企业和住户，非营利性机构划分至政府部门。

从经济体角度来说，政府既包括中央政府，也包括地方政府。从安徽一省的角度来说，按照“政府控制”原则划定政府部门所覆盖的范围，具体包括：党的机构、人大、政协、政府及其组成部门、司法机构等，以及政府控制的非市场非营利机构（包括政府控制的事业单位及民间非营利组织，事业单位又分为非企业化管理的事业单位和企业化管理的事业单位）。

依据与各行业金融性公司交易对手的数据轧差，剔除同业间交易重复数据，可以获取金融各行业资产负债表和概览；依据与整体金融部门交易对手的数据轧差，剔除重复交易数据，可以获取金融部门资产负债表和概览，反映金融与实体经济间的资金流动状况；依据与境外交易对手的数据轧差，剔除跨境交易重复数据，可以获取整个经济体资产负债表和概览，掌握对外资金头寸。

（二）金融部门资产负债表

1．安徽省金融业资产负债表

通过上文所述轧差、合并原则，以安徽省2015年金融性实体或准实体的资产负债表（参见附录1）为数据基础，生成安徽省金融部门资产负债表。

安徽省2015年12月金融部门资产负债表（分行业）见表11–8。

表11-8　　安徽省2015年12月金融部门资产负债表（分行业）

单位：万元

资产负债项目	金融业	银行业	证券业	保险业	其他金融活动	住房公积金
资产合计	42797.5	36227.1	1042.9	2113.9	1923.8	1489.7
金融资产合计	42241.9	35814.8	1017.3	2083.2	1836.8	1489.7
现金	195.8	187.8		2.6	5.4	
存款	1161.5	35.4	499.4	29.2	338.6	258.9
债务性证券	2535.0	2318.3	77.1	19.6	118.3	1.7
贷款	28330.0	26144.4	225.5	56.8	716.1	1187.2
买入返售资产	98.3	48.5	47.8	2.0		
股权及投资基金份额	2108.9	1792.1	139.8	6.8	170.1	
金融衍生产品	44.8	0.7			44.1	
应收及预付款	686.4	223.5	21.8	72.0	327.1	41.9
其他	7081.3	5064.2	5.9	1894.2	117.0	
非金融资产	555.5	412.3	25.6	30.6	87.0	
负债及所有者权益合计	42797.5	36227.1	1042.9	2113.9	1923.8	1489.7
负债合计	39989.9	34558.9	766.6	2429.9	798.0	1436.4
存款	36681.5	34826.2		547.3	0.4	1307.6
债务性证券	503.8	287.4	209.0		7.4	
贷款	153.1	18.3	2.0		132.7	
卖出回购资产	156.3	56.3	95.6		4.3	
保险技术准备金	1885.3			1834.1	51.3	
金融衍生产品	0.5	0.5				
各项准备	752.4	656.4	1.4	0.5	94.1	
应付及预收款	1535.8	960.2	61.8	215.3	169.7	128.8
其他	-1678.8	-2246.5	396.9	-167.3	338.1	
所有者权益	2807.5	1668.2	276.3	-316.0	1125.7	53.3
其中：实收资本	1850.3	689.2	58.3	21.0	1081.8	

注：表中数据四舍五入。

资产负债构成情况。从行业结构看，银行业资产占全机构的84.6%，与年初持平；证券业占2.4%，较年初上升0.4个百分点；保险业占4.9%，较年初下降0.1个百分点；小微金融占3.7%，较年初下降0.3个百分点。从项目结构看，资金投向主要是贷款，占总资产的66.2%，较年初下降2.6个百分点；股权投资占4.9%，较年初上升3.3个百分点；资金来源主要是存款，占总负债的91.7%，较年初下降

3.7个百分点。从资产负债率看，金融业整体资产负债率为93.4%，基本与年初持平，其中，银行业较年初上升0.2个百分点，证券业上升6.1个百分点，保险业上升2.3个百分点，小微金融下降1.4个百分点。

2．江西省金融业资产负债表

江西省2015年4月正式开展金融业综合统计工作，“复制”安徽省的统计模式，实现对除银行业外的其他金融性公司的统计调查，汇总合并1480家金融性实体或准实体的资产负债表，形成江西省金融业资产负债表。

江西省2015年12月金融部门资产负债表（分行业）见表11–9。

表11–9　　江西省2015年12月金融部门资产负债表（分行业）

单位：万元

资产负债项目	金融业	银行业	证券业	保险业	小微					
						典当	担保	小贷	融资租赁	商业保理
资产合计	33450.7	31390.6	534.6	1017.2	508.3	19.2	165.4	293.4	27.6	2.7
金融净资产	1192.2	918.4	64.0	-214.2	423.9	17.8	132.1	259.3	12.7	2.0
金融资产合计	32965.9	30998.9	499.6	970.8	496.6	18.4	156.3	291.7	27.5	2.7
通货	150.3	149.5	0.0	0.0	0.7	0.3	0.1	0.3	0.0	0.0
黄金										
存款	3413.6	2882.0	415.5	5.9	110.3	4.6	90.8	10.0	4.8	0.0
债务证券	3212.0	3189.8	19.7	0.8	1.8		0.4	0.2	1.2	
贷款	19046.2	18725.5	4.1	30.4	286.3	9.9	3.9	264.1	8.3	
股权及投资基金份额	1454.8	1421.4	19.8	3.5	10.2	0.1	6.2	2.0	1.2	0.7
金融衍生产品	2.3	2.3								
其他应收账款	5582.2	4530.9	33.8	930.2	87.4	3.4	54.9	15.1	11.9	2.0
其中：系统往来	3097.3	2255.3		842.0						
委托代理	104.4	97.6	6.8							
非金融资产	484.8	391.7	34.9	46.4	11.8	0.8	9.2	1.7	0.0	0.0
负债及所有者权益合计	33450.7	31390.6	534.6	1017.2	508.3	19.2	165.4	293.4	27.6	2.7
负债合计	31773.7	30080.5	435.6	1185.0	72.6	0.6	24.2	32.3	14.8	0.7
存款	25404.0	25403.9	0.0							
债务证券	612.8	589.9	23.0							
贷款	844.5	775.3	35.5		33.6	0.1	2.3	19.2	12.0	

续表

资产负债项目	金融业	银行业	证券业	保险业	小微					
						典当	担保	小贷	融资租赁	商业保理
保险技术准备金	1131.4			1119.3	12.1		12.1			
金融衍生产品	2.5	2.5								
其他应付账款	3259.5	3148.7	153.8	-69.9	26.8	0.5	9.7	13.1	2.8	0.7
其中：系统往来	46.4		46.4							
委托代理	519.0	160.2	223.3	135.6						
所有者权益	1676.9	1310.1	99.0	-167.8	435.7	18.6	141.2	261.1	12.8	2.0
其中：实收资本	871.3	427.8	44.0	6.7	392.8	18.2	128.0	232.9	11.6	2.0

3．资产负债表的比较

数据来源与收集上，两省均采用直接从机构获取报表的做法，但是对数据的处理和报表的生成上存在一定的差异。

（1）统计对象。安徽省的统计范围更为宽广，依据的不仅是机构的法律意义，而是其经济意义，将所有具有金融服务功能的机构和业务活动均纳入统计，较江西省多统计了住房公积金和互联网金融。从公积金看，收取的仅是住房存贷款的独立账套，不包括公积金管理中心的账套（归属政府部门）；从互联网金融看，覆盖的主要是网络借贷和第三方支付等具有明显资金融通功能的中介和辅助机构。

（2）数据生产和报表格式。两省使用的指标体系相同，但数据生产原则形成的报表格式有所区别，特别是对“委托代理”业务的处理。江西省将委托代理业务数据保留在银行业和证券业的资产负债表中，安徽省则是剔除银行业和证券业的委托代理业务，原因有二：一是对银行业和证券业而言，委托代理是表外业务，属于客户资产，对其自身资产并不产生影响；二是委托业务的委托方可能是其他金融性公司，为了防止重复计算，仅需在委托方资产负债表中反映即可。

附录　安徽省金融业综合统计资产负债表表式

资产方		
金融工具	指标代码	指标名称
通货	101	**一、现金**
黄金	102	**二、交易性黄金**
存款	103	**三、存放货币当局存款**
	10301	准备金存款
	10302	特种存款
	10303	清算资金存款
	10304	财政性存款
	10305	其他存款
	104	**四、存放除货币当局外金融机构款项**
	10401	存放除货币当局外金融机构活期款项
	1040101	存放境内银行业存款类金融机构
	1040102	存放境内银行业非存款类金融机构
	1040103	存放境内证券业金融机构
	1040104	存放境内保险业金融机构
	1040105	存放境内交易及结算类金融机构
	1040106	存放境内金融控股公司
	104010601	其中：存放境内中央金融控股公司
	1040107	存放境内特定目的载体
	1040108	存放境内其他金融机构
	1040109	存放境外同业
	104010901	存放境外存款性公司
	104010902	存放境外其他金融性公司
	10402	存放除货币当局外金融机构定期款项
	1040201	存放境内银行业存款类金融机构
	1040202	存放境内银行业非存款类金融机构
	1040203	存放境内证券业金融机构

续表

资产方		
金融工具	指标代码	指标名称
存款	1040204	存放境内保险业金融机构
	1040205	存放境内交易及结算类金融机构
	1040206	存放境内金融控股公司
	104020601	其中：存放境内中央金融控股公司
	1040207	存放境内特定目的载体
	1040208	存放境内其他金融机构
	1040209	存放境外同业
	104020901	存放境外存款性公司
	104020902	存放境外其他金融性公司
债务证券	107	**五、债券资产**
	10701	交易性债券
	1070101	政府债券投资
	107010101	其中：中央政府债券投资
	1070102	境内金融机构债券投资
	107010201	中央银行债券
	107010202	境内银行业存款类金融机构债券
	107010203	境内银行业非存款类金融机构债券
	107010204	境内证券业金融机构债券
	107010205	境内保险业金融机构债券
	107010206	境内交易及结算类金融机构债券
	107010207	境内金融控股公司债券
	107010208	境内特定目的载体债券
	107010209	境内其他金融机构债券
	1070103	境内非金融企业债券
	1070104	境外债券
	107010401	国际组织债券
	107010402	政府债券
	107010403	金融机构债券
	10701040301	中央银行债券
	10701040302	银行业金融机构债券
	10701040303	非银行业金融机构债券
	107010404	非金融企业债券
	10702	可供出售债券
	1070201	政府债券投资
	107020101	其中：中央政府债券投资
	1070202	境内金融机构债券投资

续表

资产方		
金融工具	指标代码	指标名称
债务证券	107020201	中央银行债券
	107020202	境内银行业存款类金融机构债券
	107020203	境内银行业非存款类金融机构债券
	107020204	境内证券业金融机构债券
	107020205	境内保险业金融机构债券
	107020206	境内交易及结算类金融机构债券
	107020207	境内金融控股公司债券
	107020208	境内特定目的载体债券
	107020209	境内其他金融机构债券
	1070203	境内非金融企业债券
	1070204	境外债券
	107020401	国际组织债券
	107020402	政府债券
	107020403	金融机构债券
	10702040301	中央银行债券
	10702040302	银行业金融机构债券
	10702040303	非银行业金融机构债券
	107020404	非金融企业债券
	10703	持有至到期债券
	1070301	政府债券投资
	107030101	其中：中央政府债券投资
	1070302	境内金融机构债券投资
	107030201	中央银行债券
	107030202	境内银行业存款类金融机构债券
	107030203	境内银行业非存款类金融机构债券
	107030204	境内证券业金融机构债券
	107030205	境内保险业金融机构债券
	107030206	境内交易及结算类金融机构债券
	107030207	境内金融控股公司债券
	107030208	境内特定目的载体债券
	107030209	境内其他金融机构债券
	1070303	境内非金融企业债券
	1070304	境外债券
	107030401	国际组织债券
	107030402	政府债券
	107030403	金融机构债券
	10703040301	中央银行债券

续表

资产方		
金融工具	指标代码	指标名称
债务证券	10703040302	银行业金融机构债券
	10703040303	非银行业金融机构债券
	107030404	非金融企业债券
	10704	应收类债券
	1070401	政府债券投资
	107040101	其中：中央政府债券投资
	1070402	境内金融机构债券投资
	107040201	中央银行债券
	107040202	境内银行业存款类金融机构债券
	107040203	境内银行业非存款类金融机构债券
	107040204	境内证券业金融机构债券
	107040205	境内保险业金融机构债券
	107040206	境内交易及结算类金融机构债券
	107040207	境内金融控股公司债券
	107040208	境内特定目的载体债券
	107040209	境内其他金融机构债券
	1070403	境内非金融企业债券
	1070404	境外债券
	107040401	国际组织债券
	107040402	政府债券
	107040403	金融机构债券
	10704040301	中央银行债券
	10704040302	银行业金融机构债券
	10704040303	非银行业金融机构债券
	107040404	非金融企业债券
	108	**六、票据**
	10801	境内票据
	10802	境外票据
	109	**七、大额可转让存单**
	110	**八、其他债务证券**
贷款	115	**九、拆放金融机构**
	11501	拆放境内银行业存款类金融机构
	11502	拆放境内银行业非存款类金融机构
	11503	拆放境内证券业金融机构
	11504	拆放境内保险业金融机构
	11505	拆放境内交易及结算类金融机构
	11506	拆放境内金融控股公司

续表

资产方		
金融工具	指标代码	指标名称
	1150601	其中：境内中央金融控股公司
	11507	拆放境内特定目的载体
	11508	拆放境内其他金融机构
	11509	拆放境外同业
	1150901	拆放境外存款性公司
	1150902	拆放境外其他金融性公司
	116	**十、单位及个人贷款**
	11601	短期贷款
	1160101	信用卡及账户透支
	116010101	其中：单位信用卡及账户透支
	116010102	个人信用卡及账户透支
	1160102	个人贷款
	116010201	个人经营性贷款
	116010202	个人消费贷款
	11601020201	住房贷款
	11601020202	汽车贷款
	11601020203	助学贷款
	11601020204	其他贷款
贷款	1160103	单位普通贷款
	116010301	其中：经营贷款
	116010302	固定资产贷款
	1160104	普通并购贷款
	1160105	银团贷款
	1160106	贸易融资
	116010601	其中：买方信贷
	116010602	卖方信贷
	116010603	进出口押汇
	1160109	保险贷款
	116010901	其中：保户质押贷款
	1160107	境外筹资转贷款
	116010701	其中：经营贷款
	116010702	固定资产贷款
	116010703	用于并购的转贷款
	116010704	用于贸易融资的转贷款
	1160108	对非居民贷款
	116010801	国际组织
	116010802	政府

续表

资产方		
金融工具	指标代码	指标名称
贷款	116010803	金融机构
	11601080301	中央银行
	11601080302	银行业金融机构
	11601080303	非银行业金融机构
	116010804	非金融企业
	116010805	个人
	11601080501	其中：个人住房贷款
	11602	中长期贷款
	1160201	个人贷款
	116020101	个人消费贷款
	11602010101	住房贷款
	11602010102	汽车贷款
	11602010103	助学贷款
	11602010104	其他贷款
	116020102	个人经营性贷款
	1160202	单位普通贷款
	116020201	其中：经营贷款
	116020202	固定资产贷款
	1160203	普通并购贷款
	1160204	银团贷款
	1160205	贸易融资
	116020501	其中：买方信贷
	116020502	卖方信贷
	116020503	进出口押汇
	1160208	保险贷款
	116020801	其中：保户质押贷款
	1160206	境外筹资转贷款
	116020601	其中：经营贷款
	116020602	固定资产贷款
	116020603	用于并购的转贷款
	116020604	用于贸易融资的转贷款
	1160207	对非居民贷款
	116020701	国际组织
	116020702	政府
	116020703	金融机构
	11602070301	中央银行
	11602070302	银行业金融机构

续表

资产方		
金融工具	指标代码	指标名称
贷款	11602070303	非银行业金融机构
	116020704	非金融企业
	116020705	个人
	11602070501	其中：个人住房贷款
	117	**十一、买入返售资产**
	11701	买入返售债券
	1170101	从境内金融机构买入
	117010101	从货币当局买入
	117010102	从银行业存款类金融机构买入
	117010103	从银行业非存款类金融机构买入
	117010104	从证券业金融机构买入
	117010105	从保险业金融机构买入
	117010106	从交易及结算类金融机构买入
	117010107	从金融控股公司买入
	11701010701	其中：从中央金融控股公司买入
	117010108	从特定目的载体买入
	117010109	从其他金融机构买入
	1170102	从境内非金融企业买入
	1170103	从广义政府买入
	1170104	从境内个人买入
	1170105	从境外买入
	11702	买入返售票据
	1170201	从境内金融机构买入
	117020101	从货币当局买入
	117020102	从银行业存款类金融机构买入
	117020103	从银行业非存款类金融机构买入
	117020104	从证券业金融机构买入
	117020105	从保险业金融机构买入
	117020106	从交易及结算类金融机构买入
	117020107	从金融控股公司买入
	11702010701	其中：从中央金融控股公司买入
	117020108	从特定目的载体买入
	117020109	从其他金融机构买入
	1170202	从境内非金融企业买入
	1170203	从广义政府买入
	1170204	从境内个人买入
	1170205	从境外买入

续表

资产方		
金融工具	指标代码	指标名称
贷款	11703	买入返售股票
	1170301	从境内金融机构买入
	117030101	从货币当局买入
	117030102	从银行业存款类金融机构买入
	117030103	从银行业非存款类金融机构买入
	117030104	从证券业金融机构买入
	117030105	从保险业金融机构买入
	117030106	从交易及结算类金融机构买入
	117030107	从金融控股公司买入
	11703010701	其中：从中央金融控股公司买入
	117030108	从特定目的载体买入
	117030109	从其他金融机构买入
	1170302	从境内非金融企业买入
	1170303	从广义政府买入
	1170304	从境内个人买入
	1170305	从境外买入
	11704	买入返售其他资产
	1170401	从境内金融机构买入
	117040101	从货币当局买入
	117040102	从银行业存款类金融机构买入
	117040103	从银行业非存款类金融机构买入
	117040104	从证券业金融机构买入
	117040105	从保险业金融机构买入
	117040106	从交易及结算类金融机构买入
	117040107	从金融控股公司买入
	11704010701	其中：从中央金融控股公司买入
	117040108	从特定目的载体买入
	117040109	从其他金融机构买入
	1170402	从境内非金融企业买入
	1170403	从广义政府买入
	1170404	从境内个人买入
	1170405	从境外买入
	118	**十二、各项垫款**
	11801	承兑垫款
	11802	贴现垫款
	11803	担保垫款
	11804	信用证垫款

续表

资产方		
金融工具	指标代码	指标名称
贷款	11805	其他垫款
	119	**十三、融资租赁**
	11901	应收租赁款
	11902	未实现租赁收益（减）
	11903	应收转租赁款
	11904	租赁资产
	11905	待转租赁资产（减）
	120	**十四、黄金、证券借贷**
	12001	黄金借贷
	1200101	境内金融机构
	1200102	境内非金融企业
	1200103	广义政府
	1200104	境内个人
	1200105	非居民
	12002	证券借贷
	1200201	境内金融机构
	1200202	境内非金融企业
	1200203	广义政府
	1200204	境内个人
	1200205	非居民
股权及投资基金份额	125	**十五、股权及投资基金份额**
	12501	境内股权投资及投资基金份额
	1250101	交易性股权投资及投资基金份额
	125010101	其中：证券投资基金
	125010102	理财产品
	125010103	资金信托
	125010104	券商资管
	125010105	保险资管
	125010106	股权投资
	1250102	可供出售股权投资及投资基金份额
	125010201	其中：证券投资基金
	125010202	理财产品
	125010203	资金信托
	125010204	券商资管
	125010205	保险资管
	125010206	股权投资
	1250103	长期股权投资及投资基金份额

续表

资产方		
金融工具	指标代码	指标名称
股权及投资基金份额	125010301	其中：境内金融机构资本投资
	12501030101	境内银行业存款类金融机构资本投资
	12501030102	境内银行业非存款类金融机构资本投资
	12501030103	境内证券业金融机构资本投资
	12501030104	境内保险业金融机构资本投资
	12501030105	境内交易及结算类金融机构资本投资
	12501030106	境内金融控股公司资本投资
	1250103010601	其中：中央金融控股公司资本投资
	12501030107	境内特定目的载体资本投资
	12501030108	境内其他金融机构资本投资
	125010302	境内非金融企业资本投资
	125010303	境内证券投资基金份额
	12502	境外股权投资及投资基金份额
	1250201	交易性股权投资及投资基金份额
	125020101	其中：证券投资基金
	125020102	理财产品
	125020103	资金信托
	125020104	券商资管
	125020105	保险资管
	125020106	股权投资
	1250202	可供出售股权投资及投资基金份额
	125020201	其中：证券投资基金
	125020202	理财产品
	125020203	资金信托
	125020204	券商资管
	125020205	保险资管
	125020206	股权投资
	1250203	长期股权投资及投资基金份额
	125020301	其中：境外金融机构资本投资
	125020302	境外非金融企业资本投资
	125020303	境外证券投资基金份额
金融衍生产品	128	**十六、金融衍生产品**
	12801	远期合约
	12802	期货合约
	12803	期权合约
	12804	掉期
其他应收账款	130	**十七、拨付营运资金**
	13001	境内机构
	13002	境外机构

续表

资产方		
金融工具	指标代码	指标名称
其他应收账款	131	**十八、系统内资金往来**
	13101	境内机构
	13102	境外机构
	132	**十九、系统外资金往来**
	13201	境内机构
	13202	境外机构
	133	**二十、自营外汇**
	13301	结售汇外汇买卖
	13302	自营外汇买卖（兑换）
	134	**二十一、应收款项**
	13401	应收利息
	13402	应收股利
	13403	应收保费
	13404	应收管理费（养老）
	13405	应收分保账款
	13406	应收分保未到期责任准备金
	13407	应收分保未决赔款准备金
	13408	应收分保寿险责任准备金
	13409	应收分保长期健康险责任准备金
	13410	应收货币保证金
	13411	应收质押保证金
	13412	应收结算担保金
	13413	其他应收款
	135	**二十二、预付款项**
	13501	预付利息
	13502	预交税金
	13503	其他预付款
	136	**二十三、其他**
	13601	递延税款借项
	13602	递延资产
	13603	独立账户资产
	13604	其他类资产
委托代理	140	**二十四、代理证券**
	14001	代发行证券
	1400101	其中：代发行国家债券
	14002	代兑付证券
	1400201	其中：代兑付国家债券

续表

资产方		
金融工具	指标代码	指标名称
委托代理	14003	代售证券
	14004	代购证券
	141	**二十五、代理发放银团贷款**
	142	**二十六、代理外汇及黄金买卖**
	14201	代客外汇买卖
	14202	代客黄金买卖
	143	**二十七、委托贷款及委托投资**
	14301	委托贷款
	1430101	向境内金融机构贷款
	1430102	向境内非金融企业贷款
	1430103	向广义政府贷款
	1430104	向境内个人贷款
	1430105	向境外贷款
	14302	委托投资
	1430201	向境内金融机构投资
	1430202	向境内非金融企业投资
	1430203	向广义政府投资
	1430204	向境内个人投资
	1430205	向境外投资
非金融资产	146	**二十八、非金融资产**
	14601	贵金属
	14602	固定资产
	14603	累计折旧（减）
	14604	固定资产清理
	14605	在建工程
	14606	待处理固定资产损失（减）
	14607	无形资产
	14608	低值易耗品
	14609	待处理抵债资产
	14610	待处理抵债资产损失（减）
	14611	经营租赁
	14612	投资性房地产
	14613	长期待摊费用
	14614	期货会员资格投资
	14615	其他非金融资产

后 记

2017 年 4 月 25 日，习近平总书记在中共中央政治局第四十次集体学习时强调，“金融安全是国家安全的重要组成部分，是经济平稳健康发展的重要基础”。习总书记就维护金融安全提出六项任务，其中第二项任务是加强金融监管，指出要“统筹负责金融业综合统计，确保金融系统良性运转，确保管理部门把住重点环节，确保风险防控耳聪目明，形成金融发展和监管强大合力，补齐监管短板，避免监管空白”，把金融统计工作提升到前所未有的地位和高度。因此，必须建立兼具国际可比性和中国特色的金融统计理论体系，才能为宏观经济决策和维护金融安全提供充分的数据支撑。

2008 年国际金融危机发生以来，世界各主要经济体都对其金融监管体制进行了重大改革，我国则以金融业综合统计工作为先导尝试弥补“数据缺口”。2013 年末，在中国人民银行调查统计司领导下，人民银行合肥中心支行率先开展以省为单位的分地区、分行业金融业综合统计试点工作，经过三年的努力和探索，到 2016 年基本实现了安徽省金融业全覆盖的数据收集，将银行业、证券业、保险业、典当业、小额贷款公司、融资担保业、融资租赁业、住房公积金、第三方支付等所有具有资金融通功能的金融机构、类金融机构和非金融实体均纳入统计范围。

统计实践中，我们深刻地感受到，面对多样化的金融机构体系、复杂的产品结构体系、信息化的交易体系、更加开放的金融市场以及日益综合化经营的发展趋势，金融监管部门在跨机构、跨行业、跨市场的统计工作中因缺乏统一的统计指标规范而面临严峻挑战。特别是在编制金融部门资产负债表过程中，我们遇到了诸多困难，跨机构指标口径不一致、跨行业会计标准不相同、跨市场业务产品不相容，都让我们深刻地认识到编制一个部门资产负债表的难度。党的十八届三中全会提出要编制国家和地方资产负债表，IMF呼吁中国尽快形成金融概览，但世界各国特别是G20国家中能够编制出金融部门资产负债表的国家并不多，原因之一就是难以获取数据且缺乏科学的编制方法。因此，我们迫切需要在应用统计学方面创立部门统计学科，满足政府及相关部门宏观管理对统计数据的需求。

我们通过学习国际先进的统计标准和发达国家的实践经验，在实践中逐步摸索、尝试，总结出金融部门统计与资产负债表编制经验。我们在金融部门统计实践过程中采用的部门统计方法，得到了中国人民银行潘功胜副行长的多次肯定，陈雨露副行长在听取专门汇报时指出，“要加快推进金融业综合统计体系建设，更好地服务宏观调控、宏观审慎管理和金融风险防范化解等工作。要加强金融业综合统计基础设施建设，构建科学的统计体系框架。”我们在借鉴总结国际经验的基础上，结合我国国情和现行的统计法律法规制度，对我国的金融部门统计方法进行了创新。

安徽省金融统计学会专门组织统计、会计方面的专业技术人员，以实践为基础、以理论创新为突破，将研究成果加以修改、完善，编著成《金融部门统计学》一书予以公开出版发行。为完善本书理论体系、保证本书编写质量，安徽省金融统计学会专门组织召开了由中国科技大学、安徽大学、安徽财经大学、安徽省统计局以及金融机构统计方面的专家、学者参加的评审会，各位专家学者提出了许多建设性意见。

本书主编刘兴亚（人民银行合肥中心支行党委书记、行长）、副主编陶诚（人民银行合肥中心支行党委副书记、副行长）、具体负责人史小强（人民银行合肥中心支行会计财务处处长、原调查统计处处长）为本书编写提出了初步的总体思路，瞿凌云、刘子瑞经过反复讨论形成了本书的框架结构及各章节基本内容，刘子瑞拟定编写提纲，瞿凌云负责对全书进行统稿和编辑。

本书编写的具体分工如下：第一章第一节和第二节由瞿凌云负责，第三节由祝军负责；第二章第一节和第二节由瞿凌云、刘子瑞负责，第三节由黄燕负责；第三章由徐惬负责；第四章第一节由李松玲负责，第二节由刘子瑞负责，第三节由魏光谱负责；第五章第一节由李松玲负责，第二节和第三节由袁秋辰负责；第六章第一节由魏光谱负责，第二节和第三节由任亚负责；第七章由李钟帅负责；第八章由瞿凌云、刘子瑞负责；第九章由杨振宁负责；第十章由沈祥负责；第十一章由刘子瑞负责。

本书可供广大金融统计工作者及政府有关部门借鉴研究，也可用作财经院校本科生或研究生参考书，相信本书的出版将对完善我国金融部门统计、弥补我国金融统计缺口、缩小我国金融统计与国际上的差距起到推动作用。

在本书的编写过程中，我们要感谢人民银行各位同事和相关高校专家提供的大力协助。感谢人民银行调查统计司张文红副司长给予方向上的引导，金融业综合统计处的领导和同事给予具体业务上的指导；感谢中国科技大学胡太忠副院长、杨峰副院长、叶伍一讲师，安徽大学余照务处长，安徽财经大学张庆亮副书记、任森春院长、张焕明院长在后期修改中对本书的架构、文字和引用提出许多宝贵建议。由于编著经验不足，本书难免存在一些缺陷和理论上的不足，欢迎金融统计专家和学者提出宝贵意见与建议，以便今后再版时进行修正。

最后，感谢安徽省政府、省政府金融办、省统计局对金融业综合统计工作的重视和支持。

编者

2017年6月6日